Birgit Bader
Diplompädagogin, Therapeutin und Psychologin, arbeitet in der Aids-Hilfe Hamburg e.V.
Buchveröffentlichungen: u.a. »Stricher-Leben« – Über männliche Prostitution, 1991.

Ben Behnke
Fotograf, arbeitet seit langen Jahren für Magazine, u.a. den *Stern, Focus* und *Vital.* Viele Reportagen u.a. über Drogen und Prostitution.

Christin-Susan Back
gründete die TS-Selbsthilfe »Freie Transen Stadt Hamburg«, gleichzeitig ist sie auch auf Bundesebene aktiv. Im Juni 1994 Transformationsoperation in Kassel.

Birgit Bader/Ben Behnke/Christin-Susan Back

Das dritte Geschlecht

Transsexuelle, Transvestiten und Androgyne

Mit einem Ratgeberteil

Rasch und Röhring Verlag

Die Deutsche Bibliothek – CIP-Einheitsaufnahme

Bader, Birgit:
Das dritte Geschlecht : Transsexuelle, Transvestiten und Androgyne /
Birgit Bader ; Christin-Susan Back ; Ben Behnke.
– Hamburg : Rasch und Röhring, 1995
ISBN 3-89136-521-7
NE: Back, Christin-Susan ; Behnke, Ben:

Buchkonzeption und Herstellung: Rainer Leibbrand, Hamburg
Umschlaggestaltung: Peter Albers, Hamburg
Titelfoto: Ben Behnke, Hamburg
Lektorat: Kirsten Külker, Heidelberg
Satz- und Lithografieherstellung: H & G Herstellung GmbH, Hamburg
Druck- und Bindearbeiten: Ebner Ulm
Printed in Germany

VORWORT

Transsexualität gehört zu den faszinierendsten Persönlichkeitsthemen, die es gibt. Die Hartnäckigkeit allerdings, mit der die meisten Menschen das Thema ignorieren, ist immer wieder erstaunlich. Begegnet ihnen dann mal eine Transsexuelle, haben sie meist nur Verachtung für diesen »Perversen« übrig. Ohne auch nur eine Sekunde darüber nachzudenken, daß das sich-der-Öffentlichkeit-preisgeben das Ende eines langen Kampfes und zugleich der Beginn eines neuen, meist glücklicheren Lebens ist.

Ich war jedenfalls sehr gespannt, auf welche Menschen ich bei meinen Interviews treffen würde.

Menschen wie ich, die im psychosozialen Bereich arbeiten und tagtäglich mit den Sorgen und Nöten anderer Menschen umgehen, sind oft hin- und hergerissen zwischen Faszination vor dem so ganz anderen Leben; dem Impuls, helfen zu wollen – und sei es nur durch Zuhören; aber auch Sympathie, Humor und Erstaunen vor der Bürgerlichkeit, die sich oft hinter der »exotischen« Fassade zeigt.

In der Begegnung mit den Transsexuellen kam aber noch etwas anderes dazu: Die Auseinandersetzung mit Männern und Frauen, die keine mehr sind; Frauen, die Männer waren; Männer, die gerade die letzten Reste ihres weiblichen Körpers abstreifen; und Männer, die sich ab und zu in eine Frau verwandeln.

Bei den Frau-zu-Mann-Transsexuellen ertappte ich mich dabei, in ihren Gesichtern und Gesten die Frau zu suchen, die ich irgendwo in ihnen vermutete. Erfolglos. Klaus, den ich noch ohne Bart kannte, hatte inzwischen dieses untrügliche Zeichen männlicher Hormone; Jens ebenfalls. Einer von ihnen war zu der Zeit, als ich noch mit männlichen Prostituierten arbeitete, ein »Klient« – d.h. er – noch »sie« – kam auf der Suche nach sich selbst gelegentlich vorbei und unterhielt sich mit mir. Er hatte mit Prostitution eigentlich nichts am Hut. Daß er dennoch bei mir gelandet war, zeigt die Ratlosigkeit vieler Transsexueller, die nicht wissen, wohin sie mit ihrem Anliegen gehen sollen.

Bei manchen Mann-zu-Frau-Transsexuellen lagen die Reste des männlichen Lebens deutlicher an der Oberfläche: ihre Körpergröße, manchmal sehnigen Arme, vor allem aber die tiefen Stimmen gaben sie – oft zu ihrem Leidwesen – noch immer als Frauen, die einmal Männer waren, aus. Andere wiederum hätte ich nicht als »Ex-Mann« erkannt, wenn ich sie auf der Straße getroffen hätte. Bei einigen traf ich auch auf einen »Macho in Frauengestalt«. Ich mag diese Frauen, wenn auch aus den genannten Gründen, die sie mir vielleicht verübeln würden.

Schnell begriff ich auch die große Empfindlichkeit, die Transsexuelle oft im Gepäck ihrer Persönlichkeit mit sich herumtragen. Und bei allen Transsexuellen war die Erleichterung spürbar, auf der anderen Seite angekommen zu sein und endlich ein normales Leben führen zu können – ganz im Unterschied zu denen, die sich (noch) in ihren Vor- und Zwischenformen, Travestie und Transvestismus, aufhalten. Dort fand ich mehr Aufregung – manchmal auch Erregung –, die Geschlechter je nach Belieben wechseln zu können. Bei Klaus/Claudia war ich selbst am deutlichsten mit der Grenze zwischen Mann und Frau konfrontiert, wahrscheinlich auch deshalb, weil er die sexuelle Dimension des Transvestitismus so unverhohlen und atmosphärisch zum Ausdruck brachte.

Und Mary/Steffen und Klaus haben mich mit der Skurrilität von Travestie, Aldi-Tüten, Bädertourneen und Cruising-Areas in Kontakt gebracht. Obwohl Travestie-Künstler mit Transsexuellen in der Regel nichts zu tun haben, hält die Öffentlichkeit Travestie und Transsexualismus oft nicht auseinander und verbindet folglich mit diesem Thema meistens schillernde, juchzende oder Zarah-Leander-schmetternde Showstars. Umso notwendiger wird es, mit diesem Vorurteil endlich aufzuräumen

Beziehungen waren ein wichtiges Thema in allen Interviews: schmerzliche Beziehungen zu Eltern, vor allem den Vätern, zu Ehepartnern und Kindern. Gisela interviewte ich gleich zweimal: während ich das erste Gespräch noch überarbeitete, überstürzten sich bei ihr die Dinge. Sie trennte sich von ihrem Mann, und es war unmöglich, aus der neuen Sichtweise ihrer Ehe das erste Gespräch zu überarbeiten. Das zweite Gespräch ist ein *neuer* Blickwinkel auf ihr Eheleben, und erst im Kontrast dieser beiden Sichtweisen eröffnet sich ein verstehender Zugang zu einem tiefen Zweifel, der Transsexuelle oft begleitet. Ich bin ihr sehr dankbar, daß sie damit einverstanden war, die erste, nicht mehr stimmige Version neben der zweiten, aktuelleren stehenzulassen.

Aber es gab auch anderes: Das Berliner Busfahrer-Ehepaar Cornelia und Christel, die inzwischen fast pragmatisch mit der Transsexualität umgehen: Rouven und Jessica in ihrer behutsamen und loyalen »Vater-Mutter«-Sohn-Beziehung. Das läßt hoffen und – so romantisch und vielleicht unpassend es an dieser Stelle scheinen mag – zeigt, daß Liebe auch auf einer sehr tiefen Ebene existiert, die nichts mit der männlichen oder weiblichen »Hülle« zu tun hat.

Am spannendsten war für mich die immerwährende Konfrontation mit dem, was wir als männlich oder weiblich bezeichnen – und auch fühlen. So unscharf und klischeehaft es wird, wenn wir Erklärungen dazu abgeben, so notwendig ist es für die Gutachter, diese Frage immer eindeutig zu beantworten *und zu belegen.* Aber *wie* wissen wir, was männlich und was weiblich ist? Diese Frage ist mir geblieben.

Daß in diesem Buch überwiegend zwei Chirurgen erwähnt werden, die ganz entscheidend bei der Realisation des Wunschgeschlechtes sind, hat meist mit lokalen Vorlieben zu tun. Hätte ich mich z.B. im Frankfurter Raum mit Transsexuellen unterhalten, stünden hier vielleicht andere Namen.

An dieser Stelle möchte ich mich auch bei Ben Behnke bedanken, der den Anstoß für dieses Buch gegeben hat; bei Christin-Susan Back, die ich für den Ratgeberteil gewinnen konnte und die aus ihrer subjektiven Erfahrung heraus einige Stationen transsexuellen Lebens salopp erzählt; bei Rainer Leibbrand, der hinter den Kulissen für dieses Buch geackert hat; und natürlich bei allen, die durch ihre Offenheit in den Gesprächen hoffentlich zu einer differenzierteren Betrachtung von Transsexualismus, Transvestitismus und Travestie beigetragen haben.

Birgit Bader, Hamburg im März 1995

Vivian – Marlen

»Ich finde, man sollte auch zu dem männlichen Teil stehen, der in uns noch drin ist und auch immer bleiben wird.«

Vivian, Sie sind nicht operiert, haben also keine chirurgische Geschlechtsangleichung gemacht. Wie kommt das?

Das hat drei Hauptgründe. Der erste Grund ist, daß ich eine hervorragende Partnerschaft habe. Ich lebe mit einer Frau zusammen, das heißt, sie lebt auf dem Land am Rande Hamburgs. Wir sehen uns, wann immer wir wollen, was im übrigen auch von Vorteil ist. Wir haben uns vor sieben Jahren so kennengelernt, wie ich jetzt gerade bin, nach Beginn der Hormonbehandlung, und sie akzeptiert mich so, wie ich bin. Anfangs war das für mich ein großes Problem, weil ich ähnliche Erfahrungen schon mal vorher hatte. Dachte, na ja, wieder mal so eine Frau, die diesen berühmten erotischen Kick versucht und dann aber mit dieser Mischung nicht klarkommt und doch irgendwo den hundertprozentigen, echten Mann sucht. Oder sie versucht mich wieder auf den rechten Weg zurückzubringen. Meine Freundin hätte unheimliche Schwierigkeiten, sollte ich zur Volloperation gehen. Bei mir ist auch nicht der innere Drang dafür da. Ich kann so leben, wie ich bin. Der jetzige Zustand ist nicht lebensbedrohlich. Der Gedanke zur Geschlechtsangleichung bleibt natürlich in der Phantasie und wird auch immer bleiben. Ich würde meine Partnerschaft, die so aussieht, daß wir länger zusammenbleiben werden, vielleicht sogar, bis daß der Tod uns scheidet, dadurch niemals gefährden. Sie kommt mit mir hervorragend klar und ich mit ihr. Der männliche Teil an mir, also der Penis, ist für sie keine männliche Gefahr, weil er ja durch die Hormonbehandlung nicht mehr hundertprozentig männlich reagiert.

Heißt das, er wird gar nicht mehr richtig steif?

Nein. Es ist natürlich eine Erregung da, aber er ist nicht mehr so funktionsfähig, daß wir einen Mann-Frau-Kontakt herstellen können. Das kommt zwar hin und wieder vor – je nach Hormonpegel. Ich bekomme alle acht Wochen meine Spritzen, und ich merke schon, daß ein Verlust an weiblichen Hormonen da ist. Aber wenn man sehr gut ausgeruht ist und aus irgendwelchen Gründen ein ganz tolles Erlebnis hat oder sich in einer sehr erotischen Situation befindet, dann kommt es schon mal dazu. Es ist aber nicht mehr so wie früher als Mann.

Ich habe mir sehr, sehr lange Zeit genommen, die Hormonspritze überhaupt zu nehmen. Ich bin in der ganzen Geschichte ein Späteinsteiger, weil ich eigentlich über die Möglichkeiten des Wandels und die hormonelle Behandlung null Informationen hatte.

Und vor der Hormonbehandlung haben Sie »ganz normal« als Mann gelebt?

Ja, als Mann mit weiblichen Accessoires und weiblichen Beziehungen, und ich bin gern in Frauenkleidern gegangen. Ansonsten führte ich ja nach außen ein ganz normales, bürgerliches Leben. Ich war zweimal verheiratet. Die erste Ehe begann, da war ich relativ jung, zweiundzwanzig, dreiundzwanzig Jahre alt, und aus der Ehe stammt eine Tochter. Diese Ehe ist eigentlich, sagen wir mal, platonisch geendet.

Fing der Verkleidungstrieb bei Ihnen während Ihrer ersten Ehe an?

Nein, schon viel früher. Als ich ungefähr dreizehn, vierzehn Jahre alt war. Als sich die Sexualität sozusagen verdeutlichte. Das war eigentlich ein sexueller Trip, das regte wahnsinnig an. Ich habe mir nie Gedanken darüber gemacht, was da noch dahintersteckt, für mich war's immer 'ne Art der sexuellen Selbstbefriedigung. Und wenn ich sogenannten normalen sexuellen Kontakt zu Frauen hatte, wurde dieser Verkleidungstrieb immer geringer. Aber er war immer da.

Wie erklären Sie sich das?

Ich glaube, es war so ein gegenseitiger Ersatz. Wenn ich die Frau selber an meiner Seite hatte, dann brauchte ich mich nicht mehr zu verkleiden, sondern dann war die Frau für mich die Möglichkeit, in meiner Phantasie dort hineinzuschlüpfen. Nicht nur biologisch gesehen, sondern auch in der

Phantasie so zu sein wie sie. Hinzu kommt, daß ich mich auch als Familienvater um die Kinder kümmerte, ihnen die Flasche gab und sie wickelte etc. Insofern war das für mich befriedigend. Ich brauchte einfach die Klamotten nicht.

Wenn die erste Ehe eher platonisch auseinanderging, wie sah das denn dann überhaupt mit Ihrer Sexualität aus?

Es fing damit an an, daß ich mir wieder privat Klamotten anschaffte, und wenn Regina nicht da war, verkleidete ich mich eben zu Hause und lief dann als Frau durch die Gegend. Wenn ich wußte, sie kommt wieder, dann flogen die Klamotten wieder in das Versteck. Das Kind kriegte nichts davon mit, weil es noch zu klein war. Ich war immer sehr vorsichtig. Ich habe mich nie als Frau verkleidet, um das Kind als Mutter zu betreuen, das kam überhaupt nicht in Frage.

Das stelle ich mir wahnsinnig anstrengend vor, so ein Doppelleben zu führen. Hat Ihre Frau das nie bemerkt?

Es war auch sehr anstrengend. Zum Schluß gab's dann auch 'ne große Szene, so nach dem Motto: Warum, weshalb? Wenn du dir eine feste Freundin genommen hättest, das hätte ich ja noch verstanden. Aber wozu so 'ne Fetischgeschichte? Aber für mich war das immer nur die Möglichkeit der sexuellen Abreaktion, nix anderes. Meistens wenn der Orgasmus oder die Freude zu Ende war, übermannte mich – im wahrsten Sinne des Wortes – dann ein wahnsinnig schlechtes Gewissen. Ich fühlte mich sehr pervers. Das begleitete mich eigentlich über zig Jahre, immer diese Spannung, dieses Sich-angezogen-Fühlen und gleichermaßen: Das ist was Schmutziges, das darfst du nicht. Ich glaube, das war tatsächlich wie eine zweite Haut, die man sich überzog. Es war auch wie eine Sucht. Es war teilweise so, daß ich krampfhaft gesagt hab': Ich will jetzt damit aufhören. Aber ich kam nicht davon weg.

Woher hatten Sie denn Ihre Klamotten?

Ich hatte das Glück, da ich ja Modefotograf war, immer mit der faulen Ausrede in die Geschäfte reinzugehen: Ich möchte bei Ihnen die Klamotten ausleihen etc., und wenn ich die Sachen zurückbrachte, dann sagte ich, also, wir haben diesen Teil übernommen, das bezahlen wir selbstverständlich, und den Rest geben wir wieder zurück. Und so war ich immer getarnt. Obwohl ich vermutet habe, daß die Verkäuferin wahrscheinlich durchaus etwas geahnt hatte. Aber für mich war das Bürgerliche wieder in Ordnung, und ich brauchte nicht irgendwo in ein Kaufhaus zu gehen. Auf die Möglichkeit, das über die Versandhäuser zu machen, konnte ich nicht eingehen, weil die Sachen ja nach Hause kamen. Das Risiko wär' mir zu groß gewesen. Ich lebte also in der völligen Dunkelheit.

Wissen Ihre Kinder auch von Ihrer Transsexualität?

Meine Tochter kommt sehr gut klar damit. Als ich es ihr beichtete, war sie allerdings schon knapp an die zwanzig, da sagte sie: Papi, du brauchst dir keine Sorgen machen, das wußte ich schon lange. Ich habe zu ihr gesagt: Natascha, ich bleibe dein Papi, aber ich heiße nicht mehr Wolf-Dieter, ich heiße Vivian. Und wenn wir uns heute mit Freunden treffen, sagt sie: Darf ich euch meinen Papi vorstellen: Vivian. Es ist erst mal für Außenstehende etwas ungewöhnlich, aber dadurch, daß es völlig normal kommt, ist es für die Leute gut wegzustecken. Darauf besteh' ich auch, daß ich der Vater bleibe. Das kann ich den Kindern nicht antun, ich kann ja nicht meine ganze Vergangenheit leugnen. Ich bin biologisch der Vater und find' es albern zu sagen, also jetzt bin ich die Mama. Die Kinder kommen dann ja völlig ins Schleudern, wenn sie auf einmal zwei Mütter haben. Manche von uns unterteilen in die biologische Frau und die transsexuelle Frau. Ich halte diese Begriffe für beknackt. Ich finde, man sollte auch zu dem männlichen Teil stehen, der in uns noch drin ist und auch immer bleiben wird. Egal, ob ich jetzt operiert bin, das bleibt ein Bestandteil. Bei uns Transsexuellen ist es nur extremer und auch problematischer, weil wir natürlich glauben, auf dieser großen Reise zum anderen Geschlecht hundertprozentig sein zu müssen. Doch ich kann nicht meine männlichen Fähigkeiten verleugnen. Natürlich werde ich mich wehren und meine männlichen Kräfte aktivieren, wenn mich jemand angreift. Ich werde doch nicht sagen: Huch! Ich bin ein armes schwaches Mädchen, du darfst mich verprügeln oder vergewaltigen.

Sind Ihre Kinder vielleicht ein weiterer Grund dafür, daß Sie sich nicht haben operieren lassen?

Sicher, das spielt bestimmt auch eine Rolle, insbesondere weil ich weiß, der Junge hätte echte Schwierigkeiten damit, was ich auch verstehe. Denn für einen Jungen, der ein werdender Mann ist, ist das natürlich ein ganz starker Hammer! Der Vater als sexuelles Vorbild nimmt nun das Wichtigste eines Mannes weg. Da muß er sich doch fragen, was hab' ich da Schlimmes.

Was steht eigentlich in Ihrem Paß?

Da steht Vivian-Marlen drin. Normalerweise ist ja so 'ne kleine Lösung nur, daß die Namensänderung gemacht wird, aber das Geschlecht bleibt erhalten. Im Personalausweis wird das Geschlecht heute sowieso nicht mehr erwähnt, nur im Reisepaß steht es noch drin. Meine Namensänderung ist ohne Probleme über die Bühne gegangen, muß ich sagen. Das liegt aber auch daran, daß ich selbst wenig Probleme mit meiner Transsexualität habe, auch in der äußeren Welt, weil ich den Teil des Mannes an mir erhalte; die Sprache, meine Gestik. Ich trage heute nur andere Sachen, ich schminke mich, und ich kriege Hormonspritzen. Klar, den männlichen Teil versteck' ich, soweit es geht. Es verletzt mich, wenn man hinter mir herblökt: Das ist ja eine Tunte! Ich versuche, nicht darauf einzugehen. Auch ich muß mir immer wieder sagen, es ist ja ein Teil von mir, wozu sollte ich ihn verstecken.

Sie leben mit Ihrer transsexuellen Identität in Hamburg und haben in München als Mann gelebt. Hat der Ortswechsel etwas damit zu tun?

Der Wechsel nach Hamburg ist durch den Zusammenbruch der zweiten Ehe mit Monika passiert. Dieser Zusammenbruch war filmreif, weil das klischeemäßig perfekt abgelaufen ist. Betrogener Ehemann, bißchen lieb, bißchen weich, bißchen unentschlossen etc., kümmert sich zu Hause um das kleine Kindchen. Sie reist in der Weltgeschichte herum, verhohnepiepelt mich den ganzen Tag und hält mich an der langen Strippe. Ich lass' mir das gefallen, weil schon mal eine Ehe zerbrochen ist, schon mal ein Kind ohne Vater aufgewachsen ist. Ich bin dieser Frau irrsinnig hörig gewesen, wie ich das hinterher erst merkte. Dann kam die sogenannte Midlife-crisis, es paßte alles schön zusammen. Ich habe mich dann sehr wenig um mein Geschäft gekümmert, was man als Freiberufler nun mal machen muß. Ich ruinierte mich einfach geschäftlich.

Und wie ist es mit Ihrer heutigen Lebensgefährtin?

Wir haben uns vor sieben Jahren kennengelernt, als ich gerade mit meiner Verwandlung anfing. Am Anfang war ich überpulvert mit Hormonspritzen, weil ich die ohne ärztliche Betreuung schwarz genommen hatte. Ich bin einfach zum Urologen gegangen, hier auf dem Kiez, von dem ich wußte, daß er einfach die Spritzen gibt. Der hat keine Blutproben gemacht, hat einfach gesagt, nach seinen Erfahrungen brauchte ich die Spritzen alle zwei bis drei Wochen. Dadurch war ich geradezu übersensibel. Wenn's regnete, fing ich schon an zu heulen; und da lernte ich die Sasa eigentlich kennen. Das war am Anfang eine ganz wacklige Angelegenheit, meine persönliche Festigung war einfach noch nicht da, weil ich Angst hatte, ob ich richtig handelte.

Warum sind Sie denn überhaupt nach Hamburg gekommen?

Meine zweite Ehe war nachher so schlimm, daß ich völlig durchgedreht bin. Ich war in einer Situation der Selbstzerstörung, ich rutschte richtig weg. Der ganze Kampf ging über drei Jahre, das geht nicht spurlos an einem vorbei. In dieser Zeit ging natürlich mein Geschäft zugrunde, ich hatte es auch bewußt ruiniert, weil ich pleite sein wollte. Ich hatte mich nachher auf Armenrecht scheiden lassen, ich hatte nichts mehr, keine Lebensversicherung, kein gar nichts, das war meine Rache an ihr.

Schlaglichtartig kann man ja fast sagen: vom Jet-set-Fotografen zum Sozialhilfeempfänger?

Wenn man so will, ist das gar nicht mal so sehr überspitzt. Ich habe damals verstanden, daß es passieren kann, daß Menschen zum Messer greifen und den anderen erstechen. Irgendwann merkte ich: So, jetzt ist Schluß. Ich hatte immer vor, nach Hamburg zu gehen, weil ich ursprünglich aus Bremen komme und die Situation für Werbefotografen in München nicht so rosig ist.

Ich hatte einen guten Bekannten in Hamburg, der mir angeboten hat, daß ich erst mal bei ihm unterkriechen konnte. Mein Können hatte ich dabei, meine Fotomappe, ich mußte ja irgendwas tun. Dann bin ich in die Agenturen gegangen, aber ich sah aus wie meine eigene Leiche, war völlig fertig. Ich kriegte also keine Jobs, und das war für mich die Bestätigung, na ja gut, es klappt eben nicht mehr! Ich hatte eigentlich mein Leben abgeschlossen. Aber irgendwas mußt du ja machen, und dann bin ich zum Sozialamt gegangen, und die haben die Miete übernommen für meine neue Wohnung, und so hatte ich zumindest ein Dach über dem Kopf. Ich hatte schon immer vor, an der Reeperbahn zu wohnen, weil ich immer gedacht hatte, okay, wenn ich dann mein Coming-out habe, dann ist scheinbar die Reeperbahn die einzige Möglichkeit. Da gibt's ein paar Kneipen, da kannst du mal hingehen, da gibt's Transsexuelle, die sich hier und da mal treffen. Hier bin ich dann zum ersten Mal – nachdem es dunkel geworden ist – auf die Straße gegangen. Ich hab' mich so an den Häuserwänden entlang gedrückt, bis ich mich dann endlich in einer Anmacher-Kneipe von den Transexuellen, einer Stricher-Kneipe oder einem Puff ganz bescheiden an die Theke gesetzt habe. Das hat ein gutes halbes Jahr gedauert, dies In-die-Nacht-Hineinkämpfen. Bis ich gesagt habe, so geht es auch nicht mehr weiter, es muß doch noch irgendwo normale Menschen geben, denen es so geht wie mir. Dann erfuhr ich vom TV-Club. Zuerst dachte ich, das wär' ein Fernsehclub, aber das war ein Transvestitenclub. Da traf man sich privat, das war 'ne ganz schreckliche Szene, sehr viel ältere Leute, die dann nachts mit dem Koffer ankamen und sich dort erst umzogen, weil sie zu Hause noch 'ne normale Ehefrau hatten. Da setzte man sich an einen Tisch, aß Gebäck und hielt »Tea-time« um die Mitternachtsstunde. Ganz Zaghafte hatten ihr Strickzeug dabei und versuchten, Topflappen zu machen oder sonstwas. Da sagte ich mir, das ist ja wie ein Witzblatt. Aber es ist ja tragisch, was da in der Realität wirklich abläuft. Auf der einen Seite unter sich zu sein, um frei zu sein, eigentlich Mensch zu sein, und dann auf der anderen Seite wieder nach Hause zu gehen und sich vorher, wie auf der Bühne, wieder abzuschminken, alles in den Koffer zu legen und treu und brav zu sagen: Muttchen, da bin ich wieder, ich hab' Egon in der Kneipe getroffen, es ist ein bißchen später geworden, entschuldige vielmals. Und sich dann ins gemeinsame Ehebett zu legen. Um dann am nächsten Abend wieder in den Transvestitenclub zu gehen.

Dieser Wechsel nach Hamburg, war ja dann fast so etwas wie ein doppeltes Nach-Hause-Kommen!

Ganz genau, richtig. Ich brauchte dieses ganze Chaos anscheinend vorher, um zu begreifen, wer ich eigentlich bin und wie ich eigentlich leben möchte. Ich glaube, diese latente Transsexualität oder was es auch immer gewesen ist, auch wenn es nur ein Cross-dressing-Trieb gewesen ist, war meine seelische Rettung. Wenn ich diesen Drang, diesen Trieb nicht gehabt hätte, dann wär' ich unter Garantie in der Gosse geendet. Ich hatte zwar eine Perspektive, aber ich dachte, meine Perspektive sei in meinem Job, nur in einer anderen Stadt. Das war ein Trugschluß. Mein Werdegang war einfach, in ein anderes Sein reinzugehen. Und das ist hier passiert.

Transsexuelle arbeiten nach ihrem Coming-out oft unter ihrer Qualifikation. Woran liegt das Ihrer Meinung nach?

Erstens geht es vielen so, daß sie in »typisch männlichen Berufen« gearbeitet haben. Es gibt Leute, die sogar Zeitsoldaten gewesen sind, auf einem Fünftonner oder Bagger gesessen oder bei der Polizei gearbeitet haben. So nach dem Motto: Wenn ich schon was unterdrücke, dann richtig, dann will ich eben der Supermann sein, also deswegen diese übermännliche Identifikation. Daß sie da Schwierigkeiten haben, nachher mit einem Rock auf einem Fünftonner zu sitzen, das ist natürlich ganz klar, und weil sie nix anderes gelernt haben, müssen sie beruflich umfunktioniert werden. Die andere Geschichte ist die, daß sie selbst wenn sie aus dem Büro kommen, automatisch in eine Unterqualifikation rutschen.

Wie kommt das?

Ich glaube, es liegt sowohl am Arbeitgeber als auch am Arbeitnehmer. Der Arbeitnehmer ist froh, wenn er überhaupt was kriegt. Erst mal fliegen wir aus dem Job raus, weil die Gesellschaft uns zwar mittlerweile zum Teil genehmigt, aber die Arbeitgeber haben die faule Ausrede: Ich hab' ja nix dagegen, aber bitte haben Sie Verständnis: unsere Kunden! Das zeigt, daß sie auch Schwierigkeiten haben. Die Leute haben Angst vor diesem Experiment. Erst mal werde ich aus dem alten Umfeld rausgefeuert. Das ist eine Tatsache.

Jetzt könnte man aber meinen, gerade im Bereich von Mode, Fotografie sollte das möglich sein. Das sind ja die Bereiche, die schon immer Platz für »Exoten« hatten.

Das sollte man meinen. Wenn ich schwul wäre, dann wär's geradezu superb gewesen. Eine bessere Ergänzung könnte ich mir als Modefotograf gar nicht vorstellen. Genau das gleiche bei Friseuren: Starfriseure sind die schwulen Friseure, da geht die Gesellschaft ein und aus, das ist ja auch schick. Sie sind Neutralpersonen, man geht keine Gefahr ein.

Das, was wir Transen machen, ist noch eins draufgesetzt. Deswegen sind wir zum Teil an diesem Schicksal auch selber schuld. Solange wir uns nicht blicken lassen, solange wir uns verstecken, solange wir ein schlechtes Gewissen haben, solange wir uns diese Unterdrückung gefallen lassen, müssen wir uns nicht wundern, daß wir unterdrückt werden! Also muß ich versuchen, völlig normal in dieser Gesellschaft zu leben, auch eben mit der Gefahr, daß ich gesteinigt werde. Aber je mehr wir in der Gesellschaft einfach offiziell vorhanden sind und unsere Transsexualität nicht unterdrükken, je eher werden wir auch ein Teil dieser Gesellschaft.

Deswegen finde ich es immer so schade, daß sich sehr viele, die sich umoperieren lassen, glauben, jetzt sei alles in Ordnung: Jetzt bin ich eine Frau, jetzt gibt es den Mann in mir nicht mehr, jetzt bin ich nicht mehr transsexuell. Welch ein Irrtum! Ob Skalpell, ob Hormone: Ich werde immer eine Transsexuelle bleiben. Viele, ja, fast alle verleugnen ihre Herkunft, und das ist schon immer ein schlechter Ratgeber gewesen.

Woran merken Sie denn heute, daß Sie inzwischen mehr ein weibliches als ein männliches Leben führen?

Ich reagiere nicht mehr so aggressiv, wie ich vorher reagiert habe. Ich war früher ein ungenießbarer Diskutant, was ich heute zwar auch noch bin, aber es ist anders geworden. Ich habe es immer damit begründet, daß ich sehr engagiert bin, wenn mich ein Thema ergreift. Dann steige ich in das Thema so stark ein, das ist fast wie im Boxring. Aber das hat sich so verändert, daß ich mich heute als ausgeglichener empfinde in einer Diskussion.

Sie sind jetzt einundfünfzig, kommt das nicht sowieso mit dem Alter?

Das kann durchaus sein, deshalb ist es so schwer festzustellen. Ich kann Ihnen die Antwort auch nicht geben. Ich weiß nicht, was männlich und weiblich eigentlich ist. Die einzige Veränderung, die ich an mir selber gespürt habe, ist im sexuellen Bereich. Meine persönliche, männliche Sexualität hat sich von einem Zentrum des Männlichen, vom Penisbereich, über den ganzen Körper verlagert. Ich habe mich erweitert. Ich bin vom Zentralismus in die Vielfalt geraten. Ich bin heute eher bereit, Liebe auf längere Sicht zu pflegen und zu genießen. Als Mann war es immer eine ganz spontane Geschichte. Auch für mich selbst anstrengend, gefühlsmäßig.

Wie schlägt sich das denn in der Beziehung zu Ihrer jetzigen Lebensgefährtin nieder?

Bei Sasa glaube ich, daß ich in ihr genau die Partnerin aus allen Geschichten gefunden habe, die ich vorher erlebt habe. Das ist ein glücklicher Zufall, daß es zwischen zwei Menschen so klappt,und hat mit Frau, Mann und Transsexuellen überhaupt nichts zu tun. Da sind einfach zwei Menschen, die im Moment das seelische Glück zusammen erleben. Ich weiß nicht, ob das unbedingt was mit den Hormonen zu tun hat, oder damit, weil ich jetzt sozusagen sozial frei lebe, meine Seele ist frei.

Ist das Coming-out vielleicht wichtiger als die Operation?

Viel wichtiger als alles andere! Wenn ich das geschafft habe, ist die Operation gar nicht mehr so wichtig, die Hormone sind auch nicht mehr so wichtig. Für mich war der Einstieg in die Hormone so eine Art Flucht, deswegen habe ich mir das ja auch so lange überlegt, ob ich das überhaupt mache. Zuerst die Angst, was passiert da überhaupt mit mir? Ist ja nicht so ganz ohne, wenn man hört, als Mann verlierst du deine Sexualität. Was bin ich dann denn eigentlich – impotent? Also ein Neutrum, nach dem Motto: Der Geist möchte, und egal, wo du hinkommst, es klappt einfach nicht mehr. In dieser seelischen Qual zu leben ist die Hölle, und das, was du da eintauschst, rechtfertigt es das Ganze überhaupt? Und als ich nach den ersten Spritzen merkte, daß das überhaupt nicht der Fall ist, ganz im Gegenteil, ich eigentlich viel aufgeregter war und auch merkte, daß meine ganze Sensibilität sich völlig verlagerte und sich die ersten Brüste einstellten, da war das Wunder geschehen. Ich war ja schon eine »Greisin« mit dem Einstieg. Mein menschlicher Körper war ja schon im totalen Abbau dessen, was Biologie anbetrifft, und jetzt will ich neu geboren werden, als Frau, was der Körper ja auch schaffen muß. Nach außen hin bin ich heute akzeptiert als frauliches Wesen, und die Seele steht nicht mehr unter diesem Streß. Die Hormone, die ich heute noch nehme, gehören irgendwie mit dazu, und es wird irgendwann die Zeit kommen, wo ich sage, wozu soll ich mir das eigentlich antun, morgens und abends ewig 'ne Pille schlucken?

Was würde passieren, wenn Sie mit der Hormonbehandlung aufhören würden?

Der Busen geht nicht weg, aber er wird natürlich erschlaffen. Wahrscheinlich wär' das ein Grund dafür, die Hormone erst mal weiterzunehmen. Die männliche Sexualität wird in der Form nicht mehr wiederkommen. Das ist das, was die Mediziner dazu sagen, weil sich der Körper mit der Zeit darauf eingestellt hat. Das hätte eventuell noch nach dem ersten Jahr geklappt, hätte man da einen Rückzieher gemacht. Das war für mich z. B. auch eine Überlegung, okay, jetzt mach' das mal zwei-, drei-, vier-, fünfmal, und dann kannst du immer noch zurückgehen in deinen Körper, kannst dich wieder »auf die andere Seite« zurückbegeben und hast keinen körperlichen Schaden. Wenn ich mich operieren lasse, ist das nicht mehr rückgängig zu machen. Das ist dann wirklich eine Entscheidung, die sehr, sehr bedacht und sehr lange und sehr genau geprüft werden sollte.

Wie geht es Ihnen denn unmittelbar nach einer Hormonspritze?

Nach den ersten zwei, drei Tagen findet irgendwie ein anderer Kick statt. Erst mal neutralisiert es mich sexuell total. Und nach zwei Wochen kommen die sexuellen Wünsche. Weitere zwei Wochen später wird der Drang nach Sexualität stärker. Ich kann mir vorstellen, daß da der männliche Teil der

Sexualität wieder zurückkehrt. Dann fängt auch die seelische Mißstimmung an. Die männliche Sexualität fängt an, sich immer mehr zu aktivieren, aber die seelische Stimmung stimmt nicht mehr, das ist nicht mehr im Gleichgewicht.

Wie wichtig ist Ihnen denn Sexualität überhaupt?

Sie war früher für mich als Mann weitaus wichtiger, und zwar sehr, sehr wichtig. Ohne Sexualität hätte ich mir das Leben nicht vorstellen können. Und wenn es mit der Frau nicht klappte, dann mach' ich es eben selber, ganz einfach. Als Frau kann ich das heute durchaus einen oder zwei Monate aushalten. Ich finde es toll zu kuscheln, sich zu streicheln, nebeneinander einzuschlafen, sich zu spüren, das ist für mich heute viel wichtiger und viel schöner. Als Mann würde ich mir das nicht gefallen lassen, das wär' zuwenig. Deshalb war es auch so ein Kampf, denn männlich impotent zu werden, das war nicht so ganz einfach. Ich wußte ja nicht, was ich dafür bekomme. Nur, um nach außen hin zu sagen: Nee, da sind keine Apfelsinen drin, das ist ein echter Busen. Denn es hilft uns natürlich auch, wenn man etwas hat, wo die Leute dann vielleicht zweimal hingucken: Ist das ein Mann, oder ist es eine Frau? Wenn ich nur als hundertprozentiger Kerl erkannt werde, dann ist es sehr, sehr schwierig so zu leben, nur in Fummeln rumzulaufen. Ich brauche natürlich irgendwo die Identifikation, dem anderen Geschlecht ähnlich zu sein. Ich befürchte bei vielen, die sich operieren lassen, ist das der letzte Kick der Selbstbestätigung.

Das Rüberwechseln in den anderen Körper ist im Grunde genommen ein Trugschluß, denn ich bleib' ja in meinem Körper und werde in diesem Körper bleiben. Ich lasse ihn nur medizinisch verändern. Und das ist eben erst im 20. Jahrhundert möglich. Also muß es andere Möglichkeiten geben, damit Körper und Seele in Einklang geraten. Und das kann nicht nur das Messer sein. Aber es hilft natürlich, wenn der Schwanz weg ist und ich – äußerlich gesehen – unter die Dusche gehen kann, weil niemand mehr was dagegen haben kann. Da kann man sagen, mein Gott, die ist vielleicht ein bißchen männlich, die Frau, aber wer kommt denn da auf den Gedanken, daß das mal ein Mann gewesen ist!

Ekeln Sie sich manchmal vor Ihrem Penis?

Nein, ekeln kann ich nicht sagen, er stört einfach nur bei bestimmten Dingen. Ich binde ihn nicht weg, das ist mir viel zu schmerzhaft und störend. Ich versuche ganz einfach, ihn durch die Bekleidung wegzureduzieren, daß man nach außen nichts sieht. Das habe ich früher als Mann auch schon getan, nur war ich natürlich in ewig sexueller Spannung, wenn der Penis nach hinten gebunden war. Und heute ist das Ding neutralisiert, und das ist eigentlich ganz angenehm. Es stört mich ganz einfach, daß er da ist. Ich kriege keinen Horror. Nun, ich komme ja auch ein bißchen aus dem ästhetischen Bereich, das stört mich dann, wenn ich mich vor dem Spiegel sehe, da sag' ich, irgendwo sieht das ein bißchen absurd aus, daß das Ding da noch rumhängt.

Könnten Sie sich eine Situation vorstellen, wo Sie sich vielleicht doch operieren lassen würden?

Das ist eine schwierige Frage. Es kann vielleicht dann passieren, wenn meine Partnerschaft mit Sasa in die Brüche ginge.

Wenn Sie sich entscheiden könnten, was Sie sexuell, biologisch, emotional und sozial sein könnten: Was würden Sie wählen?

Ich glaube, ich würde wieder die Transsexualität wählen. Vielleicht einfach aus der Gewohnheit, weil sie auch spannend ist. Wenn ich mir vorstelle, nicht zu wissen, was es bedeutet, so wie das andere Geschlecht zu empfinden und zu sein, auch so zu leben, dann bin ich einseitig. Diese Koketterie von beiden – so schwierig das im gesellschaftlichen Sinne ist: – ich kann mir vom Lebenswert, vom Inhalt des Lebens, nichts Spannenderes vorstellen, und ich empfinde diese Möglichkeit, mal als Mann oder als Frau zu leben, als eine unheimliche Bereicherung.

Meine Erkenntnis aus dieser Geschichte ist, abgesehen von der Transsexualität, daß wir in der heutigen Gesellschaft eigentlich nur noch existent sind, wenn wir Individuen innerhalb einer Gesellschaft leben lassen, um diese vielseitig und bunt zu erhalten, um gegenseitig Beeinflussung zu bekommen, Voraussetzung ist, daß sich die Individuen in eine Gemeinschaft einfügen, was manchen Outsidern sehr schwerfällt. Auch darüber sollten sich manche, die sich als Exoten bezeichnen und ihr Exotendasein auch genießen, die gar nicht in die Bürgerlichkeit oder in die Gesellschaft wollen, mal Gedanken machen. Inwieweit sie ihr Abseits durchbrechen, damit diese gegenseitigen Anfeindungen aufhören.

Ein traumatisches Erlebnis ist der im Krieg gefallene Vater.

HELGA

»Ich bin jetzt praktisch im Alter einer Vierzehnjährigen.«

Ich bin Helga Almuthe Nack, dreiundsechzig Jahre alt und jetzt Rentnerin. Von Beruf war ich Diplomingenieurin und Entwicklungsleiterin in der freien Wirtschaft. Mit dreiundsechzig bin ich meinen Job losgeworden. Die letzten paar Monate bin ich als Frau in der Firma gewesen, da hatte ich mein echtes Coming-out. Da war ich aber schon so gut wie verabschiedet.

Wie kam das denn, daß Sie sich dazu entschlossen haben, noch als Frau im Betrieb zu erscheinen?

Weil ich ja sowieso Frau sein wollte. Und ich wollte mich operieren lassen, damit ich endlich den Punkt erreichen würde, ganz frei für mich zu leben. Ich hab' mich auch drauf gefreut, alleine zu sein, hier in meinem Haus, wenn ich meine Rente hab'.

Wie kam denn das, daß Sie vergleichsweise doch erst spät mit der Hormonbehandlung angefangen haben, erst mit etwa sechzig Jahren?

Ich hab' ein Schlüsselerlebnis gehabt, eine Fernsehsendung im September vor zwei Jahren im Zweiten Programm, die hieß »Ich heiße Horst und bin eine Frau«. Das war eine Sendung mit verschiedenen Betroffenen, die darüber mit Pädagogen, Neurologen und ihren Gutachtern diskutiert haben, wie das war, die Umwandlung praktisch zu vollziehen. Und am Ende der Sendung wurde die Adresse eingeblendet. Da hab' ich dann hingeschrieben und Adressen von allen möglichen Selbsthilfegruppen und Vereinen bekommen. Und so bin ich bei dieser Hamburger Gruppe gelandet, die diese Donaubauer betreibt. Das war meine erste Kontaktperson.

Was genau hat bei Ihnen auf einmal diesen Aha-Effekt hervorgerufen?

Ich hab' zum ersten Mal in meinem Leben mit Bewußtsein transsexuelle Menschen gesehen, denn die Leute, die da saßen, waren völlig normal gekleidete Menschen. Die waren in Jeans und Pullover, nicht irgendwie zurechtgemacht, die waren ganz einfach, schlicht, so wie Sie. Mich hat fasziniert, daß die so frei redeten über sich und überhaupt keine Hemmungen hatten. Man merkte, die sprachen über ihr eigenes Leben. Die waren schon im Alltagstest, den Begriff kannte ich auch noch nicht zu dem Zeitpunkt. Und da hab' ich gewußt: Da gehöre ich hin, das sind meine Leute.

Und was dachten Sie ungefähr sechzig Jahre lang, wo Sie hingehören?

Ja, da bin ich Transvestit gewesen, würde ich sagen, in der Übergangsphase, aber auch mit der Neigung hin zur Frau. Meiner Frau, mit der ich vorher schon mal diskutiert hatte, hab' ich gesagt: Ich möchte eine Frau sein, ich möchte eine Frau werden. Ich hab' nicht gesagt: Ich bin eine Frau, das ist erst später gekommen, daß ich sag': So, jetzt bin ich eine Frau. Das ist ein wesentlicher Unterschied für mich gewesen, dieser Sprung.

Sie haben mit Ihrer Frau diskutiert?

Ganz vorsichtig haben wir mal ein Gespräch gehabt, aber wir sind uns nicht einig geworden. Sie hat damit nicht fertig werden können, für sie ist eine Welt zusammengebrochen. Sie hat das alles schon geahnt, wissen Sie. Ich hab' immer einen Koffer im Auto gehabt, und wenn ich dann auf Geschäftsreise war, hab' ich mich im Hotel zurechtgemacht. So etwas bleibt ja nicht geheim, wenn man im Haus zusammenlebt. Wir haben auch eine Tochter, und ich kann auch nicht sagen, daß das Kind nichts davon gemerkt hat. Kinder haben ja ein Gespür dafür, wenn irgendwas nicht stimmt zwischen den Eltern.

Das heißt, Sie haben sich ganz normal als Mann irgendwann einmal in eine Frau verliebt, geheiratet und ein Kind gezeugt. Wann trat dieses Gefühl in Ihrem Leben überhaupt zum ersten Mal auf, daß bei Ihnen vielleicht doch was anders ist als bei anderen Menschen?

Ja, das ging praktisch in der Pubertät los, als Siebzehnjähriger hatte ich ein Schlüsselerlebnis mit meiner ersten Freundin, mit der ich eine intensive Beziehung hatte. Wir hatten nur französische Liebe, es war eine wunderschöne Zeit. Das haben wir beide so empfunden, und wir haben beide nichts vermißt dabei.

Und so mit ungefähr siebzehn Jahren haben Sie gemerkt, daß mit Ihnen offensichtlich ein bißchen was anders ist?

Ja. Wir sind immer gerne tanzen gegangen, das war so eine tanzwütige Zeit. Sie wollte, daß wir zur Maskerade gehen. Ihre Mutter hat uns vor den Spiegel genommen und gesagt: Nun guckt euch doch bloß mal beide zusammen an. Merkt ihr denn gar nichts? Ihr seid gleich groß, ihr habt die gleiche Figur, ihr habt gleich große Füße. Ihr tauscht einfach eure Kleider! Ja, da hab' ich mir zunächst überhaupt nichts dabei gedacht. Und als ich dann zum ersten Mal die körperwarme Kleidung von Anneliese anziehen sollte, da ging eine Verwandlung mit mir vor – ich hab' eine fürchterliche Erektion gekriegt und mich sehr geschämt und Angst gehabt vor ihrer Mutter, daß die das merkt. Nun hatte ich ja den Rock drüber, und da konnte man natürlich sehn, was da los war. Das hat mich innerlich sehr aufgewühlt, und später – nach der Maskerade – wollte ich die Sachen überhaupt nicht mehr ausziehen. Ich fühlte mich wie im siebten Himmel! Ich bin dann, so wie ich war, auf die Couch im Wohnzimmer, hab' mich da gleich hingelegt und war so glücklich und so happy. Das hat mich dann nicht mehr losgelassen. In der ersten Phase danach hat Anneliese sich nichts dabei gedacht, aber als dann von mir immer kam, daß ich mal wieder ihren Rock anziehen wollte, kam sie damit nicht klar. Ich konnte auch gar nicht drüber reden, warum das so war. Es war ganz einfach wundervoll! Das ist praktisch Fetischismus gewesen, im wahrsten Sinne des Wortes, und hat sich dann weiterentwickelt, und nach dreieinhalb Jahren war das mit Anneliese auseinandergegangen.

Würden Sie denn heute sagen, daß dieses Erlebnis für die Beziehung eine Wende brachte?

Ja. Aber ich hab' immer nur Frauen leiden mögen, ich hab' absolut nichts mit Männern am Hut gehabt. Ich hab' ein feminines Aussehen gehabt als junger Mann, und die Gefahr, als homosexuell zu gelten, war was ganz Schlimmes. Davor hatte ich Bedenken. Ich hab' mich geprüft, bin in Lokale gegangen, wo Männer verkehrten, um mich zu testen, weil ich auch mal wissen wollte, was treiben die denn so. Und hab' dann festgestellt, daß da Gott sei Dank nie jemand war, den ich leiden mochte oder sympathisch fand. Es hat mich ausschließlich nur zu Frauen hingezogen.

Lehnen Sie selber Homosexualität ab?

Ja, für mich, ja. Ich habe eine Aversion dagegen. Die Vorstellung, was Männer da untereinander machen, hat mich angeekelt. Für Transsexuelle, die was mit Männern haben, die bisexuell sind, hab' ich nie Verständnis gehabt. Transsexuelle, die Männer nicht ablehnen, gibt es ja sehr viele. Wenn sie operiert sind, interessieren sie sich für Männer und sind auch nicht abgeneigt, das ausprobieren zu wollen. Das würde ich mit einem Mann nie fertigbringen.

Könnte man daraus schließen, daß Sie vielleicht ganz allgemein den männlichen Körper ablehnen?

Nee, ich hab' nie was gegen meinen Körper gehabt. Ich hab' mich zwar nicht sehr leiden mögen, wenn ich in den Spiegel geguckt hab'. Das hat sich jetzt geändert. Wenn ich jetzt morgens aufwache und in den Spiegel guck': Hallo, Helga!, das find' ich ganz toll. Jetzt mag ich mich.

Gab es noch ein weiteres Erlebnis, durch das Ihnen Ihre Neigungen deutlich wurden?

Das zweite ist mein Fetischismus bezüglich Gummikleidung. Den hab' ich schon als dreijähriges Kind gehabt. Ich weiß, daß alles, was nach Gummi roch, mich gefangengenommen hat. Es gab Gummihöschen, Windelhöschen. Dadurch ist ja dieser Gummifetischismus überhaupt hochgekommen. Ich weiß, daß ich als Kind ganz fasziniert hinter Frauen in Regenkleidung auf der Straße herlief. In der Straßenbahn hab' ich mich mit meinen kurzen Hosen ganz dicht neben die Damen gesetzt und wollte Körperkontakt haben. Später, als ich dann Geld verdient hatte und Student in Essen war, hab' ich mir dann Gummikleidung gekauft, die man über den Versandhandel kriegen konnte.

Also Gummibekleidung, wie man sie ja auch heute in Verbindung mit Sexualität kennt, Masken, Handschuhe, Korsagen usw.?

Ja, aber mir ging es nur um die weibliche Kleidung, vor allem die Oberbekleidung. Das fand ich ganz toll. Ich kann Ihnen sagen, daß ich mir noch vor zwei, drei Jahren wieder ein ganz tolles Gummikleid gekauft habe und damit zu einer SM-Party gegangen bin. Da bin ich dann aber wirklich wie ein Transvestit hingegangen, auch entsprechend geschminkt und zurechtgemacht, hab' meine hochhackigen Pumps angehabt, Minirock und so, das fand ich ganz witzig, obwohl ich schon als transsexuell galt. Aber irgendwann kam dann ein Bruch. Jetzt bin ich Frau, und diese andere Richtung bedeutet mir im Grunde nichts mehr, weil es zu meinem früheren Leben gehörte, als Frau dorthin zu gehen, in Gummi, als Transvestit sozusagen. Ich bin erst seit einem halben Jahr operiert und noch voll in dem Zustand, mich daran zu gewöhnen, was mit mir los ist, mich körperlich umzuwandeln.

Wie ging denn das weiter während Ihres Studiums, wo Sie sich schon ein Repertoire an Gummibekleidung zugelegt hatten, wie haben Sie da gelebt: tagsüber Student und nachts Transvestit?

Ja, so in etwa. Ich hätte nie gewagt, in Gummikleidung auf die Straße zu gehen. Aber ich hab' mich auch als Frau bei Tageslicht nicht in der Öffentlichkeit zeigen mögen, dazu hatte ich nicht den Mut. Das ist erst durch die TS-Gesellschaft gekommen, als ich zum *Kalenbach* gegangen bin, wo das Treffen war. Ich hab' dreimal einen Anlauf genommen, ehe ich überhaupt gewagt hab', das Lokal zu betreten.

War das nicht schrecklich, nie auf die Straße zu gehen?

Natürlich war das schrecklich. Das war ein erheblicher Leidensdruck. Diese Konflikte hab' ich immer mit mir austragen müssen: Alles heimlich zu machen und nie jemanden zu finden, mit dem man darüber reden kann.

Andererseits könnte man ja auch sagen, daß so ein Geheimnis, im wahrsten Sinne des Wortes, auch sehr lustvoll sein kann.

Ja, da ist sicher so, daß man da seine Lustgefühle befriedigt und seine Höhepunkte gesucht hat.

Wie hat sich all dies denn ausgewirkt auf den Kontakt zu anderen Menschen?

Keiner wußte, was mit mir los war. Es gab natürlich Kollegen, mit denen ich zu tun hatte, aber die Kontakte gingen nie über normale Umgangsformen hinaus, es gab immer irgendwo eine Sperre. Man hat mal ein Bier zusammen getrunken, aber Freundschaft, im eigentlichem Sinne, war da nie.

Hatte das was mit Ihrer transsexuellen Identität zu tun, oder würden Sie sagen, daß Sie sowieso eher ein schüchterner Mensch sind?

Richtig, ein schüchterner Mensch bin ich immer gewesen. Ich hab' mich nie äußern können, ich hab' das alles mit mir selbst ausgemacht.

Wie haben Sie denn dann Ihre Frau kennengelernt?

Meine Frau hab' ich am letzten Tag meines Examens kennengelernt. Ich bin von Essen in den Zug gestiegen, hier in Hausbruch am Bahnhof ausgestiegen, wo mein Schulfreund mich abgeholt hat. Ja, sagt er, ich bringe meine Freundin mit, die hat ihre Freundin zu Besuch. Und mit dieser Freundin hatte es dann gefunkt. Acht Monate nach dem Kennenlernen haben wir geheiratet, und dann sind wir achtundzwanzig Jahre zusammengewesen. Die ersten Jahre waren wunderschön. Und dann hat sich das irgendwie überholt. Wir haben keinen Sexualverkehr mehr gehabt. Das war natürlich eine enorme Belastung, vor allen Dingen für meine Frau. Ich weiß, daß ich ihr sehr, sehr weh getan hab', und da komm' ich im Grunde eigentlich auch nicht drüber weg.

Was, würden Sie denn sagen, haben Sie Ihrer Frau angetan?

Daß ich ihr das Leben versaut hab'. Sie hat sich ja als Frau nicht so ausleben können, wie sie sicherlich gern gewollt hätte. Aber sie war eben auch ein Mensch, der nicht aus sich rausgekommen ist. Sie konnte nur schwer auf mich zugehen, um mich beispielsweise in den Arm zu nehmen. Wir haben nie Streit gehabt. Die Probleme hat jeder mit sich selbst ausgemacht. Und seit eineinhalb Jahren sind wir geschieden.

Und das hing auch mit Ihrem endgültigen transsexuellen Coming-out zusammen?

Eigentlich nicht, sondern es fiel zusammen mit dieser TS-Gesellschaft, daß ich nun innerlich frei war und dann natürlich keine Hemmnisse mehr gehabt habe. Ich konnte alles von mir abstreifen und hab' mich dann eben ganz und gar dazu bekannt. Meine Tochter hat sich von mir gelöst, die will nichts mit mir zu tun haben. Ich bin für sie gestorben. Das hat sie nicht verkraftet, als sie das mitgekriegt hatte. Als ich zur Operation gefahren war, wußte das ja praktisch niemand. Ich hab' drei Tage, bevor ich nach Münster gefahren bin, zwei Briefe geschrieben. Einen davon an meinen Bruder. Dann war die Operation, und die ist ein bißchen in die Hose gegangen. Ich hab' im Koma gelegen, die Narkose nicht vertragen und ein halbes Jahr in der neurologischen Klinik zugebracht. Ich hab' lange kämpfen müssen, bis ich in etwa wieder diejenige geworden bin, die ich jetzt bin. So ganz bin ich es noch nicht wieder. Ich bin noch zu träge im Denken, alles ist noch zu langsam bei mir. Und auch im Sprechen bin ich früher lebhafter gewesen. Das muß alles erst noch wiederkommen.

Das heißt ja, daß dieser Befreiungsschlag auf der emotionalen und auch körperlichen Ebene viel Enttäuschung, Unglück und Leid für Sie mitgebracht hat.

Sicher, man kann drüber nachdenken, ob da nicht einiges zuviel gewesen ist, das ich nicht verkraftet hab'. Die Operation allerdings ist perfekt gewesen, das ist ganz, ganz toll geworden. Man hat mir auch gesagt, Sie sind ein paar Jahre älter, das kann riskant sein. Aber die Untersuchungen sind alle perfekt gewesen; Blut- und Leberwerte haben gestimmt, auch der Hormonspiegel war in Ordnung. Ich hab' nie zuviel gekriegt, obwohl man nachher meinte, ich hätte zuviel Narkosemittel bekommen.

Wie lange hat dieser ganze Prozeß bei Ihnen vom Coming-out bis heute gedauert?

Der Auslöser des Coming-outs war vor zwei Jahren die Fernsehsendung. Ich bin dann zum Arzt gegangen und hab' mich höchstens eine Minute mit ihm unterhalten, da hat er gesagt: Ja, natürlich, Sie bekommen Hormone. Ich seh' es Ihnen doch an, daß Sie eine Frau sind. Da war ich perplex! Der war so überzeugt, daß das in Ordnung ist, und ich war happy. Ich hab' dann eine Blutuntersuchung gemacht, und vier Wochen später hab' ich die erste Spritze gehabt. Und dann immer alle vier Wochen eine Spritze, das war praktisch der Anfang. Und ich bin dann nur als Frau draußen gewesen. Zur selben Zeit ging ich zum zweiten Gutachter, und der sagte nach zwei, drei Sätzen: Warum kommen Sie denn erst jetzt zu mir?

Also alles gleich Schlag auf Schlag: TS-Gesellschaft, Hormonspritzen und Alltagstest?

Ja. Beide Ärzte haben ihre Gutachten geschrieben, und ich hab' im Juni 1994 meinen Antrag beim Amtsgericht gestellt. Ich hab' vor eineinhalb Jahren schon mal einen Antrag auf Namensänderung gestellt. Und als ich mich operieren lassen wollte, da war klar: Da machen wir doch gleich die »große Lösung«, dann ist das ein Abwasch. Und jetzt wart' ich täglich darauf, daß die Gutachten anerkannt werden und daß ich dann mit der Krankenkasse über die Kosten sprechen kann; denn ich bin privat versichert, und die übernehmen die Kosten nicht so ohne weiteres. Wenn ich die Namensänderung schon gehabt hätte, dann hätte es kein Problem gegeben.

Das heißt, Sie haben jetzt immer noch einen Paß, wo Ihr männlicher Name drin steht? Sie haben ein Konto, wo meinethalben »Franz Nack« steht, und Sie müssen mit Ihrem männlichen Namen unterschreiben?

Ja Gott, ich unterschreibe mit Helga Nack, da denk' ich mir überhaupt nichts dabei, auch bei der Bank. Ich kriege meine Post auch als Helga Nack.

Was kostet denn so etwas, die psychologischen und medizinischen Therapien, Gutachten und Medikamente?

Ja, vierzigtausend Mark hab' ich schon bezahlt. Ich hab' einen Teil zurückbekommen für das, was zuerst gewesen ist, und die Hormonbehandlung hab' ich bezahlt gekriegt. Aber seit dem letzten Jahr ist nichts mehr bezahlt worden. Erstattet wurden nur die Klinikkosten der neurologischen Klinik. Was zum Zeitpunkt der Operation war, das wollen sie nicht anerkennen. Aber vom Tag nach der Operation an bezahlen sie. Fragen Sie mich nicht, mit welchem Recht das gehandhabt wird. Das sind Dinge, die muß ich erkämpfen, wenn ich meine Personenstandsänderung hab'.

Das kann ja bedeuten, daß man in den finanziellen Ruin gerät, wenn man nicht entsprechende Ressourcen hat.

Ja, sicher. Deshalb muß man sehen, daß man die Kostenerstattung bewilligt kriegt, das muß vorher geklärt werden.

Wie lange sind Sie eigentlich nach der OP mit dem Stent in der Neovagina rumgelaufen?

Ich hab' ihn die ersten zwei, drei Monate überhaupt nicht benutzt, da hab' ich den noch gar nicht gehabt. In der Klinik hat sich keiner in dieser Hinsicht um mich gekümmert. Es gab niemand, der über Transsexualität was wußte. Erst, als eine Gynäkologin hinzugezogen wurde, habe ich einen Stent bekommen. Damit hab' ich dann allergrößte Mühe gehabt, denn da war schon viel Zeit vergangen.

Nun sind ja solche Operationen nicht unumstritten, wegen vieler Komplikationen, die auftreten können. Wieso war es denn für Sie besonders wichtig, sich trotzdem operieren zu lassen?

Der Entschluß war gefallen, und im Kopf war ich soweit, daß ich Frau sein wollte. Dann kann man nicht auf halbem Weg stehenbleiben, das wäre ein Unding gewesen. Ich hätte nicht mit meinem männlichen Glied und als Frau existieren können. Das paßt doch nicht.

Sie haben vorhin gesagt, daß Sie Ihren Körper eigentlich immer gemocht haben. Wieso hätten Sie nicht weiter als Transvestit leben können?

Das Aussehen, die Gesichtszüge, das ist eben immer noch männlich gewesen. Nehmen Sie meine Stimme zum Beispiel, das ist ein ganz großes Handikap. Ich bin bei einer Logopädin. Sie hat die Stimme schon raufsetzen können, daß ich nicht mehr so ganz rauh spreche. Am Anfang ist das viel schlimmer gewesen. Sie hat auch gemeint, daß Hormone Einfluß auf die Stimme haben. Ich weiß es nicht, aber ich hör' mir das gerne an. Aber wahrscheinlich spielt auch der psychologische Aspekt dabei eine Rolle, daß das Denken sich umorientiert. Denn ich denk' nun wirklich keine männlichen Dinge mehr, sondern alles ist nur noch weiblich orientiert.

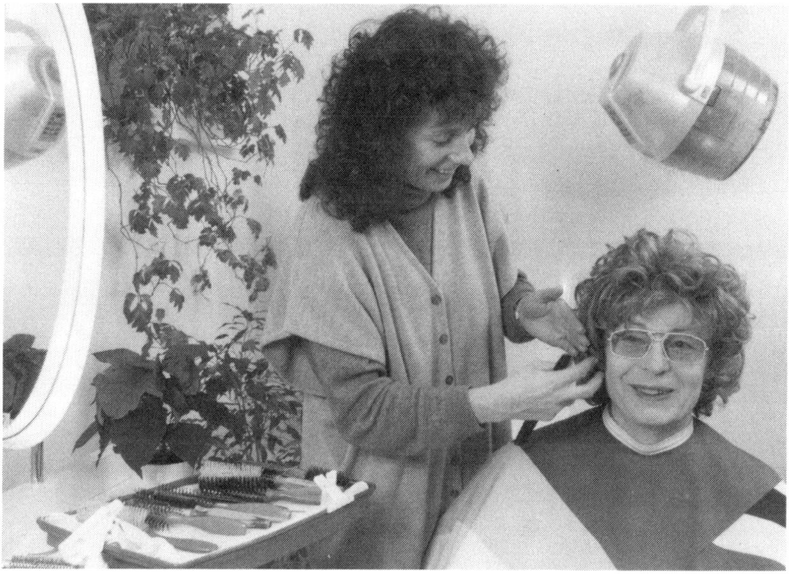

Woran merken Sie denn den größten Unterschied zwischen männlich und weiblich?

In der Sprechweise, in der Ausdrucksweise, in der Formulierung zum Beispiel. Ich mein', Frauen können auch Scheiße sagen, das ist heute gang und gäbe. Bei einem Mann ist das selbstverständlich, der darf unflätige Ausdrükke benutzen. Eine Frau tut das eben nicht. Wenn eine Frau »Scheiße« sagt, aus Wut heraus, dann tut ihr in dem Moment auch schon wieder leid, daß sie entgleist ist. Als Frau würde sie sich irgendwie anders ausdrücken, um mal bei so einem Beispiel zu bleiben.

Woran merken Sie, daß Sie eine Veränderung immer mehr zur Frau durchmachen?

An meiner ganzen inneren Einstellung zum Leben. Wenn ich jetzt im Supermarkt an die Kasse geh', da bin ich höflich und nett und sag' freundlich guten Morgen. Ich werde freundlich begrüßt, freundlich angeguckt, und ich hab' nie den Eindruck, daß jemand sich Gedanken drüber macht, wegen meiner Stimme oder so. Es ist so selbstverständlich, daß ich ganz einfach eine Frau bin.

Und wie ist das denn mit den Leuten hier in der Straße?

Die haben sich daran gewöhnt, daß ich so bin. Ich hab' jedenfalls bisher nicht erlebt, daß es Probleme gibt. Wir grüßen uns, so gut und so recht wie vorher.

Hatten Sie Ihre Nachbarn eigentlich auf Ihre Verwandlung vorbereitet, oder tauchten Sie hier auf einmal wieder als Frau auf?

Nein, ich bin ja vorher schon als Frau unterwegs gewesen. Und meine Nachbarn haben mich vorher schon oft als Frau auf meinem Grundstück gesehen.

Richtig vorbereitet hab' ich das nur in der Firma. Mit meinem Bruder hab' ich keinen Kontakt gehabt. Und mit meiner Frau sowieso nicht nach der Scheidung. Und unsere Tochter hat das durch mich auch nicht erfahren. Ich hab' mal versucht, ein Gespräch mit ihr zu führen, als sie das letzte Mal hier war. Da hat sie mich total blockiert und gesagt: Papa, laß mich in Ruh, damit hab' ich nichts zu tun, das hab' ich auch zu Mama gesagt. Und seitdem ist das alles gewissermaßen ad acta gelegt.

Glauben Sie denn, daß Ihre Tochter sich wegen Ihrer Transsexualität von Ihnen abgewendet hat?

Ja, sie fühlt sich irgendwie – ja, wie soll ich sagen – übergangen und hinters Licht geführt. Daß ihr Vertrauen mißbraucht wurde, so in etwa.

Würden Sie daraus schließen, daß andere Transsexuelle ihren Kindern von ihrer Neigung berichten sollten?

Ja, nach meiner Erfahrung unbedingt! Das ist mein Fehler gewesen, daß ich nicht durchgesetzt hab', daß wir darüber gesprochen haben. Vor solcher Auseinandersetzung, solchem Gespräch habe ich mich gedrückt. Friede, Freude, Eierkuchen, reden wir nicht drüber!

Wie ist das denn nun mit der Sexualität? Würden Sie sagen, daß Sexualität in Ihrem Leben immer eine wichtige Rolle gespielt hat?

Doch, eine große Rolle, eine sehr große Rolle! Nur – bloß für mich alleine, nicht mit meiner Frau zusammen.

Was hat sich denn da jetzt für Sie verändert – sind Sie jetzt sexuell freier, haben Kontakt mit anderen?

Ich hab' keine Kontakte mit anderen. Gucken Sie mal, ich bin dreiundsechzig, mit wem soll ich da Kontakte halten, wen soll ich mir da suchen als Kontaktperson? Also wenn, dann kommt nur lesbische Liebe für mich in Frage, ist ja logisch. Mit Männern hab' ich nichts im Sinn. Aber ich kann mir vorstellen, mit einer Frau französische Liebe zu haben. Richtig schön lesbische Liebe, danach sehn' ich mich.

Warum unternehmen Sie dann nichts?

Ja, zu wem soll ich das sagen? Ich kann doch nicht jemanden ansprechen: Sind Sie lesbisch?

Es gibt doch genug Möglichkeiten, jemanden kennenzulernen. Sie machen doch einen rüstigen Eindruck! Oder wollen Sie jetzt noch dreißig Jahre alleine leben? Jetzt, wo es endlich soweit ist, daß Sie im Grunde ganz frei leben können?

Nee, das würd' ich nicht wollen. Das ist eine gute Frage, die Sie da stellen. Aber ich trau' mich nicht.

Es gibt ja auch transsexuelle Frauen, die sich nicht umoperieren lassen und sagen, daß sie heute fast besser zu ihrem männlichen Teil stehen als früher und auch ihren männlichen Teil leben wollen. Was würden Sie denn über Ihre männlichen und weiblichen Teile sagen?

Das kann ich nicht nachvollziehn. Meine männlichen Teile hab' ich nicht mehr, das Thema ist erledigt. Dann hätte ich mich nicht operieren lassen dürfen, das hab' ich lange genug durchdiskutiert mit mir selbst. Wobei immer noch ein Rest bleibt, der noch ganz schön für Unruhe sorgen kann.

Und was ist geblieben?

Ja, da ist praktisch vom Glied die Spitze, also das, was sie davon dringelassen haben.

Meinen Sie das Stück der Eichel, das zur Klitoris geworden ist?

Ja, genau, und das ist jetzt in den Schamlippen mit eingebaut und hat da so seinen Platz. Und das sorgt manchmal für Unruhe.

Das kann aber auch Frauen passieren, daß sie in diesem Körperteil Unruhe verspüren.

Ja, deswegen sag' ich das auch so. Aber sonst hat sich doch schon alles umgeformt durch die Hormone. Die Arme sind anders geworden, die sind jetzt richtig schön rund, und die Haut wird auch viel dünner, die ganze Struktur ändert sich.

Das muß ja ein aufregendes Gefühl sein, wenn man merkt, daß man von innen sozusagen »umgestülpt« wird.

Das ist ja das Wunderschönste überhaupt, das schönste Erlebnis, Sie können sich als Frau gar nicht vorstellen, wie das ist. Ich bin jetzt praktisch im Alter einer Vierzehnjährigen, bin zur Zeit voll in der Pupertät.

CHRIS

»Wenn ich groß bin, dann geh' ich nach Casablanca.«

Ich bin jetzt dreißig und hatte zu meiner Weiblichkeit oder zu meiner Transsexualität immer ein total unkompliziertes Verhältnis. Ich kann mich dran erinnern, daß ich als ganz kleines Kind bei meinen Großeltern einen wahnsinnigen Aufstand gemacht habe, wenn ich irgendwas Blaues anziehen mußte, was Jungs tragen müssen. Meine Oma hat mich in Röckchen gesteckt und fand das unheimlich lustig. Mein ganzes Leben lang sah ich aus wie ein Mädchen und fühlte mich auch so.

Wie alt warst du denn da?

Drei, vier Jahre. Ich weiß das von meiner Mutter. Und ich weiß auch, was ich immer für einen Ärger ausgestanden habe, wenn ich mich gewehrt habe, Hosen anzuziehen. Das war Ende der Sechziger, da hat ein Junge Hose und Krawatte angezogen. Ich hab' überhaupt gar keine Probleme gehabt als Mädchen. Meine Freunde nannten mich *Chrissi* oder *Mädchen.* Auch in der Schule wurde ich einfach nur *Mädchen* genannt, weil ich tierisch lange Haare hatte. Kompliziert wurde das für mich erst in der Pubertät.

Ich bin das Produkt eines One-night-stands. Meine Mutter ist bisexuell und hat das auch ziemlich offen ausgelebt, hat meinen damaligen Vater kennengelernt und mit ihm eine kurzfristige Beziehung gehabt. Daraus bin ich entstanden. Und später, als ich so sechs Jahre alt war, hat sie dann einen anderen geheiratet, und von dem stammen meine drei Geschwister.

Und wie war das für deine Geschwister, einen Bruder zu haben, der mehr eine Schwester war?

Meine Geschwister waren sehr klein und haben mich auch eher als Mädchen wahrgenommen, haben mich nie so als Jungen gekannt. Für meine Mutter war das auch normal. Ich war wahnsinnig stolz, wenn ich beispielsweise die Babynahrung für meine Geschwister aus der Apotheke holte und die dann sagten: Na, junges Fräulein, was hätten Sie denn gern?

Wie war es dann auf der Schule?

Das war grausam für mich. Ich hab' da total rebelliert und war auch gar nicht lange an der Schule. Ich mußte mir die Haare abschneiden, und darüber war ich so sauer, daß ich in der Bastelstunde vor Wut einem Mädchen einen Zopf abgeschnitten habe. Ich war total nervig drauf, daß ich nicht leben durfte, wie ich wollte. Dann sackte ich schulisch total ab, und Psychologen schalteten sich ein. Seit meinem achten Lebensjahr ging meine Mutter mit mir häufiger zu Psychiatern. Ich denke, daß ich so zehn Jahre alt war, als ich was über transvestitische Neigungen gelesen habe. Ich stand ständig unter diesem Druck, beweisen zu müssen, daß ich ein Mädchen bin.

Warum hat deine Mutter dich zum Psychiater geschleppt, was glaubst du?

Ich denke, daß sie sich wohl dieser Norm anpaßte und dachte, das geht nicht, wenn ich mal groß werde, und sich Angst um meine Zukunft machte. Ich bin dann in ein Internat vermittelt worden, in so'n ganz kleines mit sechzehn Kindern. Dort hatte ich eine Rundum-Psycho-Betreuung und ständig Tests und Einzelschulungen, und meine Leistungen waren ziemlich schnell wieder auf dem obersten Stand. Und dann habe ich auch meine erste sexuelle Beziehung gehabt.

Wie alt warst du da?

Meine erste Beziehung hatte ich mit acht Jahren. Das war ein Nachbarjunge, ein türkischer, der hieß Erdan. Der war auch acht Jahre, das weiß ich noch ganz genau. Das war in einer leeren Mülltonnenbox. Und ich war tierisch erschrocken, daß der beschnitten und die Eichel so ganz blau und bedrohlich war. Das hat mir einen richtigen Schock versetzt.

Da bist du aber ziemlich weit gegangen mit deinen acht Jahren.

Ja ja, ich hab' in der Wohnung Pornos rumliegen sehen von meinem Stiefvater und hab' immer die Kleidung meiner Mutter ausprobiert. Meine Eltern haben sich drauf eingestellt, daß meine Kleidung weder männlich noch weiblich, sondern so ein Zwischending sein sollte, weil ich sonst einen Riesenaufstand gemacht hab'. Das haben die dann nicht mehr mitgemacht.

Also zwei Achtjährige in einer Mülltonnenbox ...

... mit ihrer ersten sexuellen Erfahrung. Ich fand das gar nicht so abwegig, das war eher so ein Vergleichen, Begucken. Und von da an stand fest, daß ich kein Junge sein kann.

Du hast ja auch heute noch biologisch männliche Geschlechtsteile und hast dich aber immer schon als Mädchen gesehen. Wie hast du das denn zusammengekriegt?

Ich habe mich immer bemüht, möglichst enge Unterhosen oder in der Badeanstalt auch ein Oberteil, einen Badeanzug zu tragen. Das war furchtbar aufregend. Als ich von Erdan dieses kleine blaue Ding da gesehen hab', war das furchtbar abstoßend für mich.

War er denn nicht auch neugierig auf dich? Er wollte ja schließlich ein Mädchen sehen.

Ja, aber er hat mich nicht gesehen. Ich hab' ihn inspiziert, und dann haben wir uns geküßt und Händchen gehalten, weiter ging das gar nicht. Und dann bin ich auf Urlaub gewesen. Da gab's damals diese wunderbaren Verschikkungen, da war ich zehn. Ich hab' ich auch lange Haare gehabt und lockiges Haar und 'n weibliches Aussehen, und da hab' ich meinen ersten Liebesbrief von einem Jungen bekommen. Der gefiel mir total und dann bin ich zu dem, wir haben uns an so'm Bach getroffen, und dann hab' ich gesagt mit meiner Piepsestimme, die ich bis zur Pubertät hatte, daß es eigentlich gar nicht ging, weil ich ja ein Junge bin.

Wie kam das denn, daß du dich selbst als Junge geoutet hast?

An dem Bach gab es dann diese Unterhaltung, wo ich ihm sagte, daß ich ein Mädchen bin, als Junge zur Welt gekommen bin und Christian heiße. Er hat das runtergespielt, konnte es erst mal überhaupt nicht glauben und hat gedacht, ich würd' ihn verarschen. Das ging so über drei Tage, und dann hat er mich davon überzeugt, daß das überhaupt kein Problem sei, und dann hab' ich meinen ersten Kuß bekommen.

Und dann hab' ich ja auch meinen ersten sexuellen Kontakt gehabt, und das war ganz toll. Ich hatte mich total in ihn verliebt, und das war schön. Die ganzen sechs Wochen war's schön, und am Ende haben wir mit Tränen in den Augen an den Bussen gestanden und uns ein halbes Jahr geschrieben, aber dann ist das im Sande verlaufen.

Hat sich dieser Junge nicht über dich gewundert?

Nee, er fand das ganz aufregend. Wir hatten Oralverkehr, ich bei ihm, und er hatte 'n Orgasmus gehabt. Ich kannte das überhaupt nicht so. Mit zwölf kam ich dann in dieses Internat, wo alles sehr klein, sehr überschaubar und idyllisch war. Da hab' ich dann einen älteren Jungen kennengelernt. Der war fünfzehn, ja, und ich zwölf. Ja, und dann hatten wir 'ne sexuelle Beziehung. Wir hatten uns ziemlich schnell gefunden, haben das anfangs aber geheimgehalten, später war's dann allerdings offensichtlich.

Hatten deine Freunde nie Probleme, daß du einen Schwanz hattest?

Überhaupt keine. Und mit dreizehn ist mir dann noch so ein Brustansatz gewachsen, ganz von selbst. Auf jeden Fall bin ich dann zu Fachärzten gekommen, und die meinten, daß das auch über die Psyche geht. Die waren eigentlich ziemlich ratlos. Ich sollte dann männliche Hormone einnehmen, und das hab' ich abgelehnt. Sie haben alle möglichen Mittel und Tricks versucht, damit ich diese Medikamente einnehme. Diese Depotspritze sollte ich immer kriegen, dagegen hab' ich mich mit Händen und Füßen gewehrt. Sie haben es nicht geschafft, mir diese Mittel zu injizieren oder oral zu verabreichen. Und dann habe ich Nico kennengelernt. Der war fünfzehn und von seiner Entwicklung schon ziemlich weit. Wir haben 'ne richtig monogame Beziehung geführt, mit Eifersüchteleien und so.

Was meinte der denn dann dazu, daß dir eine Brust gewachsen ist und du Spritzen dagegen kriegen solltest?

Der hat mich darin unterstützt, daß ich mir das nicht gefallen lassen solle, daß ich halt ein Mädchen bin und es ja die Möglichkeit gäbe, sich umoperieren zu lassen. Das wußte ich ziemlich früh, und Casablanca war immer das Schlagwort. Ich hab' immer gedacht, wenn ich groß bin, dann geh' ich nach Casablanca, lass' mich operieren, und dann könnt ihr mich mal alle.

Wenn du das so erzählst, dann hab' ich doch fast den Eindruck, als würdest du ein natürliches Zweigeschlecht sein und nicht, wie viele andere Transsexuelle, körperlich z. B. Mann und psychisch Frau, sondern vom Körper her schon beides.

Nicht vom Körper, die Brust ist mir ja durch die Psyche gewachsen. Ich hab' mich so stark in meiner Rolle als Frau gefühlt, daß dann auch der Hormonhaushalt durcheinandergeriet.

Hast du dich darüber gefreut?

Total! Also, ich war total stolz und hab' gesagt: Siehste! Ich hab's ja schon immer gesagt, ich bin ein Mädchen! Ich hab' zum Glück immer meine Lehrerin als Unterstützung gehabt. Die war Lesbe, diese junge Frau Dr. phil., und die hat sich wahnsinnig für meine Rechte eingesetzt. Ich hab' mal meine Akte geklaut, und da stand alles drin, transvestitische Neigung und weibliche Identität und daß ich dann auch so reagiere. Das war für mich natürlich eine Bestätigung. Transvestitische Neigungen fand ich vom Wort her irgendwie abwertend, weil ich ein Mädchen war und kein Transvestit. So ein Transvestit hatte für mich was Clownhaftes, das war für mich eher eine Beleidigung. Die hatten auch Ultraschalluntersuchungen gemacht, um auszuschließen, daß ich Zwitterbildung hatte. Und dann hatten die auch tatsächlich was gefunden, verkümmerte Eierstöcke, also, das war so'n kleiner Knoten und wäre in der Anlage später vielleicht zu Eierstöcken geworden, wurde aber operativ entfernt, weil es geschwulstartig war und das auch verkrebsen kann. Da war ich dreizehn.

Du hast eigentlich immer eine ganz klare weibliche Identität gehabt und keine Sekunde daran gezweifelt.

Ja, immer. Und dann hat mein leiblicher Vater zu mir Kontakt aufgenommen. Meine weibliche Identität wahrzunehmen, das hat er eigentlich vermieden. Vorher hab' ich ihn nur ganz selten gesehen, wenn er meine Mutter oder mich besucht hat. Dann bekam ich näheren Kontakt zu ihm und auch zu seiner Familie und bin nach den Sommerferien in diese Familie gegangen. Und in dieser Familie und an diesem Gymnasium fingen dann ganz massiv meine Probleme an. Da wurd' ich wahnsinnig diskriminiert. Ich kannte dort keine Sau, hatte dort überhaupt keine Freunde. Und dann kamen so Sprüche wie Schwuli, Transi und halt die Schiene. Ich war todunglücklich, und die Familie stellte sich dann auch als recht spießig raus. Und mein Vater sagte immer: Du siehst ja aus wie ein Mädchen!

Also diesmal war das dann kein Kompliment für dich, das mit dem Mädchen, sondern eine Beleidigung?

Ja, sie haben das so abwertend gesagt. Eine Frau, zu der ich dann nach kurzer Zeit auch Mutti gesagt hatte, die sagte dann »Schwuli« zu mir! Das waren Jahre, wo ich wahnsinnig an Selbstvertrauen eingebüßt hab'. Ich hab' nur noch für's Lernen gelebt, nur noch gebüffelt, gepaukt und hab' mir meine Anerkennung durch meine schulischen Leistungen geholt. Aber die wurden auch nicht honoriert. Meine Mutter wurde von meinem Vater und von dessen Familie als widerliche Lesbe bezeichnet.

Wie kam es, daß du dann von dieser Familie weggegangen bist?

Ich war drei Jahre dort und bin dann am Wochenende immer in eine Discothek gegangen, die nannte sich *Colosseum*. Vorher bin ich immer erst zu 'ner

Freundin gegangen und hab' mich da umgezogen, also hab' mir dann quasi mein Kleid anziehen können und mich schminken können für die Discothek. Weil das bei meinem Vater unmöglich gewesen wär, das mußt' ich ja alles verstecken und den Kleiderschrank möglichst abschließen. Weil ich verbotenerweise in die Discothek ging, gab mir mein Vater am nächsten Tag einen Hundertmarkschein und sagte: Geh zu deiner Mutter. Er meinte es aber gar nicht so ernst, er wollte mich nur schockieren. Ich bin dann aber tatsächlich zu meiner Mutter gegangen, die hat sich wahnsinnig gefreut. Da bin ich dann wieder richtig aufgeblüht. Ich hatte ja auch durch einen Freund, den ich in der Disco kennengelernt hatte, andere Transsexuelle kennengelernt und erfahren, wo sie in Hamburg verkehren. Da war ich sechzehn. Und ich konnte endlich wieder voll meine Frau leben und bin auch wieder ins Gymnasium gegangen. Ich hab' dann 1981 ein ziemlich gutes Abi abgelegt. Und dann hab' ich erst mal gelebt.

Ich hab' Striptease-Shows gemacht und hab' mit neunzehn meinen Mann kennengelernt, den ich heute noch so über alles liebe. Er ist ja nun leider tot. Diese sieben Jahre waren die schönste Zeit meines Lebens.

Du bist dann als Travestie-Künstlerin aufgetreten?

Ja, kurzfristig, im *Pulverfaß* und im *Alcazar* in Hannover. Ein Jahr hab' ich das gemacht, so durch ganz Deutschland.

Du bist da einfach hingegangen und hast gesagt, so, da bin ich?

Ja, ich hab' erst mal ein richtig schönes Coming-out gehabt als transsexuelle Frau. Ich war wahnsinnig glücklich in dieser Zeit. Und mit Mitte neunzehn hab' ich dann Bernd in Hannover kennengelernt. Er ist im *Musikpalast* in Hannover im Tanga aufgetreten, da war er frisch gekürter Juniorenmeister im Bodybuilding. Ich wollte im gläsernen Fahrstuhl tanzen, und an diesem Abend haben wir uns kennengelernt und zusammen die Show gemacht. Das war so eine Spontanidee. Wir haben uns tierisch ineinander verknallt und sind dann sieben Jahre zusammengewesen. Er hatte ein Gebäude geerbt in Frankfurt, eine Immobilie mit Grundstück. Und wir sind dann da runter gezogen und hatten ein Fitneßcenter draus gemacht, und das lief auch alles. Ich habe da auch als Callgirl gearbeitet, auf Telefon, und hab' fast täglich zwei- bis dreitausend Mark verdient. Wir hatten viel Geld, viel Liebe und viel Action. Das war ganz toll. Als wir in Frankfurt ankamen, bin ich mit ihm in ein Hotel gezogen, erst mal. Gegenüber war so'n Schwulenladen mit Restaurant und Hotel, der stand zum Verkauf. Dazu gehörte auch noch 'ne Sauna. Und dann hab' ich mich ganz schnell um Personal gekümmert, hab' da aus anderen Bars Personal abgeworben, weil Herr Schmidt, der mir das Angebot gemacht hatte, den Laden zu leiten, auch ziemlich gut zahlen konnte.

Woher kanntest du denn den Herrn Schmidt?

Ja, also ich bin da eingezogen in dieses Hotel und hab' den ziemlich schnell kennengelernt. Und ich war auch immer in dieser Bar drin. Dann war er tierisch scharf, das zu kaufen, das war 'ne Goldgrube. Nur, der Mann war so schüchtern, der hat einen roten Kopf gekriegt, für den war das nichts mit Schwulen und so.

Wenn ich gesagt habe: Mensch Schmidtchen, ich hab' gestern wieder mit meinem Alten gevögelt, das glaubst du gar nicht!, dann hat er eine glühend rote Bombe gekriegt. So'n Typ war das, aber 'n ganz liebes Kerlchen.

Ein Schwulenlokal, das du als transsexuelle Frau geleitet hat. Gab's da nicht Irritationen bei den Gästen?

Nö, überhaupt nicht. In Frankfurt ist es sehr vermischt. Es ist nicht so wie in Hamburg. In jedem Laden sind eigentlich Schwule, Lesben oder Frauen und eben halt auch Transsexuelle drin. Das ist da nicht so getrennt. Außer der Lederszene, die hat so ihr eigenes Ding.

Wie kamst du denn auf die Idee, als Callgirl zu arbeiten?

Ich bin in dieses Appartementhochhaus in Sachsenhausen gezogen und habe auch früher in dieser Szene verkehrt. Du wirst ja häufig angebaggert in der Schwulenszene, auch als Transsexuelle. Ich hab' dreimal nein gesagt, und dann hab' ich mir gesagt, Mensch, der sieht ja gar nicht mal so schlecht aus, gehst mal mit. Und so hab' ich meine Hemmschwelle, anschaffen zu gehen, langsam abgebaut. Ich hab' während dieser Zeit eigentlich ständig unregelmäßig angeschafft. Und in den Shows später war es ja so, daß du auch mit den Gästen ins Hotel oder ins Separée gegangen bist, du hast gestrippt, du hast getanzt und deine Show gemacht, aber du bist ja auch mitgegangen.

Und was waren so deine Preise?

Dreihundert Mark. Das war für eine Stunde. Das war französisch mit Gummi und Brust frei.

Dreihundert Mark, das ist ja ein stolzer Preis für so wenig Aktion. Liegt das daran, weil du transsexuell bist?

Ja, denk' ich mal. Transsexuelle gibt's nicht so viele und auch nicht so viel junge. Und ich hab's immer bekommen, mindestens. Meist mehr, das war nur mein Grundtarif. Ich bin in dieses Appartementhochhaus gezogen, und da gab's wahnsinnig viele Nutten, die auch angeschafft haben. Das Haus war ziemlich nobel, es war aber gleichzeitig auch sehr anonym, hatte einundzwanzig Stockwerke und Marmorportal. Dann hab' ich mir für fünfhundertachtzig Mark ein zweites Appartement gemietet und darin angeschafft. Ich hab' im *Happy Weekend* und im aktuellen Sexführer Fotoanzeigen gehabt, wo ich dann hinter so'm pinkfarbenen Satinvorhang posiert habe. Mein Text war: »*Transsexuelle Teenie, 19 J., ab 10 Uhr frei, von sanft bis bizarr.*« Das deckte auch alle Bereiche ab, also auch Sado/Maso.

Wer hat denn die Dienste einer transsexuellen Frau in Anspruch genommen?

Das waren durchweg Besserverdienende, aber ich hab' auch sechzehn-, siebzehnjährige Bengels vor der Tür stehen gehabt. Erst mal mußt du dich dran gewöhnen, daß dreihundertmal am Tag das Telefon klingelt, das war schon mal Wahnsinn. Das hab' ich eineinhalb Jahre gemacht und auch immer nur so in meinem Stammkreis. Ich hab' hier in Hamburg auch mal im *Club de Sade* gearbeitet. Das ist ein S/M-Club auf'm Kiez, der auch diese Folterinstrumente verkauft und Studios ausbaut. Bernd und ich haben dann auch ziemlich schnell ziemlich viel Vermögen anhäufen können und dann das Fitneßstudio eröffnet. Das war dann sein Ding, sich um das Fitneßstudio zu kümmern. Und mein Ding war halt, mich um das Appartement zu kümmern. Ich hab' einen Escort-Service aufgebaut und dann auch andere Mädchen vermittelt.

Wie lange warst du insgesamt in Frankfurt?

In Frankfurt war ich knapp über sieben Jahre, bis Bernd starb. Am 24. November 1987 wollte er von Frankfurt nach Wiesbaden fahren und hat sich da mit dem Auto überschlagen. Ich hab' noch am selben Tag angefangen, Heroin zu nehmen. Immer wieder hatten sich Mädchen vorgestellt, die bei uns arbeiten wollten, und wenn ich dann gemerkt hab', daß die gedrückt haben oder gesnieft – gleich raus. Zu einer hatte ich mehr oder weniger aus Mitleid einen anderen Kontakt, das war auch 'ne sehr schöne transsexuelle Frau gewesen. Sie hat mich dann aufgefangen. Die kam auch an dem Abend, wo die Bullen da waren und gesagt haben, daß Bernd tödlich verunglückt ist. Ich hab' dann Valium genommen, es half alles nichts. Sie hat mir dann so 'ne Heroinline gemacht, und dann hab' ich 'ne kurze heftige Drogenkarriere gehabt. Ich hab' das dann alles verkauft und bin zu meiner transsexuellen, inzwischen aber umoperierten Freundin Lotti nach Hannover gezogen. Konnte da noch gute zwei, drei Jahre von dem Geld leben und meine Sucht auch finanzieren.

Du bist dann in der Zeit da aber nicht anschaffen gegangen?

Nein. Braucht' ich nicht. Das Geld hat gereicht. Innerhalb von drei Monaten hab' ich vierunddreißigmal versucht, mir das Leben zu nehmen und bin auch vierunddreißigmal dementsprechend im selben Krankenhaus in der Notaufnahme reanimiert worden. Ich war dann richtig psychotisch, weil ich in dieser Zeit alles an Tabletten, Barbituraten und Heroin in mich reingesteckt habe. Ich hatte überhaupt keinen Plan mehr, kam drei Monate in so 'ne Art psychiatrische Privatklinik und durfte dort nicht raus. Bin dann abgehauen, die haben mich aber ziemlich schnell aufgegriffen und wieder zurückgebracht. Und dann bin ich hier nach Hamburg gekommen und hab' Therapie im berüchtigten *Do it* gemacht. Ich fand das ganz toll. Für mich war's die produktivste Zeit in meinem Leben. Das war vor vier, fünf Jahren

Und wie lange warst du da?

Fünfeinhalb Monate. Und zwar so lange, bis es an die Prostitution ging. Wir waren zwei Frauen, die einzigen Frauen in dieser Männergesellschaft. Zwölf Männer und nur zwei Frauen. Im Feedback wurde mir gesagt, daß sie mich total als Frau behandeln. Die gleiche Rückmeldung hatte ich auch von der Gruppe bekommen, und sie meinten, daß ich aber doch auch männliche

Anteile habe wie jede andere Frau auch und daß ich die ziemlich gut für mich einsetzte. Ich war wahnsinnig beleidigt, daß ich männliche Anteile hatte. Diese männlichen Anteile konnte ich überhaupt gar nicht annehmen. Von den Drogen freizukommen und eine selbstbewußte Transsexuelle zu werden, das war viel, viel harte Arbeit. Es erforderte immer wieder Risikobereitschaft und immer wieder, Verletzungen auszuhalten, und immer wieder, all die Scheiße zu durchleben, die hochkam. Und immer wieder mit Alpträumen fertigzuwerden. Ich hab' mich mit meiner ganzen Vergangenheit auseinandersetzen müssen. Diese Therapie hab' ich im Sommer '92 beendet, und seitdem bin ich clean geblieben. Dann mußt' ich 'ne alte Haftstrafe antreten, die ich für 0,8 Gramm Haschisch gekriegt hatte.

Zu wem bist du denn gekommen? Zu den Männern oder Frauen?

Weil ich ja auch noch nicht umoperiert war, kam ich halt erst mal auf die Männerstation und hatte wahnsinnige Ängste. Dieses Schlüsselgeklapper, dieses Brüllen der Männer, diese agressive Stimmung. Ich kam ja aus 'ner Therapie, da hast du 'ne sehr, sehr feine Wahrnehmung. Diese rohe, bedrohliche Atmosphäre war auch ganz, ganz schlimm für mich. Ich hatte Angstzustände wie eh und je. Ich hab' die mit tausend Anträgen bombardiert von wegen Haftunfähigkeit und so, daß ich immerhin Therapie gemacht habe und die nicht aus Jux und Dollerei abgebrochen habe, sondern auch aus dem Grund, weil dann das Thema Prostitution aufkam, und das konnte ich mit den Männern nicht machen. Das wollt' ich ambulant machen und hab's auch gemacht.

Wie sah es denn inzwischen mit deiner Transsexualität aus?

Ich hab' mich früher sehr unter Druck setzen lassen von dem Dogma, das von der Transsexuellenszene ausgeht: Du mußt dich umoperieren lassen und dein Geschlecht bis zum Geht-nicht-mehr hassen und so was alles. Ich hab' halt eine sehr glückliche, auch sexuelle Beziehung mit diesem Geschlecht gehabt, mit Bernd. Und ich hab' da auch überhaupt keine Probleme gehabt und das dann erst mal in den Hintergrund gestellt. Langfristig sehne ich mich natürlich nach der Operation, weil ich mich als Frau fühle. Ich möchte den gleichen Status wie jede andere Frau.

Ist dir das so wichtig, daß du dich doch operieren lassen willst, um endlich eine soziale Anerkennung zu kriegen?

Selbstverständlich. Aber je mehr ich an mir selbst und an meiner Persönlichkeit als transsexuelle Frau arbeite, um so weiter rückt diese Operation in die Ferne.

Es könnte also sein, daß diese Operation gar nicht mehr notwendig wäre?

Ja, durchaus. Weil ich überhaupt keine Probleme in meinem Sexualleben habe. Ich kann ins Schwimmbad gehen, ich kann alles das tun, was jede andere Frau auch kann. Ich hab' jetzt in Erwägung gezogen, daß ich auf jeden Fall den Vornamen ändere, das läuft bereits, und die Stimmbandoperation mache. Hormone hab' ich ja schon immer gekriegt, das war überhaupt kein Problem. Der Östrogenspiegel soll immer so bei achtzig, neunzig etwa liegen, und bei mir lag er dann bei hundertneunzig. Ich hab' keinen Schaden dran genommen. Ich nehm' jetzt nur noch eine Erhaltdosis. Was mich jetzt eigentlich am meisten stört, ist meine tiefe Stimme, die ich nicht mag und die mich auch immer wieder outet.

Das männliche Glied ist also gar nicht entscheidend?

Nein, überhaupt nicht. Ich hab' ein prima Sexualleben, ich fühle mich als transsexuelle Frau sehr begehrt und höre eigentlich auch nicht, daß ich häßlich bin, und ich freu' mich auch, dieser Szene anzugehören. Ich bin wahnsinnig stolz, ich möchte um keinen Preis mit irgendeiner heterosexuellen Frau tauschen. Die ab zwanzig alle vier Jahre ihr Baby kriegt und sich von ihrem Lover vollsülzen läßt und heiratet und dann irgendwann mit vier Kindern und 'ner Eichenanbauwand alt wird, in 'ner Dreizimmerwohnung.

Das ist aber eine sehr sarkastische Sicht. Das geht ja fast an meinen Stolz als heterosexuelle Frau.

Ja, aber die Schwulen und die Transsexuellen haben doch viel mehr Fun in ihrem Leben: Ich arbeite jetzt auch in der AIDS-Hilfe, wo die Leute mit ihrem Tod konfrontiert werden, wenn ich beobachte, was die für Fun haben, da kann ich nur sagen: Hut ab!

Ich habe dafür sehr viel therapeutisch an mir arbeiten müssen, und das ging auch nur, weil ich wollte. Ich hab' damals ein Gedicht geschrieben, das ich ungefähr so wiedergeben möchte: Wenn mein Körper und meine Seele sich vereinen, wird es sein, als werde ich nach Hause kommen. Und das würd' ich heute vielleicht umschreiben, ich würde sagen: Wenn die Gesellschaft mich endlich mal in Ruhe läßt, dann könnt' ich auch endlich mal meine Fenster aufmachen und frische Luft atmen. Dieses Spießrutenlaufen, diese Paragraphenreiterei und diese ganze Scheiße, das find' ich eigentlich viel, viel schlimmer, als transsexuell zu leben. Denn die Identität findet sich von selbst.

BETTINA

»Ich hatte immer gehofft, ich wäre ein Wäschefetischist oder Transvestit.«

Mein Name ist Bettina. Ich bin 1960 in H. geboren und habe vier jüngere Geschwister. Ich hab' eine Verwaltungsangestelltenausbildung bei einer Kommunalbehörde gemacht und war eine Zeitlang mit in der Anti-AKW-Bewegung aktiv. Nach der Verwaltungausbildung durfte ich dem Vaterland noch für zwei Jahre dienen. Und hier an der Schleuse arbeite ich seit 1987 als Schleusenwärterin.

Wie haben denn deine Geschwister und Eltern darauf reagiert, daß du ein etwas anderer Junge warst?

Meine Eltern haben das angeblich nie mitbekommen! Meine Geschwister schon. Aber es ist ja oft so, daß man nicht wahrhaben will, was nicht wahr sein kann. Sie sagen, daß sie zwar mitbekommen hätten, daß ich oft Mädchenrollen gespielt hätte, aber sie dem keine weitere Bedeutung beigemessen haben. Für mich war das insofern ein bißchen blöd, als ich damals mit niemandem darüber reden konnte. Ich war dann ein geschlechtsloses

Wesen, das draußen in der Natur für sich alleine war. In der Pubertät hatte ich ein bißchen den Ruf des Weiberhelden, was mir alles einfacher gemacht hat, so daß ich gar nicht aufgefallen bin. Ich hatte keine Zeit für Freunde, ich hatte eben meine Freundinnen. Insofern bin ich da auch gar nicht groß in irgendwelche Konflikte geraten.

Und wie war das dann bei der Bundeswehr? Das stelle ich mir nicht so einfach vor für einen transsexuellen Menschen.

Es scheint manchmal so etwas zu geben wie eine Göttin, die ihre schützende Hand über mich hält: Es war nie so, daß ich in irgendeinen Abgrund gestürzt bin. Plötzlich tauchte aus dem Nichts eine Brücke auf, die sehr stabil und meistens auch noch schön war und mich dann über den Abgrund gebracht hat. Und so war das eben auch bei der Bundeswehr. Ich bin da hingekommen und hab' noch gedacht: O Gott, o Gott! Das ist jetzt dein Ende. Und bin dann auf eine Bude gekommen mit wirklich netten Jungs, die genau wie ich Gitarre gespielt und gern gelesen haben und mit dieser ganzen Sauferei und diesem anderen Mist nichts am Hut hatten.

Und fiel es bei der Bundeswehr auf, daß du nicht durch und durch ein Mann warst?

Jein, es kamen schon öfter mal Äußerungen wie: An dir ist ja irgendwie ein Mädchen verlorengegangen und solche Geschichten. Auf der einen Seite sind das natürlich Sachen gewesen, die mir so warm den Rücken runtergelaufen sind; auf der anderen Seite war das natürlich unangenehm, weil ich das denen gegenüber nicht zugeben konnte. Aber da ich immer wie eine Sternschnuppe da durchgerauscht bin, kam es gar nicht zu engeren Kontakten – Gott sei Dank –, sonst hätte ich das wahrscheinlich auch nicht ausgehalten.

Wodurch kam denn dann der Umschlag?

Das war, als ich die Beziehung zu meiner Noch-Ehefrau angefangen hab'. Bei den Freundinnen vorher hatte ich das nur angedeutet. Und bei meiner Frau, da hab' ich dann gedacht: Ich weiß, daß ich mich oft als Frau fühle, daß ich oft auch das Bedürfnis hatte, mich phasenweise wie eine Frau anzuziehen. Ich hatte immer noch gehofft, ich wäre ein Wäschefetischist oder Transvestit. Daß es so was wie Transsexualität gibt, wußte ich zu jenem Zeitpunkt noch nicht. Meine Frau sagte jedenfalls, das wäre für sie kein Grund, die Beziehung deswegen abzubrechen. Sie würde damit leben können. Und als dann später unser Sohn unterwegs war, haben wir beschlossen, vor den Kindern kein Geheimnis daraus zu machen. Und das war, wie wir jetzt wissen, auch gut. Unser Sohn ist ganz natürlich damit umgegangen: Mein Papi trägt eben auch mal Strapse und einen Rock von der Mami. In einem Kaufhaus kam er einmal mit einem schwarzen Body angelaufen und sagte ganz laut: »Guck mal, Pappi, genauso einer, wie du hast!« Da sagt man nur: »Ist ja schön, Schätzchen, häng den mal wieder zurück.« Und dann war das Thema durch.

Also, es hätte sein können, daß ich dich damals in Herrenkluft hätte treffen können.

Damals ja. Das ging eine ganze Zeit so weiter, bis dann unsere Tochter unterwegs war. Da wir uns viel Zeit füreinander genommen haben, ist meiner Frau aufgefallen, daß ich eben nicht ein Mann wie alle anderen bin, sondern daß in mir mehr Weiblichkeit steckt, als man normalerweise in Männern findet. Ganz durch Zufall sind wir auf Waltraud Schiffels autobiographischen Roman »Im Rock« gestoßen. Nicht alles darin trifft auch auf mich zu, aber das Thema an sich. Ich krieg' immer noch eine Gänsehaut dabei, aber plötzlich war es so: O Gott, mach, daß es nicht wahr ist, daß das auch wirklich deine Geschichte sein könnte.

Also so was wie ein Schock.

Ja, schon, so auf der einen Seite endlich zu ahnen, was denn mit mir los ist, was mich die ganze Zeit so fertiggemacht hat. Ja, und auf der anderen Seite endlich Licht am Horizont zu sehen. Ich war mir in meinem Unterbewußtsein zwar schon ein Stück weit darüber klargeworden, aber ich hatte es bisher nicht an die Oberfläche kommen lassen.

Was hat sich denn durch diese Erkenntnis, transsexuell zu sein, in deinem Leben verändert?

Daß ich mich endlich zulassen konnte. Ich hatte das bisher nur zu Hause gelebt, nie draußen! Und als sich dann für mich immer mehr herauskristallisiert hatte, daß ich transsexuell bin, und das auch zwischen meiner Frau und mir ausgesprochen war, hat das eine totale Eigendynamik entwickelt. Ich mußte mich auf einmal mehr mit mir auseinandersetzen. Und je mehr ich mich zugelassen hab', also die Frau in mir, desto mehr wurde der Mann in mir nach hinten gedrückt.

Woran hast du das am deutlichsten gemerkt?

Daß ich meine Herrenklamotten, die ich mir letzten Jahres noch gekauft hatte, auf einmal nicht mehr anziehen konnte. Das waren richtig tolle, schikke Sachen! Im Frühjahr letzten Jahres sollte ich Pate werden bei unseren Trauzeugen. Ich habe ihnen dann erzählt, daß es gut sein könnte, daß aus dem Patenonkel in absehbarer Zeit eine Patentante würde. Sie haben nicht verstanden, wieso ich denn nun plötzlich nach dreißig Jahren als Frau leben wollte. Was denn jetzt anders wäre, wenn ich als Frau lebe. Und da mußte ich feststellen, daß ich das gar nicht definieren kann. Genausowenig wie ein Mann definieren kann, wieso er sich denn als Mann empfindet. Genausowenig wie eine biologische Frau definieren kann, wieso sie sich denn nun ausgerechnet als Frau und nicht als Mann fühlt.

Hast du vor, dich auch operieren zu lassen?

Ja, und letztes Jahr im Sommer hab' ich auch meinem Vater erzählt, daß ich schon seit langem das Gefühl hab', daß ich eine Frau bin. Und daß ich in absehbarer Zeit eben ganz als solche leben würde. Da hat er mich ganz doll in den Arm genommen und hat gesagt, daß er mich trotzdem liebhat.

Wie erklärst du dir, daß du mit Freunden und Familie beim Coming-out nur gute Erfahrungen gemacht hast?

Meine Frau sagte mir, daß sie, wenn sie nicht genau wüßte, daß ich eben ein Mann bin, sagen würde, ich sei ihre beste Freundin und zugleich ihr Partner, weil sie mit mir über alles reden kann. Na ja, und insofern hat es meinen Mitmenschen wenig Probleme bereitet, sich mit mir als Frau abfinden oder anfreunden zu können. Es war zwar komisch, weil sie mich so lange als Mann gekannt haben, aber jetzt, wo ich Frau bin, haben sie damit eigentlich keine Probleme.

Meine ehemaligen Freundinnen haben gesagt, daß die Beziehungen damals auseinandergegangen sind, weil sie irgendwann festgestellt haben, daß ich kein Mann bin, sie aber gerne einen haben wollten. Sexuell war das zwar kein Problem! Den Schwanz hatte ich ja, und der funktionierte ja auch. Ich hab' mich aber schon anders verhalten als andere Männer. Rein, abspritzen, umdrehen und schlafen oder solche Dinger, das hab' ich nicht gemacht. Ich hab' das Ding schon in seiner eigentlichen Funktion benutzt, nicht nur zum Pinkeln. Aber dieses ganze Emotionale, Kuscheln, Nähe haben – alles Sachen, die gemeinhin zwischen Männern und Frauen eben nicht passieren –, das gab es in meinen Beziehungen schon immer.

Deine Art war also eigentlich schon immer so, wie sie jetzt ist. Nur dein Aussehen hat sich verändert. Und das hat möglicherweise den Menschen, mit denen du viel zu tun hast, das Umstellen erleichtert.

Ja, dadurch, daß ich mich endlich in mir zu Hause fühlen kann, kann ich auch ganz anders mit meinen Emotionen und Empfindungen umgehen, kann mich ganz anders äußern, bin viel zufriedener, ausgeglichener.

Wie wirkt sich das auf deine Familie aus?

Wir leben jetzt nicht mehr zusammen, denn Anfang diesen Jahres stellte meine Frau fest, daß sie eben doch keine Lesbe ist und nicht mit einer Frau zusammenleben kann. Und das ging dann schon ziemlich heftig zur Sache, weil sie mit dem Schicksal gehadert hat, daß sich nun all das auf einmal in Luft auflöst. Das hat dann jedenfalls dazu geführt, daß sie gesagt hat, laß uns doch irgendwo eine Wohnung zusammen suchen, in räumlicher Nähe. Das hätte für mich aber geheißen, daß ich hier meinen Job aufgeben und eine neue Wohnung suchen muß, neue Freunde, neue Bekannte. Und dann ändert sich ja nach der Operation für mich noch mal viel. Und da hab' ich für mich gesagt, das lass' ich. Es ändert sich noch so viel in meinem Leben, da änder' ich das nicht auch noch.

Deine Arbeitskollegen haben ja auch hautnah mitgekriegt, wie aus einem Schleusenwärter eine Schleusenwärterin geworden ist. Was haben die denn dazu gesagt?

Das ging von Versuchen, dafür Verständnis zu haben, bis zu krasser Ablehnung: Mit so einem perversen Schwein will ich nichts mehr zu tun haben. Und so war das eben auch mit einigen anderen Kollegen, die mich dann auch

permanent weiter bei meinem ehemaligen männlichen Vornamen genannt haben. Ich hab' mir das ein paarmal angehört und dann gesagt: Also, hör mal, du weißt doch, daß ich jetzt hier als Frau sitze, und ich fände es rein menschlich schon nett, wenn du dem Rechnung tragen würdest und mich mit meinem neuen Namen anredest. Das ging eine ganze Weile so, ein Vierteljahr, und dann kamen die ersten Anrufe von solchen Kollegen: Na, wie geht's dir denn jetzt? Kommst du zurecht? Richtig besorgt und nachfragend. Und auch: Hm, ja, und wenn's denn gar nicht anders geht und das denn nun dein Weg sein soll, dann sag' ich jetzt auch Bettina oder Tina zu dir. Was sich jetzt mittlerweile eingebürgert hat. Das hängt sicher auch damit zusammen, daß ich eben nicht gesagt hab': Also hör mal, entweder sagst du Bettina zu mir, oder ich betrachte das Gespräch als beendet. Hätte ich ja auch machen können, aber ich will ja mit den Leuten hier noch einigermaßen zusammenleben. Und dafür muß ich eben auch ein bißchen was tun. Es geht nicht, daß ich mit dem Kopf durch die Wand renne und mich wundere, daß um mich herum alles zusammenbricht. Das ist kein Weg, den man gehen kann. Nur muß man sich über das Ziel im klaren sein und sich überlegen, wie man das erreichen kann, ohne viel zu zerstören. Ja, und dann habe ich alles, was ich an Literatur hatte, hier im Büro ausgelegt und gesagt: Wer immer was wissen will, soll da reingucken oder mich fragen. Ich für meinen Teil werde auf niemanden mehr zugehen, weil ich gemerkt habe, daß die Leute dann dichtmachen. So nach und nach arrangieren sich die Leute, und viele nehmen mich jetzt endlich so an, wie ich wirklich bin.

Was hältst du davon, daß viele sagen, Transsexuelle sollten möglichst an einem Ort abtauchen und an einem anderen wieder als Frau oder Mann auftauchen?

Das ist durchaus eine Möglichkeit für einige, wenn es wirklich nicht anders geht. Wenn ich aber über ein einigermaßen sozial intaktes Umfeld verfüge, einen Job habe mit Einkommen, ist das nicht nötig. Denn Probleme werde ich irgendwann immer bekommen, schon auf Grund meiner Transsexualität. Für mich war das hier der richtige Weg, auch weil ich hier lebe. Ich bin vierzehn Tage vor dem Alltagstest überall rumgegangen und hab' gesagt: Schönen guten Tag, in vierzehn Tagen komm' ich als Frau! Und dann komm' ich nur noch als Frau, und das ist kein verspäteter Faschingsscherz, sondern mein blutiger Ernst, weil ich transsexuell bin. Und durch die Bank weg haben die Leute gesagt, daß sie das toll finden, daß ich so offen rumgehe.

Wie geht das denn jetzt nun weiter? Du hast vorhin gesagt, du willst dich operieren lassen, obwohl du dir nicht sicher bist, ob die »große Lösung« in jedem Falle richtig ist?

Ich denke mal, daß das auch individuell verschieden ist, wie das immer vom Einzelfall abhängig ist, ob ich alle Brücken hinter mir abbreche oder nicht. Das hängt damit zusammen, inwieweit das für mich wirklich persönlich notwendig ist, und ich für meinen Teil weiß, daß ich mit diesem Ding da zwischen den Beinen nicht mehr weiterleben kann und will.

Es gibt Transsexuelle, die ekeln sich so richtig vor ihrem Schwanz. Geht dir das manchmal auch so, daß du am liebsten die Küchenschere zücken wolltest?

Nee, dazu bin ich wieder zu rationell, daß ich mir sage: Wenn ich das Ding jetzt abhacke, dann bekomm ich keine Neovagina. Aber es ist schon so, daß ich – wenn ich nackt am Spiegel vorbeigehe – nur das sehe, was oberhalb vom Bauchnabel ist. Man hat ja nach wie vor auch mal Lust; kommt zwar nur noch selten vor, weil ich Sexualität in meinem jetzigem Schwebezustand weder zulassen kann noch will. Genausowenig, wie ich im Augenblick denke, daß ich eine neue Partnerschaft eingehen könnte, ob nun mit Männlein oder Weiblein. Wann immer es mich überkommt, daß ich mich doch mal selbst befriedige, werde ich mir spätestens dann des Schwanzes bewußt und kann mir hundertmal nicht mehr einreden, daß das nun eine etwas größere Klitoris wäre. Da fällt ganz einfach die Klappe.

Hat sich das mit dem Wissen um deine Transsexualität verändert, daß es immer schwieriger wurde, den männlich sichtbaren Teil zu akzeptieren?

Am 12. September hatte ich eine Sitzung bei einem Arzt von der sexualmedizinischen Beratungs- und Forschungsstelle der Universitätsklinik in Kiel. Und von diesem Tag an konnte ich nicht mehr mit meiner Frau schlafen. Es war vorher schon problematisch, weil ich zwar das Bedürfnis nach Sex hatte, aber irgendwie war das Gefühl da, ich kann das nicht mehr.

Hast du in dieser Zeit auch ausprobiert, ob du nicht vielleicht schwul bist?

Ich hatte eine Beziehung kurz nach der Pubertät, da war ich fünfzehn. Ein Sandkastenfreund, mit dem ich zusammen war, hat das dann irgendwann mal getestet, so wie das schon mal unter Jungs passiert. Das war soweit auch ganz schön, nur hab' ich dann irgendwann festgestellt, daß ich den nicht mal anfassen kann. Das ist eine homoerotische Erfahrung gewesen, da will ich auch gar nicht lange drumrumreden. Es hat mich nicht abgestoßen, was er da mit mir gemacht hatte.

Welches Geschlecht würde dich denn nach deiner Operation sexuell eher interessieren – Männer oder Frauen?

Also im Augenblick ist es so, daß ich mir schon vorstellen kann, einen Mann zu haben, an den ich mich anlehnen kann, der mich in den Arm nimmt und beschützt. Aber ich kann mir absolut nicht vorstellen, neben so einem pickeligen, behaarten Wesen morgens aufzuwachen. Mit einer Frau hätt' ich da weniger Probleme.

Wie lange mußtest du deinen Alltagstest machen, zwei Jahre?

Quatsch. Also, es steht in keinem Gesetz und keiner Ausführungsverordnung vom Transsexuellengesetz, daß ein Alltagstest vorgeschrieben ist. Das Transsexuellengesetz schreibt nur zwei Gutachten vor, aus denen hervorgehen muß, daß dieser Mensch transsexuell ist, sich dem anderen Geschlecht als zugehörig empfindet und sich das – aller Voraussicht nach – auch nicht mehr ändern wird. Punkt. Das muß erfüllt sein, und dann kannst du erstens deinen Namen ändern lassen und zweitens die Transformationsoperation bekommen. Dazu brauchst du ein Indikationsgutachten von einem Arzt. In der Regel soll das ein sexualpsychologischer Therapeut sein. Und die wiederum haben sich dann zur Praxis gemacht: Bevor du nicht erst mal eine Zeitlang in dieser Rolle gelebt hast (und das entbehrt ja auch nicht einer gewissen Logik, weil es ein bißchen dumm ist, plötzlich operiert zu sein, in dem neuen Körper zu leben und dann festzustellen, man kommt mit dieser Rolle gar nicht klar), läuft nichts mit Hormonen und der OP. Weil die sichergehen wollen, daß man sich selbst nichts vormacht. Ich bin seit dem 26. September in diesem Alltagstest und hätte schon operiert werden können.

Und wieso wurdest du bisher nicht operiert?

Weil ich zu fünfzig Prozent beihilfeberechtigt bin, also fünfzig Prozent meiner Krankheitskosten der Arbeitgeber zahlt und fünfzig Prozent die private Krankenkasse. Die private Krankenkasse hat schon im Februar die Kostenzusage erteilt, aufgrund nur eines Gutachtens. Die Zusage der Beihilfe muß ich abwarten. Der nächste OP-Termin ist in der zweiten Septemberwoche, und ich hoffe, daß sich bis dahin alles geklärt hat, damit ich mir nicht wieder einen neuen geben lassen muß.

Ich lass' mich von Frau Dr. Spehr operieren, weil sie nach den Informationen, die ich über die Operateure habe, die einzige ist, die das zufriedenstellend für mich lösen kann.

Wieso gerade Frau Dr. Spehr?

Weil Frau Dr. Spehr die einzige Frau ist, die diese Operation durchführt, und ich denke mal, daß nur eine Frau wissen kann, wie eine Frau auszusehen und wie da was zu funktionieren hat. Männliche Operateure sind technisch und ästhetisch durchaus in der Lage, das hinzukriegen. Nur, wenn ich mir dann einige Klitoris ansehe, die nur verkümmerte Penisse sind, dann frag' ich mich, ob die noch nie eine Frau nackt gesehen haben.

Was denkst du selbst über andere Transsexuelle?

Hier in Hamburg gibt es ja die TS-Gesellschaft und die »Freien Transen«, wo ich etwas aktiv bin, nur nicht regelmäßig. Wenn ich einige dieser grellen Gestalten sehe, wundere ich mich nicht, daß die Probleme im Alltag haben. Wenn ich mich anmale wie ein Tuschkasten, netzbestrumpft, miniberockt, und eine Nuttenperücke auf dem Schädel mit mir rumschleppe, dann muß ich mich nicht wundern, daß ich Aufsehen errege – es sei denn, ich will das. Nur, wenn ich denen dann dreimal sage: Hör mal, tritt da mal ein bißchen kürzer, kennst du irgendeine Biofrau, die so rumrennt wie du?, und die das immer noch nicht einsehen – da red' ich mir den Mund nicht mehr fusselig. Die Krönung war diese Transentagung in Frankfurt im Frühjahr: Monster, Mumien und Mutationen! Das hab' ich mir einmal reingetan, nie wieder!

Wie erklärst du dir das?

Es mag ein bißchen überheblich klingen, aber für mich sind das verkappte Transvestiten. Die sind sich immer noch nicht klar darüber, was sie nun eigentlich sind. Oder die haben immer noch zu sehr das Bild von der Frau im Kopf, das sie als Mann im Kopf hatten. Aber irgendwann muß ich doch mal wieder auf den Boden der Tatsachen zurückkommen. Und spätestens dann, wenn ich nicht fünf Meter laufen kann, ohne daß Leute lachend zusammenbrechen, kann es nicht sein, daß alle Welt nicht ganz dicht ist und ich das einzig normale Wesen bin auf diesem weiten Planeten. Wollen die denn wirklich so weiterleben als Exoten und Außenseiter? Dann ist es ja okay, dann ist das ein Weg. Gut, der nicht meiner ist, aber so was muß es ja auch geben, sonst hätte man ja nichts zu lachen. Ich hab' da auf dieser Transentagung gesagt: Ich bin das erste Mal hier auf dieser Veranstaltung und hab' eigentlich gedacht, es geht darum, daß wir die Interessen von Betroffenen vertreten, Probleme lösen und das Miteinander unter uns erst mal fördern wollen und zweitens in der Gesellschaft den Blick dafür öffnen, daß wir eben nicht alles grelle Gestalten sind. Und dann stell' ich fest, genau die Vorurteile, die in der Gesellschaft über uns kursieren, werden hier aufs feinste bestätigt.

Was würdest du denn einem transsexuellen Menschen empfehlen, wie er sein Coming-out vorbereiten sollte?

Bevor er überhaupt irgendwas anderes macht, sollte er sein bisheriges Leben aufschreiben. Wirklich jede Kleinigkeit, an die er sich nur erinnern kann. Ich hab' mir die Mühe gemacht, und das hat mir einige Therapiestunden erspart, weil das ja auch Geld kostet.

Was hat man davon, außer daß man Geld spart?

Daß man sich klar darüber wird, was man denn eigentlich will und was da mit einem passiert – sofern man wenigstens sich selbst gegenüber ehrlich ist. Das muß man ja nicht unbedingt jemandem zeigen. Nicht zu jedem Psychotherapeuten hat man gleich Vertrauen, so was muß auch aufgebaut werden. Therapeuten sind auch nur Menschen, da gibt es Sympathien und Antipathien, und man muß unter Umständen lange suchen, bis man jemanden findet, dem man sich bedingungslos anvertrauen kann. Und da kann man insofern schon mal ein Stück Vorarbeit leisten. Das ist so das erste. Das zweite wäre dann zu sehen, ob es der einzig mögliche Weg ist, als Transsexueller weiterzuleben. Oder ob es für jemand mit transvestitischen Neigungen auch möglich ist zu sagen: Ja, ich habe eben zwei Seelen in meinem Körper. Es gibt ja Leute, die kommen damit prima zurecht, und in der Regel sind das meistens Frauen, die das Empfinden haben, ein Mann zu sein. Weil es in unserer Gesellschaft weniger anstößig ist, wenn eine Frau männlich ist, als wenn ein Mann weiblich ist. Der wird weder von seinen Geschlechtsgenossen noch vom anderen Geschlecht so richtig ernst genommen – es sei denn, er ist schwul. Also, wenn jemand für sich irgendwie einen anderen Weg sieht, dann soll er die Finger davon lassen, überhaupt diesen Weg zu beschreiten.

Und wieso?

Weil – auch wenn es in meinem Fall relativ glattgelaufen ist – da doch so viel dranhängt. Du verlierst Freunde – auch das ist mir passiert. Ich hab' vorher Musik gemacht, Country und Folk auf der Gitarre, und das hat nun erst mal ein Ende. Weil sich mein Selbstverständnis geändert hat. Ich hab' nämlich festgestellt, wenn ich die Lieder heute singe, die ich früher gern gesungen hab', dann sing' ich zwar immer noch schön, aber das bin nicht mehr ich. Ich versuche dann, noch weiblicher zu singen, als ich sowieso schon spreche, und schieße dann leicht übers Ziel hinaus, und dann ist das alles andere als schön. Man verliert eben auch viel.

Und was würdst du sagen, gewinnt man? Denn schließlich ist das ja in jeder Hinsicht eine einmalige Erfahrung!

Man gewinnt, daß man sich endlich in sich zu Hause fühlen kann, daß man sich nicht mehr dauernd in Frage stellen muß. Ich für meinen Teil hab' mich mit meinen Freunden und Arbeitskollegen, in der Feuerwehr oder sonstwo, immer unwohl gefühlt. Ich hab' immer wieder versucht, dazuzugehören, und hab' immer wieder festgestellt, daß ich mich dabei immer schlechter fühle. Das muß ich mir nicht mehr antun. Ich muß mir und anderen nichts mehr beweisen. Ich kann endlich ich selbst sein. Das ist der Gewinn.

GISELA

»Ein Chirurg wird nie so gut arbeiten wie Mutter Natur.«

Mein Name ist Gisela, ich bin sechsunddreißig Jahre, bin seit sieben Jahren verheiratet, seit neun Jahren operiert und zufrieden und glücklich. Ich bin staatlich geprüfte Tagesmutter, aber leider im Moment nur Hausfrau, weil man mir die Tageskinder aufgrund meiner Transsexualität weggenommen hat. Im Lebenslauf darf ich aufgrund unserer Gesetzeslage nicht verschweigen, daß ich früher mal ein Mann war.

Hast du denn die sogenannte »große Lösung«? Also Operation und Personenstandsänderung?

Ja, sogar die Geburtsurkunde ist umgeschrieben worden, ich hab' ja auch kirchlich geheiratet. Ich kannte meinen Mann schon eineinhalb Jahre vor der Operation, aber da erst mal nur vom Sehen.

Da liefst du noch als Mann rum oder schon als Frau?

Nee, als Frau. Ich lebe schon seit meinem achtzehnten Lebensjahr als Frau. Mit kurzen Unterbrechungen, wenn ich arbeiten mußte. Zu der Zeit, als ich Peter kennenlernte, lebte ich konstant als Frau.

Ich hab' damals wirklich sehr, sehr gut ausgesehen, lange Haare gehabt, und er hat das nicht geahnt. Er wollte gleich mit mir schlafen, was aber nicht gegangen ist, denn ich hatte tierische Angst vor ihm. Ich hab's ihm dann gesagt, und er meinte nur: Ach, du Schande! Klar hab' ich später mit ihm Sex gehabt. Nur weiß ich nicht, ob das die Art von Sex überhaupt war, es war mehr so, daß ich ihn bedient hab'. Er durfte an mich nicht ran, sonst hätte ich mich selber als Homosexuellen sehen müssen, und das wollt' ich mir nicht antun. Ich hab' ja meinen Geschlechtszustand selber gehaßt, ich mochte das deshalb auch keinem Mann antun.

Was war denn nun nach dem ersten »ach, du Schande«, als du ihm gesagt hast, daß du transsexuell bist?

Ich hab' erst mal versucht, mich rauszureden, und gesagt, ich hab' die Tage. Daraufhin hat er tierisch gelacht und gesagt, ach, komm, das sagt ihr alle! Dann guckte ich ihn nur so an und sagte: Nee, ich kann dir nicht das geben, was eine richtige Frau dir geben kann, weil ich einen Männerkörper hab', aber eine Frau bin. Und ich sagte, daß ich auf dem Weg sei, das zu ändern.

Und das hat er auch gleich verstanden?

Nee. Wir hatten nebeneinander geschlafen, nicht miteinander. Und am nächsten Tag hab' ich gesagt: Das mit uns hat überhaupt keinen Sinn. Danach rief er dann wieder an und fragte, ob er vorbeikommen dürfte. Nun brauchte ich aber auch einen Halt. Früher hatte ich viele Freunde. Die fanden das schick, daß sie einen Transvestiten neben sich rumrennnen hatten.

Nur als ich sagte: Ich lass' mich operieren, hatte ich plötzlich keine Freunde mehr. Ich solle mir das noch mal überlegen, es gäbe sicher eine gute Therapie. Die Männer sind mir nachgelaufen und haben mich »schwule Sau« gerufen. Das mit Peter hat sich dann so ergeben, das war eher wie eine Freundschaft. Liebe aus der Not heraus, ich hab' ihm das auch gesagt: Ich liebe dich nicht. Um lieben zu können, muß ich erst eine Frau sein. Und er hat das auch akzeptiert. Denn er war ja auch eine kaputte Existenz.

Und was hat sich für euch nach der Operation verändert?

Nach der Operation war das erste, was ich sagte, als ich die Augen aufmachte: Ich liebe dich! Ein paar Tage später hab' ich zu ihm gesagt, ich bleib' bei dir. Er war mein Lückenbüßer. Ich wollte eigentlich erst mal mein Leben als Frau alleine leben und genießen. Nur war es eben nicht so einfach durchzuführen. Es hat sich erst im Krankenhaus ergeben, daß er immer bei mir war. Er hat mir die Hand gehalten, hat Stunden bei mir gesessen, er hat diese Wohnung besorgt. Und für mich war's ein Zeichen von Zuneigung. Natürlich liebt mein Mann mich, das weiß ich. Peter war früher unheimlich besitzergreifend. Aber er hat kapiert, daß ich meine Erfahrungen als Frau wirklich selber für mich sammeln muß.

Was heißt denn für dich, »Erfahrungen als Frau sammeln«?

Ich kannte ja nur meinen Mann im Bett. Peter, sag' ich, wie sind bloß andere Männer im Bett? Och, sagte er, Schatz, die sind alle genau wie ich. Mittlerweile weiß ich, es sind nicht alle Männer so wie er. Ich hatte einen Freund, und der war ganz anders. Das hat für mich bedeutet »Erfahrung als Frau sammeln«. Wie mag wohl ein Mann im Bett sein, der nichts von mir weiß? Und mein Freund hat überhaupt nichts gemerkt. Vielleicht hätt' er's gemerkt, wenn das Licht an gewesen wär, denn es sind ja doch Narben da.

War das für dich schon immer klar, daß du dich auf jeden Fall operieren läßt?

Immer. Seit dem Zeitpunkt, als ich wußte, daß es machbar ist. Früher hab' ich geglaubt, ich bin von Gott verflucht. Sexualität wurde bei uns zu Hause untern Teppich gekehrt, war was Schmutziges, was Gemeines. Aber auf der Suche nach Liebe, nach einem Weg für mich, wirklich nach Leben, bin ich ganz leicht auf die schiefe Bahn gekommen. Ich suchte Freunde, Verständnis und hab' das mit Sex verwechselt. Ich bin nur ausgenutzt worden, hab' die Arbeit verloren und hatte wirklich niemanden mehr. Mir blieb damals nichts anderes, als auf den Strich zu gehen. Man wird dort so leicht mit Schwulen in einen Topf geschmissen, und schwul sein wollt' ich erst recht nicht. Ich hatte mal eine Scheinfreundin, und als ich mit der das erste Mal zur Sache kam, hab' ich versagt. Da tat sich überhaupt nichts, weil ich mir in dem Moment gewünscht hab', ich wäre sie.

Warum hast du in deinem Beruf als Einzelhandelskaufmann nicht gearbeitet?

Ich konnte nicht als Frau hinter der Theke stehen, ich hab' doch damals noch nicht so überzeugend gewirkt wie heute. Als Stricher konnte ich voll meine Neigung raushängen lassen. Man kann auch als Stricher Hot pants anziehen und darf sich schminken. Ich konnte quasi als das dritte Geschlecht rumrennen. Manchmal habe ich als Mann angeschafft, mit weniger Schminke, und manchmal als Frau. Mich hat's angeekelt, aber ich war hübsch und hab' gut verdient.

Man könnte also fast sagen, daß die Prostitution für dich vielleicht sogar eine Phase war, wo du noch mal die hundertprozentige Gewißheit gekriegt hast, daß du dich wirklich operieren lassen willst.

Ja, das stimmt. Ich war vielleicht ein Stricher aus der Not heraus. Ich konnte wenigstens für Stunden die Frau raushängen lassen, die ich bin. Viele Freier hatten sich damals gewundert: Warum kriegst du keinen hoch? Das war eben die Frau, die in mir wohnte. Wie hätte ich eine Erektion mit einem Mann, von dem ich wußte, er ist bi- oder homosexuell, kriegen sollen?

Und wie kam das, daß du dann aufgehört hast?

Ich war zu kaputt, ich wollte nicht mehr. Dann kamen die vielen Selbstmordversuche, die ich gemacht hab'. Dann kam noch eine schwere Hautkrankheit dazu. Ich kam Monate ins Krankenhaus. Und dort hatte ich eine tolle Ärztin. Mit der konnte ich auch ganz offen reden, und ich hab' ihr dann anvertraut, daß ich Stricher bin. Und auch meine Transsexualität hab' ich ihr anvertraut. Und sie hat mir auch den Weg zum Sozialamt leichter gemacht, sie hat mir wirklich verdammt geholfen. Und als ich entlassen worden bin, sagte sie: »Tu mir einen Gefallen, und geh nie wieder auf den Strich!« Und ich hab' mich dran gehalten.

Wer, würdest du sagen, war eigentlich die erste Person, die deine Hilferufe wirklich gehört hat?

Mein Mann. Peter meinte nicht meinen Körper. Er meinte mich, das, was da drinnen steckt. Die anderen, die meinten immer nur meinen Körper. Er hat mir zugehört. Und das hat mir unheimlich imponiert. Peter war auch der erste Mensch, dem ich mich richtig geöffnet und gezeigt hab'. Ich bin nicht diese Tante, die rumrennt und immer »Juhuu!« schreit! Ich hab' das auch die ersten zwei Jahre noch gemacht, nachdem ich operiert war. Ich hab' mich extrem bunt angezogen und geschminkt. Nach außen hin war ich immer die starke Frau. Aber das war so eine Schutzmaßnahme für mich selber. Das ist es, glaub' ich, auch bei den Transvestiten, daß die nach außen hin so tun. In Wirklichkeit sind das genauso kaputte Existenzen, die sich eben nur so stark zeigen, um unnahbar zu sein.

Was hältst du von Transvestiten?

Wenn die damit klarkommen, dann sollen sie das machen. Ich schätze mal, bei denen spielt eine ganz große Rolle, daß denen das auch sexuell was gibt, wenn sie sich selber in Frauenkleidern sehen. Das ist eine ganz, ganz schlimme Art von Persönlichkeitsspaltung. Vor der Operation, klar, haben wir auch eine Persönlichkeitsspaltung, natürlich. Nur wir tun was dafür. Wir wissen doch trotzdem noch, was wir sind. Meistens sind das ja auch häßliche Männer. Und wenn man sich dann anmalt, dann stellt man ja plötzlich was anderes dar. Man wird schöner durch Schminke. Eine Perücke aufsetzen – und man ist plötzlich eine ganz andere Person. Ich schätze mal, daß es bei Transvestiten vielleicht damit zusammenhängt: Sie wollen dieser Person, die sie in Wirklichkeit sind, für ein paar Stunden entfliehen.

Wenn ich dich so ansehe, kann ich mir gar nicht vorstellen, daß du mal ein Mann warst.

Danke. Liegt vielleicht daran, daß die anderen noch nicht operiert sind? Und dann kommt es sicher drauf an, wie lange man schon als Frau lebt? Man wächst ja doch in diese Rolle rein. Vor acht Jahren hab' ich auch nicht so ausgesehen wie jetzt. Ich hab' ausgesehen wie ein Transvestit oder wie ein Wesen, weder »sie« noch »er«. Viel Schminke im Gesicht, ein Ausschnitt bis zum Nabel, kaum Brust, kurzen Rock und behaarte Männerbeine. Die Leute haben auch entsprechend reagiert. Aber aus diesem Lachen, diesem Hohn und Spott von den Leuten lernt man verdammt noch mal. Da müssen wir alle durch. Ich geh' auch nicht hin und sage: Du siehst verboten aus! Da hab' ich wieder Angst, jemandem weh zu tun. Haare machen, das war ja auch eine Katastrophe. Wie soll ich mir plötzlich die Haare als Frau machen? Lockenstab geholt und eben mal probiert. Klar, die Leute haben weiterhin gelacht, das ist aber wiederum dieses Lernen. Man ist zwar eine Frau, aber eine biologische Frau hat vierzehn, fünfzehn Jahre Zeit, sich auf ihre Rolle vorzubereiten. Wir müssen ja einen Crashkurs machen. Und das geht oft in die Hose. Also, ich brauchte dazu auch gut vier, fünf Jahre, um das so zu machen.

Hast du jemals bereut, daß du operiert worden bist?

Nein. Nie. Ich sag' schon mal, Scheißleben. Klar, sagt jeder. Aber diesen Schritt? Nee, wenn ich jetzt für eine Stunde Mann sein müßte, möcht' ich lieber hier sterben.

Nun gibt es ja inzwischen viele Meinungen, daß das mit der großen Lösung auch so ein Dogma ist, man kann als transsexuelle Person auch gut mit der kleinen Lösung leben. Was hältst du denn von solchen Positionen?

Die kleine Lösung find' ich gut für Leute, die nicht operiert werden dürfen wegen Krankheit, wegen Alter. Nur, ich hätte es nicht so machen können. Wie hätte ich jemals ein erfülltes Leben, ein erfülltes Sexualleben führen können? Das spielt doch auch eine verdammt wichtige Rolle. Man hört so oft, ja, Sex ist Nebensache. Okay, am Anfang – erst mal operiert werden. Bei mir ist ja alles schiefgegangen, was nur hätte schiefgehen können. Ich bin operiert worden, und der Stent wurde mit reingeschoben. Der sollte zehn Tage drinbleiben. Zehn Tage nichts zu essen gekriegt, ich bin abgemagert von siebenundsechzig Kilo auf zweiundfünfzig. Nach drei Tagen rutschte mir der Stent, der war vielleicht fünfzehn, sechzehn Zentimeter lang, zur Hälfte raus. Ich wußte auch, wenn da kein Platz gehalten wird, schrumpft das Ding durch Vernarbung. Werde entlassen, geh' mit Peter ins Bett. Es tat weh, und ging auch nicht. Es war alles viel zu kurz. Ich war zum Schluß halb so tief wie der Daumen! Dann kam eine ganz, ganz schlimme Operation. Da wurde ein Stück vom Darm weggenommen, doppelt gelegt und an die Vagina hinten drangesetzt. Ich wollte ja das Geschlechtsteil einer Frau nicht nur haben, um das anzugucken oder um einen Bikini anzuziehen. Nee, wenn ich's hab', will ich's auch benutzen. Das ist eine ganz wichtige Sache, finde ich. Ich kenn' ja auch ein paar, die operiert sind: Die lügen, daß sich die Balken biegen! Eine hat mir mal erzählt, sie spritzt wenigstens drei Meter weit beim Geschlechtsverkehr. Ich sag', dann solltest du in Zukunft vielleicht einen Regenschirm mit ins Bett nehmen. Ich selber bin operiert, die können mir nicht solche Sprüche reinhauen. Es ist doch logisch: Da, wo operiert wird, gibt's Narben. Nur fallen diese Narben manchmal geschickt in den Bereich der Schamlippen, daß man sie erst mal nicht so sieht.

Wie erklärst du dir, daß andere Operierte nicht gerne zugeben, daß da auch Narben sind?

Die wollen perfekter sein als Frauen, und das geht nicht, wir können nie so perfekt sein wie eine Frau.

Nagt das manchmal an dir, daß du nie so hundertprozentig perfekt sein kannst wie eine Frau, vom Körper her?

Nee. Ich hab' mich doch damit abgefunden. Das ist genauso wie ein Krebskranker, der findet sich damit ab, daß während der Chemotherapie die Haare ausfallen. Ich werde nie Kinder kriegen. Ich mein', was mich nun von 'ner biologischen Frau unterscheidet, ist, daß ich Narben hab' und sie nicht. Und ich krieg' keine Tage. Aber auch jede Frau sieht unten anders aus, nicht nur jeder Mann. Und das hilft auch.

Du mußt ja ein Leben lang Hormone nehmen. Wie macht sich diese Dauerbelastung überhaupt bemerkbar?

Bei mir macht sich das so bemerkbar, daß ich manchmal morgens Erbrechen hab'. Oder ich merk' auch, wenn ich mal zwei, drei Monate keine Hormone nehme, daß die Ohren so zufallen. Vielleicht kennst du das, dann hör' ich alles wie durch Watte. Dann weiß ich, aha, du brauchst wieder Hormone. Das ist auch genauso, wenn ich zuviel Hormone hab'. Ich merke das körperlich, wenn ich zuwenig oder zuviel Hormone hab'.

Jetzt steig' ich gerade wieder um auf Tabletten. Die nehmen auch Frauen in den Wechseljahren. Peter darf mich dann nicht anfassen. Von Sex will ich überhaupt nichts wissen, Kuscheln ist einfach nicht drin, ein Kuß könnte mich schon auf die Palme bringen. Und wenn dann alles gut ist, dann klappt's auch mit mir. Daran merk' ich das.

Aus welchem Grunde bist du damals in eine Selbsthilfegruppe gegangen?

Weil ich weiß, daß ich niemals so leben werde wie eine biologische Frau. Ich hab' am Anfang geglaubt: Nun bist du operiert, du bist sogar verheiratet, du bist nun eine richtige Frau. Ich hab' mir Verständnis erhofft, unter Gleichgesinnten, Betroffenen. Aber die sind schlimmer als die sogenannten normalen Frauen, das hab' ich in diesen Gruppen erfahren. Das sind Raubtiere und Hyänen. Ich bin dahingekommen, und erst mal haben die sich gestritten, ob ich überhaupt eine Transsexuelle bin, die wollten das nicht glauben. Ich hab' die Haare noch lang gehabt und blond. Nee, das ist eine richtige Frau, sagten die. Und da hab' ich gesagt, nee, Leute, ich gehör' zu euch. Und dann hörten sie's auch an der Stimme. Und da wurde Betroffenen erzählt, bis zur Operation dauere es fünf Jahre. Ich sag', nee, diese Information ist falsch. Ich selber hab's in sieben Monaten geschafft. Ich war die einzige Operierte zu diesem Zeitpunkt, neben einer anderen Person. Die war so überheblich: Bei mir sieht man das nicht, ich bin dermaßen gut operiert, ganz toll, ganz fantastisch und und und. Das ist eine Lüge. Das ist ganz gefährlich, den Leuten, die noch nicht operiert sind, so was zu erzählen. Die sind doch nach der OP total enttäuscht. Ein Chirurg wird nie so gut arbeiten wie Mutter Natur. Und dann diese Sache mit dem G-Punkt. Das wäre jetzt auch möglich – das ist doch Quatsch. Eine andere sagte mal, bei ihr hätte man bei der Operation eingetrocknete Eierstöcke gefunden. Oder was ich dir erzählt hab', dieses meterweite Spritzen. Ich hab' das dann ins Lächerliche gezogen, weil ich dieses Gefühl habe, manche wollen noch mehr sein als eine Frau, besser sein als eine Frau, perfekter sein als eine Frau.

Und es wäre gut, wenn auch Biologische in solchen Gruppen wären. Eine biologische Person bleibt eher auf dem Teppich als eine transsexuelle. Die kann die Realität vielleicht doch ein bißchen besser beurteilen. Und das hab' ich auch vermißt, es gibt zu wenig Bios. Die wurden regelrecht vergrault in der TS-G.

Ich würde auch gar nicht auf die Idee kommen, daß ich als Nichttranssexuelle in so einer Gruppe erwünscht wäre.

Damit hab' ich gute Erfahrungen. Die Leute sind natürlich erwünscht. Wir selber als Minderheit werden nicht hingehen und werden eine andere, größere Gruppe angreifen. Wichtig wäre es vielleicht auch, auf die Transsexualität besser einzugehen. Denn was ich so im Fernsehen und in den Medien sehe, das ist doch immer dieses Sensationelle. Es sollte vielleicht mal tiefer gegangen werden. Die Leute denken doch, nach dieser Operation ist alles in Ordnung. Nach der Operation ist nichts in Ordnung – erst mal stürzt du völlig ab. Mein ganzes Leben lang brauchte ich quasi meine ganze Kraft für dieses eine Ziel, für die Operation. Dann hast du das Ziel geschafft. Für was kämpfst du denn danach noch? Für nichts mehr, da ist eine gähnende Leere, und ich mußte mir dann neue Sachen suchen: »Was will ich nun?« Dann machte Peter mir ein Heiratsantrag, aber danach muß auch noch unheimlich viel passieren. Viele Leute denken immer noch, daß wir Exoten sind. Wir werden doch immer herabgestuft. Gehst du auf St. Pauli als Transsexuelle zum Tanzen, baggerst einen Typ an, oh, der denkt, du siehst ja toll aus, du bist eine süße Püppie. Erzählst du dem dann, daß du früher ein Mann warst, wirst du mieser behandelt als die letzte Nutte von St. Pauli. Das wär' vielleicht ein Ziel, wenn man uns endlich so behandelte wie jeden anderen auch.

DREI MONATE SPÄTER

Nach dem ersten Interview, vor drei Monaten ungefähr, ist ja eine Menge passiert, was unter anderem auch mit dem Interview zusammenhing. Erzähl doch mal.

Mir ist beim Durchlesen aufgefallen, daß Peter bisexuell gewesen sein muß. Ich wollte das die ganze Zeit nicht wahrhaben. Meine Freundinnen sagten immer, du hast ihn schon vor der Operation gekannt, und ihr hattet ja auch was, wenn auch er nicht mit dir, sondern du mit ihm geschlafen hast. Ich war damals ja noch im Männerkörper, ich durfte an ihn ran, er hat mich geküßt und alles. Ich schätze auch, Peter wird schon Erfahrung gehabt haben mit anderen Männern. Das ist mir jetzt erst bewußt geworden. Besonders jetzt, wo ich einen neuen Freund habe, wie der mich anfaßt und wie Peter mich angefaßt hat. Das ist sehr schmerzhaft für mich.

Das könnte aber auch schlichtweg an der Tatsache liegen, daß es ein ganz anderer Mann ist?

Peter hat mich immer ein bißchen grob angefaßt. Günther geht nun auch nicht unbedingt sorgfältig mit mir um, er behandelt mich ja auch nicht wie ein rohes Ei, aber ganz, ganz anders. Bei Peter hat es im Bett auch überhaupt keine Rolle gespielt, ob ich nun zum Schluß komme oder nicht, und in meiner neuen Partnerschaft erlebe ich jetzt, daß das beachtet wird. Da liegen dann auch meine Ängste – mach' ich was verkehrt? Auf jeden Fall wurde in meiner Ehe nicht viel gesprochen. Peter weiß unheimlich viel von mir, das ist mir auch klargeworden, aber ich weiß eigentlich relativ wenig von ihm.

Wie kommt das denn, warst du denn damals so sehr mit dir beschäftigt, das könnte man ja auch sagen, oder hat er einfach nicht geantwortet, wenn du ihn mal was gefragt hast?

Ich schätze mal, Peter ist die ganze Sache auf den Geist gegangen: Geschlechtsumwandlung, Operation und Namensänderung. Das hat ihn auch belastet. Mich hat es belastet, es hat sich auf unsere Partnerschaft übertragen.

Die Scheidung von Peter hat aber dennoch ganz schön reingehauen bei dir?

Die ersten acht Wochen habe ich gedacht, na gut, das geht mir am Hintern vorbei, und jetzt im nachhinein kommt alles ganz anders. Ich habe immer vorgespielt, ich bin stark, ich brauche diesen Idioten nicht, und jetzt wird mir bewußt, daß ich mich ohne ihn ganz arg hilflos fühle. Viele Sachen sind passiert, worauf ich heute eine Antwort weiß, aber damals nicht. Heute weiß ich, wo er hin ist: zu seiner Freundin. Er hätte mir doch sagen können, daß er eine Freundin hat. Ich möchte wissen, warum?

Du hast mir am Telefon gesagt, er hätte zu dir gesagt, du bist ja sowieso keine richtige Frau, wie kam denn das?

Er hat das, während wir noch zusammen waren, zu mir gesagt. Ich bin in Tränen ausgebrochen, ich weiß nicht mehr den Zusammenhang, aber er hätte auch ebensogut »er« zu mir sagen können, das hätte genauso gesessen. Ich schätze, er ist vielleicht damit auch nicht fertig geworden.

Vorher klang das ja alles so, als hätte er dich in diesem ganzen Prozeß sehr unterstützt. Er hat dich schließlich in dieser Transformation begleitet und kennengelernt.

Ja, aber dieser Prozeß ist schon neun Jahre her. Klar mache ich auch Fehler, vielleicht war ich ihm zu männlich. Obwohl ich für mein Empfinden nicht so männlich bin. Vielleicht kam noch ein später Kinderwunsch von ihm dazu. Deswegen meinte meine Freundin, frag ihn nie, warum. Denn die Antwort, die er dir da geben könnte, die könnte dich wirklich umwerfen. Falls nun wirklich kommt, ja, ich wollte noch ein Kind haben, das würde mich umhauen. Oder: Du bist da unten nicht wie jede andere Frau, das könnte ja auch kommen, zumal er voll Wut und voll Haß ist.

Und das bringst du jetzt damit zusammen, daß du transsexuell bist?

Nein, aber für mich ist es persönlich naheliegend. Ich bin nicht wirklich eine richtige Frau, bin ich nicht, werde ich auch niemals sein. Was mich von einer richtigen Frau unterscheidet, das fängt ja schon da unten an. Ich werde da unten nie aussehen wie eine richtige Frau. Auch wenn die anderen so einen Scheiß erzählen, sie würden da unten genauso aussehen. Das ist Quatsch. Ich hab' keine Eierstöcke, ich kann nie Kinder kriegen. Viele sagen, sie haben einen G-Punkt, was soll denn der Quatsch. Es gibt auch noch andere Einzelheiten, die wirklich stören. Das ist u.a. mein Silikonbusen, dann kommt vom Bart manchmal noch was durch. Die tiefe Stimme. Das sind doch so viele Sachen, die mich wirklich von einer biologischen Frau unterscheiden. Die Haarstruktur, da fängt es ja auch schon an. Es fängt bei ganz vielen Sachen an. Und die anderen, die sollen endlich mal aufhören rumzuspinnen, daß sie hundertfünfzigprozentig Frauen sind, das ist Quatsch.

Du hast in dem ersten Interview gesagt, daß Peter damals gar nicht deinen Körper meinte, sondern das, was in dem Körper steckt. Und jetzt erzählst du, daß der Körper doch wichtig ist, wie paßt das zusammen?

Natürlich ist er's. Früher war ich nun überhaupt keine Frau, vom Körper her. Klar dachte ich da, er müßte mich meinen, denn mit dem Körper – dachte ich – konnte er ja nichts anfangen. Günther geht ganz anders an die Sache ran als Peter. Ich muß wieder auf Sex kommen. Vorspiel, das war Peter völlig egal, einfach so die Nullachtfünfzehn-Nummer, einfach drüber, einmal »mhmh« und duschen. Und was jetzt hier läuft, das ist ganz anders. Ich bin auch voller Hemmungen, das kannte ich bei Peter nicht. Vielleicht hat das ja auch eine andere richtige Frau, daß sie bei einem neuen Partner erst mal Hemmungen hat. Das sagt Günther auch immer wieder: Mein Gott, was ist los, bleib mal ein bißchen lockerer! Dann Schmerzen beim Verkehr und all so was.

Aber du bist ja die gleiche Frau, und Günther ist ein anderer Mann, und aus meiner eigenen Erfahrung weiß ich, daß es unterschiedliche Männer gibt. Fühlst du dich doch immer noch als transsexuelle Frau minderwertig?

Wenn ich z.B. ausgehe, wenn ich gut aussehe und merke, andere Männer gucken mich an und begehren mich vielleicht, fühle ich mich total gut. Wenn ich geduscht hab', vor dem Spiegel stehe und mich ohne Schminke angucke, die Haare sind am Kopf angeklatscht, dann sieht man immer noch was anderes. Dann sehe ich noch den früheren Kerl, der da in mir war. Es ist vielleicht doch wirklich etwas, das ich mir selber anziehe.

Könntest du dir vorstellen, jemals mit diesem männlichen Teil in dir Frieden zu schließen?

Ich hab' ihn immer abgelehnt, den Mann in mir. Ich wollte ihn ja nie haben. Ich würde am liebsten meine Kindheit kaputtmachen. Ich finde mich im Moment widerlich, ich hasse mich ohne Schminke. Im Moment mach' ich vielleicht auch Maskerade. Ich reiß' mir fast den Arsch auf für Günther, bemutter' ihn und tu und mach'. Es ist total verkehrt, ich weiß das.

Willst du wieder was gutmachen?

Vielleicht will ich es besser machen als bei Peter. Aber Peter hat mich auch nicht gut behandelt, also bekam er das gleiche zurück. Günther behandelt mich gut, also bin ich gut zu ihm. Peter ist es nicht gelungen, sich in neun Jahren hier in der Straße für mich geradezumachen. Und Günther ist das innerhalb von ein paar Wochen gelungen. Klar imponiert mir das.

Er kennt dich nur als Frau?

Eben. Jetzt hast du den Punkt. Peter kennt mich auch als Mann, und Günther kennt mich nur als Frau. Und ich denke, vielleicht ist auch deshalb meine Ehe schiefgelaufen, weil mich Peter auch als Mann kennt. Für Günther bin ich vielleicht wirklich eine vollwertige Frau.

CHRISTIN-SUSAN

»Ich würde es wieder tun, als Notausgang ins Leben.«

Du bist die Mitbegründerin der Gruppe »Freie Transen Stadt Hamburg«. Was macht ihr, und was bietet ihr Betroffenen an?

Wir wollen innerhalb des Kompetenzbereichs Selbsthilfe den Rat- und Hilfesuchenden AnsprechpartnerInnen sein. Der Grundgedanke unserer Arbeit ist, dieses Thema möglichst geradlinig, unkompliziert und selbstbewußt zu vermitteln. Das gilt nicht nur für die direkt Betroffenen, sondern auch für diverse Institutionen. Neben dem regelmäßigen offenen Stammtisch bieten wir Neuen an, auch Gespräche unter vier Augen zu führen. Wir vermitteln im Bedarfsfall auch Fachadressen. Außerdem fällt eine Menge Korrespondenz und das Versenden unseres Infoheftes an, da sich Ratsuchende aus ganz Deutschland und inzwischen sogar aus angrenzenden Ländern an uns wenden. Wir treffen uns auch privat und laden da auch mal – im Bedarfsfall – andere Betroffene ein, weil manche sich nicht in den *Gorki Park* trauen. Und wir helfen bei der Formulierung von Anträgen und den

Lebensläufen, die die Gutachter fordern. Eine weitere Stufe ist die Zusammenarbeit mit der Institution *Amnesty for Women*, die sich schwerpunktmäßig um die Probleme Frauenhandel, Zwangsprostitution und Sextourismus kümmert. Wir kooperieren im Bereich Streetwork für illegal eingewanderte transsexuelle Frauen aus Asien und Südamerika in Hamburg innerhalb des von der EU geförderten TAMPEP (Transnational AIDS/STD Prevention Among Migrant Prostitutes in Europe).

Was wird deiner Erfahrung nach an Unterstützung am meisten gebraucht?

Die »Neuen« brauchen all die Information für den Weg, soweit sie ihn gehen wollen oder müssen, Infos über das Gesetz, die Gutachter, die Hormonbehandlung und vielleicht 'ne Zeitlang Austausch mit anderen »Betroffenen«, das stabilisiert ja auch. Und eine gewisse Korrektivfunktion sollte so eine Gruppe auch haben: Die Röcke sind viel zu kurz, die Farben zu bunt, die Haare und Nägel zu lang und die Absätze viel zu hoch. Viele Transsexuelle trauen sich gar nicht ins Leben. Die werden jahrelang vom Pizzaservice ernährt, vom Kabelfernsehen am Leben gehalten und haben keinen Austausch mit dem sozialen Umfeld. Man hört ja öfters von vielen Neuen: »Na ja, da mach' ich erst mal einen Ortswechsel, dahin, wo mich keiner kennt.« Ich spielte in der »Intro-Phase« ebenfalls mit solchen Gedanken. Aber im Alltagstest merkte ich, das wäre der größte Fehler, den man machen könnte! Es geht eigentlich nur »mitten im Leben«, und zwar mitten im bisherigen sozialen Umfeld! Ich hab' innerhalb von zwei, drei Tagen von meinem gesamten Umfeld verlangt, daß sie das jetzt bitte schön kapieren. Natürlich hat das keiner kapiert, aber das war mir dann auch vollkommen egal.

Warum soll man nicht die Stadt wechseln? Es gibt ja durchaus viele, die sagen: Neuanfang heißt, man kann da als Mann verschwinden und dort als Frau wieder auftauchen, ohne all den Streß!

Da müßte man aber in den besten Fällen fünf Jahre lang verschwinden, rein vom Optischen her, vom Erscheinungsbild. Du kannst ja nicht einfach um den Block gehen, und dann bist du weiblich. Wo ich mich selber nicht auskenne, da verliere ich ja auch meinen Heimvorteil, die Sicherheit der gewohnten Umgebung. Auch wenn es sich vorher unwahrscheinlich anhört: Man kann wirklich bei allen Leuten mehr oder weniger Verständnis kriegen! Ich hatte wirklich überhaupt keine Probleme mit dem Alltagstest.

Was bedeutet das eigentlich genau »Alltagstest«?

Man muß sich selber erst mal beweisen und darüber im klaren werden, daß man sich in die neue Geschlechtsrolle einleben will, ganz konsequent, ohne Abstriche oder Ausnahmen. Rund um die Uhr und in jeder Lebenssituation. Und dies kannst du dir mit keiner theoretischen Überlegung, mit keinen Phantasien klarmachen. Das geht nur und ausschließlich mit dem Alltagstest. Und spätestens nach der Hälfte hast du eine gehörige Portion Selbstbewußtsein entwickelt, und dann perlt sowieso einiges an dir ab.

Du sollst ja in ein paar Tagen operiert werden, wie ist das jetzt, so kurz vorher?

Ja, ganz komisch, also heute morgen um halb zehn rief die Operateurin an und sagte, sie habe einen Operationstermin für mich. Sie habe in halb Deutschland rumtelefoniert, und ich sei die einzige, die sämtliche Papiere und Unterlagen zusammen hat. Am nächsten Montag ist also der OP-Termin, und ich soll schon Freitag früh kommen, wir müssen ja noch einen HIV-Test machen. Das ging ja ziemlich schnell, aber inzwischen denke ich, dann gehste da jetzt durch, dann ist das Thema erst mal gegessen. Ich sitze vor allem nicht der Illusion auf, daß ich dann hinterher eine Bio-Frau bin, ich werde in diesem Leben immer eine transsexuelle Frau sein. Wenn ich also nur ein Kompromiß auf Beinen bin, dann soll dieser Kompromiß natürlich so perfekt wie möglich sein. Insofern habe ich mich für Kassel entschieden und mußte dann aber auch mit dieser langen Warteliste vorliebnehmen. Warum es jetzt doch so schnell ging? Manche springen ab, weil sie vorher vielleicht Angst kriegen, oder andere können dann doch nicht so lange warten.

Was heißt für dich »möglichst perfekt«? Hast du aus eigener Erfahrung lebende Vergleichsobjekte, oder hast du weibliche Geschlechtsteile nur aus Büchern gesehen?

Nein, nein, eigentlich waren alle meine sexuell intimen Partnerschaften mit Frauen. Insofern habe ich 'ne ziemlich klare Vorstellung davon, wie ich gerne aussehen würde oder was »perfekt« bedeutet. Ich möchte eine Neovagina, die meiner Altersklasse angepaßt ist. Und dann möchte ich natürlich auch gerne eine haben, die nicht so aussieht, als hätte ich schon mal ein Kind zur Welt gebracht. Und wenn ich dann noch mehr ins Detail gehen soll, dann könnte ich vielleicht sagen, ich möchte eine funktionsfähige Neoklitoris, die sichtbar ist, aber nicht mutiert groß. Eigentlich noch wichtiger als die Optik ist mir, daß die Chirurgin sich bitte schön Mühe gibt, die Nervenstränge nicht zu durchtrennen – der Gefühlswelten wegen. Ich möchte weder mit Inkontinenzproblemen da rausgehen, noch möchte ich Haare in der Neovagina haben. Und wenn es dann noch geht, daß ich zu denjenigen gehöre, bei denen die reingestülpte Haut sich so verändert, daß dieses gewisse Feuchtwerden entsteht, dann wäre ich kompromißlos glücklich.

Wie lange besteht bei dir eigentlich schon der Wunsch, dein Geschlecht anzugleichen?

Also ganz konkret ungefähr seit drei Jahren, seitdem ich einunddreißig bin. Daß ich so eine Irritation mit mir rumschleppe, fing ungefähr mit sieben an. Aber ich war immer davon überzeugt, daß ich niemals einen Geschlechtswechsel machen kann. Ich wurde dann allerdings zunehmend verwirrter, und die Transsexualität und der Wunsch, dementsprechend zu leben, wurde immer stärker. Dann habe ich im Juli 1990 noch den idiotischen Versuch unternommen, durch eine Ehe die Transsexualität in mir weiterhin unter Kontrolle zu halten. Aber das ging natürlich völlig daneben. Nach zwei Jahren war diese Ehe mit Pauken und Trompeten den Bach runtergegangen. Einige Monate danach hab' ich ganz genau gespürt, also heute nimmst du dir definitiv einen Strick oder du machst jetzt sofort dein Coming-out. Und dann hab' ich mich hinterher nur noch gewundert, wie einfach das war! Das war vor gut eineinhalb Jahren.

Das ist keine lange Zeit – vom Coming-out bis zum OP-Termin. Wieso ist die Operation für dich eigentlich keine Frage? Es gibt ja durchaus Transsexuelle, die eine Transformationsoperation als dogmatisches Muß ablehnen.

Ich habe das auch in Gedankenkonstruktionen durchexerziert, diese sogenannte »kleine Lösung«. Für mich war es schon vor vielen Jahren klar, wenn ich es je machen sollte, dann nur inklusive Operation. Mit vierzehn hatte ich intensive Träume, daß das Ding einfach abfällt. Das ist natürlich nicht passiert. Dann kam so eine Trotzphase, da habe ich gedacht: Du läßt dich von niemanden in den OP drängen! Und hab' ein paar Monate lang versucht, so zu leben. Nun kam ich, wahrscheinlich auch durch die Hormonbehandlung, tatsächlich immer mehr auf der weiblichen Seite an. Ich hab' plötzlich gewisse Verhaltensmuster des männlichen Geschlechts dem weiblichen gegenüber aus einer ganz anderen Sicht, nämlich aus der Betroffenensicht, gesehen. Ich brauchte nur einige Hormonspritzen zu kriegen, und schon grabbelten sie mir am Hintern und an der Brust rum. Da hab' ich gedacht, daß dieses Verhaltensmuster ja ein richtiges Armutszeugnis ist. Und daß ich weg muß von diesem Männlichen! Es gibt lange Phasen, wo ich einen richtigen Ekel habe vor dem Ding da zwischen den Beinen. In der Phantasie ist es schon gar nicht mehr da, und ich spüre schon das, was ich dort noch nicht habe. Ziemlich schizophren.

Du sagst ja auch »Alien« dazu. Ist Alien eigentlich Ausdruck des Ekels, oder was sagt dieser Begriff sonst aus?

Alien sagt in dem Fall vielleicht so was Ähnliches wie Besatzungsmacht. Je mehr ich auf die weibliche Seite komme, desto mehr habe ich tatsächlich irgendwie das Gefühl, daß ich früher unter dieser Herrschaft stand. Ich unterstelle wirklich den Männern, daß sie mit dem Schwanz denken.

Wie geht es dir denn eigentlich so eine knappe Woche vor der Operation?

Ich habe jetzt anderthalb Jahre Alltagstest hinter mir und mich in der Zeit endlich gefunden. Ich weiß hundertprozentig, daß es die richtige Entscheidung war. Ich werde in die OP gehen, weil es Teil meines neuen Lebens ist und ich auch gar keine Alternative habe. Ich freu' mich drauf! Ich habe überhaupt keine Angst, daß ich diesen Schritt womöglich irgendwann bereuen könnte. Also Zielgerade der ersten, »männlichen« Etappe, Startrampe für die zweite, die weibliche Lebenshälfte.

Die Komplikationen dieser Operation sind ja nicht unerheblich. Hast du gar keine Angst, daß etwas schiefgehen könnte?

Nein, ich bin davon überzeugt, daß das überhaupt kein großes Ding ist. Manche reden ja von unendlichen Schmerzen nach der OP, aber ich hab' überhaupt keine Angst davor. Angst habe ich vielleicht höchsten vor dem Ziehen des Stents, da hört man nämlich auch ganz heiße Geschichten.

Was ist ein Stent?

Der Stent ist ein Platzhalter in der neugebildeten Scheide. Und das soll in der ersten Zeit nicht gemütlich sein. Eine hat mir erzählt, sie müsse bougieren – das ist die »klassische Variante«, wovon man auch in den Büchern liest. Eine andere erzählte in der Gruppe, sie müsse nicht bougieren, mußte allerdings in den ersten sechs bis acht Wochen rund um die Uhr den Stent tragen. Wenn ich mir vorstelle, daß ich acht Wochen lang praktisch ein Rohr im Körper hab', finde ich die Vorstellung wirklich nicht so angenehm. Aber was sind acht Wochen im Vergleich zu dem, was noch an Lebensjahren kommt.

Was, glaubst du, ist nach der Operation und nach dem Abklingen der Schmerzen anders, außer daß du dieses Alien nicht mehr trägst?

Ich denke, daß ich mich homogener fühle, daß die Verweiblichung schneller vorangeht, weil ja die männlichen Keimdrüsen weg sind. Ich denke auch, daß ich dann auch andere Sachen anziehen kann, die ich jetzt nicht tragen kann. Bodies, Badeanzüge, enge Hosen oder enge Röcke. Ich kann überhaupt mal wieder an den Strand gehen oder in die Sauna, denn nichtoperiert geht das ja nicht. Ich provoziere zwar gerne, aber ich muß ehrlich sagen, daß ich das nun nicht ausprobieren würde. Das kann man einigen Leuten einfach nicht zumuten. Seitdem ich in der Hormonbehandlung bin und die auch sichtbar ist, möchte ich nicht, daß mich irgend jemand so sieht. Ich könnte zwar in diesem Zustand durchaus mit einem Mann sexuellen Kontakt haben, und auch mit einer Frau. Nur da ich noch nicht operiert bin, könnte die Frau verlangen, ich solle die männliche Rolle spielen, und das kann und will ich nicht mehr. Weil ich ja weiblich empfinde und auch möglichst weiblich werden möchte. Ich glaube, daß ich mit einer Frau erst wieder intim werden kann nach meiner Operation. Aber dann wohl nur noch mit einer Frau.

Heißt das denn, daß du lesbisch bist?

Ich denke, ja. Ich habe es nach dem Seitenwechsel erst mal auf der Heteroschiene probiert, wobei ich allerdings sagen muß, daß ich schon immer bisexuell war, auch schon vor dem Coming-out. Aber irgendwie hat es mit der Bisexualität nach dem Seitenwechsel nicht mehr geklappt, und die drei Versuche mit Männern waren einfach nicht schön.

Und dann kam letztes Jahr, zusammen mit meiner Schwester, das schmerzhafte Entdecken des möglichen Grundes für meine Transsexualität. Und das hatte zur Folge, daß ich erst mal überreagiert habe. Das heißt, alles Männliche mußte aus mir raus, nichts Männliches durfte näher als zwei Meter an mich ran. Heute habe ich mich soweit eingepegelt, daß ich mich zwar wieder als bisexuell bezeichne, daß ich aber sicher bin, eine feste Beziehung nur mit einer Frau führen zu können.

Das hört sich ja fast so an, als hättest du einen Haß auf alles Männliche, eingeschlossen deinen eigenen Körper. Und daß die kastrierende Geschlechtsangleichung vielleicht so etwas wie ein Vernichtungsfeldzug gegen alles Männliche sein könnte.

Auch, spielt mit rein, ja. Aber das ist eigentlich nicht bewußt, weil ich ja an meinem Körper rummanipulieren lasse. Viele Vertreter des männlichen Geschlechts fühlen sich ja schon im wahrsten Sinne des Wortes auf den Schlips getreten, wenn sie mit unsereins konfrontiert werden. Dazu müssen die noch nicht mal wissen, ob wir schon operiert sind oder nicht. Allein durch unser Erscheinungsbild in der Übergangszeit, dieses »dritte Geschlecht«, kriegen die ja schon Kastrationsängste.

Was ist deine eigene Erklärung für deine Transsexualität?

Insbesondere mein Vater, aber auch ein bestimmter Freund von ihm, haben sich damals mir gegenüber so dermaßen beknackt und verletzend verhalten, daß es mir bereits mit zwei Jahren nicht möglich war, mich mit der männlichen Identität anzufreunden. Gleichzeitig hat sich mir gegenüber das weibliche Geschlecht sehr liebevoll verhalten, so daß ich mich wahrscheinlich mit der weiblichen, nicht aber mit der männlichen Rolle identifiziert habe. Es gibt hier einen Truppenübungsplatz. Dort sind wir manchmal hingefahren, und da, geh' ich mal davon aus, hat dort der Freund meines Vaters irgendwas mit mir gemacht, was nicht kompatibel war, um es mal so auszudrücken. Ich erinnere mich da an irgendwas mit Haaren und einem immensen Ekelgefühl. Wobei mir das heute übrigens völlig egal ist, ich würde also weder meinen Vater noch diesen Freund an die Wand stellen oder zur Rechenschaft ziehen wollen. Es ist zweiunddreißig Jahre her und sowieso nicht mehr ungeschehen zu machen, und meine Transsexualität will ich auch nicht mehr weghaben. Ich registriere sogar einen gewissen Stolz. Um nichts in der Welt will ich zurück in die männliche Rolle. Ich hab' auch entdeckt, daß es viele Punkte im Leben gibt, wo es vollkommen egal ist, welchem Geschlecht du angehörst. Ich wollte nicht die Hormonbehandlung, damit ich beispielsweise einen BH tragen kann. Natürlich hat dieses BH-Tragen ein gewisses Gewicht bei unsereins, eben weil dieses Textilstück ein eindeutig weibliches ist, so wie einige andere typische Sachen auch. Aber irgendwann kam auch der Punkt, wo ich nur wieder Jeans und Turnschuhe angezogen habe.

Was heißt es letztlich für dich, Frau bzw. Mann zu sein?

Das einzige, was mir konkret einfällt, ist dieses Gefühl von wesentlich weniger Leistungsdruck, das ich empfinde, seitdem ich in der weiblichen Rolle lebe. In der männlichen Rolle stand ich immer unter Erfolgszwang und Leistungsdruckempfinden, das ist jetzt weg.

Und welches Empfinden ist jetzt da?

Das Empfinden, daß Stärke auch ganz neu und anders definiert werden kann. Eine Kraft, die aus dieser Mischung aus Kopf und Bauch kommt. Das ist eine Kraft, die man ganz anders einsetzen und mit der man unter Umstän-

den viel mehr erreichen kann. Ich habe gemerkt, daß ich plötzlich feministische Gedankengänge nicht nur eher verstehen kann, sondern selber in mir spüre. Ich denke, als Transsexuelle hast du sowieso die einmalige Chance, den Kampf der Geschlechter, das Verhältnis der Geschlechter zueinander aus einem ganz anderen Licht zu beleuchten. Da komm' ich eben manchmal zu dem Schluß, daß Männer mit dem Schwanz denken und Männer ohne Schwanz, also die noch nicht operierten, demzufolge gar nicht: Die hauen auf den Tisch und rülpsen, und die Texte sind teilweise schlicht vulgär. Das finde ich doch etwas lächerlich.

Du sprichst jetzt von den Frau-zu-Mann-Transsexuellen?

Ja, da ist dieses Jonglieren mit Klischees, dieses vermeintliche Verhalten des Wunschgeschlechtes aus der alten Sicht heraus und gleichzeitig das Vergessen von bestimmten miesen Verhaltensmustern. Wenn ich mir andererseits manche Mann-zu-Frau-Transsexuelle anschaue, die werden plötzlich das dumme Lieschen Müller, rennen ständig in Minis herum, wollen für irgendeinen Mann kochen und ihm die Bude saubermachen.

Nehmen wir mal an, nach der Operation ist ein halbes Jahr vergangen, du hast dich mit deiner neuen Rolle arrangiert und lebst freudig ohne dein »Alien«. Woran könnte ich erkennen, daß du jetzt mehr Frau bist als vorher?

Ich denke mal, daß auch die körperliche Verweiblichung in größeren Schritten vorangeht, weil die männlichen Keimdrüsen weg sind. Es könnte auch sein, daß du mich in einem halben Jahr in einer lesbischen Beziehung antreffen könntest.

Was wäre daran weiblicher als jetzt?

Tja, die gleichgeschlechtliche Beziehung zu einem anderen weiblichen Wesen. Momentan bin ich ja nicht Fisch und nicht Fleisch.

FÜNF MONATE NACH DER GROSSEN OP, ZWEI MONATE NACH DER NACH-OP

Du hast die große Operation hinter dich gebracht und jetzt noch einen weiteren kleinen Eingriff vor dir. Wie fühlst du dich?

Super. Es ist noch mehr Ruhe in mir. Das postoperative Trara in der ersten Zeit, also die halbe Kraft, das dünne Nervenkostüm und diese umständliche Arie mit Stent, Vibrator und täglicher Scheidenspülung et cetera war zwar etwas ungemütlich, aber ich hab' mich dann dran gewöhnt. Ich bin tatsächlich da angekommen, wo ich spekuliert hab, hinzukommen. Und es ist noch schöner, als ich vorher dachte.

Wie schnell war das Gefühl da, zu Hause angekommen zu sein?

Das war eigentlich sofort da. Richtig genießen kann ich es, seitdem die postoperativen Ungemütlichkeiten verschwunden sind. Mir passiert es heute noch manchmal, wenn ich morgens aufsteh', nackt ins Bad gehe und an dem großen Spiegel vorbeikomme, daß ich einfach lachen muß, da hab' ich so ein Strahlen innen und außen, ich weiß auch nicht. Also, ich guck' mich an und sehe und fühle, jetzt ist alles stimmig. Und ich fühle mich sehr wohl. Und so was kannte ich vorher nie. Da war immer was schräg und – bäh.

So ein Körper hat ja irgendwie auch sein eigenes Gedächtnis. Hast du vielleicht automatische Körperbewegungen bei dir festgestellt, während du gleichzeitig merkst, oh, ist ja gar nicht mehr da?

Nein, hab' ich nicht. Aber ich hab' eine ganz andere Art von körperlicher Automatik entdeckt. Früher mußte man ja Hand an sich legen, um kribbelige Gefühle zu erreichen, und in letzter Zeit registriere ich etwas Neues mit großer Verwunderung und ebensoviel Faszination. Du kennst vielleicht auch das Gefühl: Es gibt Tage, da schwebt man ständig dreißig Zentimeter über dem Boden und weiß nicht mal genau, warum. So, und dann krieg' ich eine sehr erotische, flirrige Antwort aus dem Bereich da unten, nur weil's mir einfach gutgeht oder irgend etwas erfolgreich gelaufen ist. Das bringt mich manchmal ziemlich durcheinander, denn das passiert nicht nur, wenn ich erotische Phantasien habe, sondern auch in den unmöglichsten Augenblikken, wenn ich gar nicht damit rechne. Und da gibt es bestimmte Muskeln, wenn man ein bißchen mit denen spielt, ist das äußerst angenehm. Das heißt, ich kann heute quasi »freihändig schweben, ohne daß es jemand bemerkt«. Das find' ich ganz toll. Das sind jetzt ganz andere Sphären, vollkommen andere Dimensionen. Es hat sich rundum gelohnt.

Und die Operationsschmerzen?

Das OP-Feld an sich war völlig schmerzfrei. Es war nur so, daß ich, als ich aus der Narkose aufgewacht bin, nach dieser Zwölfstundenoperation, unerträgliche Rückenschmerzen hatte und mich immer zur Seite drehen wollte, aber das durfte ich nicht. Morgens fand ich mich ans Bett gefesselt. Der feste Verband hat richtig weh getan. Die Pflaster, mit denen der Verband auf der Haut festgezurrt war, hatten die Haut dann auch am zweiten Tag schon so eingerissen, daß es blutete. Nach dem ersten Verbandswechsel war ich aber völlig schmerzfrei. Ich erinnere mich noch gerne daran. Die Ärztin berührte mich und fragte: »Spüren Sie das? Das ist Ihre Klitoris.« Ich weiß noch, das ging mir so richtig durch und durch. Und dann machte sie da noch irgendwas, da wurde irgendwas etwas dicker in mir, und sie fragte, ob ich das auch spüre? Ja, sagte ich, das spüre ich. »Das ist der Stent in Ihrer Scheide.« Und das reichte erst mal für ein totales Glücksgefühl. Außen habe ich zwar noch nichts gespürt, denn es war noch alles taub. Aber das war irre!

Wie kommt es denn zur Nach-OP und dann jetzt noch zu einem weiteren kleinen Eingriff?

Die Nach-OP ist offenbar in den meisten Fällen von vornherein eingeplant. Jetzt geht es nur noch um die Labien, also die großen Schamlippen, die mir doch noch nicht so ganz gefallen. Die werden ja aus der Haut des ehemaligen Hodensackes gemacht, und du weißt vielleicht, daß diese Haut eine ganz merkwürdige Eigenschaft hat: Sie zieht sich temperaturabhängig irgendwie zusammen oder dehnt sich. Der Gag ist, daß sich diese Eigenschaft, besonders wenn zuviel drangelassen wird, auch dann nicht verändert, wenn daraus Schamlippen geworden sind, denn schließlich weiß die Haut wohl kaum, daß das jetzt Schamlippen sind und kein Hodensack mehr.

Ist die zweite Nach-OP also entstanden, weil du mit dem ersten Ergebnis noch nicht so hundertprozentig zufrieden bist?

Ja. Ich hab' inzwischen auch von anderen aus der Gruppe gehört, die sich woanders haben operieren lassen, daß da drei, vier, fünf, sechs OPs stattgefunden haben. Andere »Spehrkinder« hatten übrigens nur eine einzige Operation nötig, es muß wohl an den individuellen körperlichen Gegebenheiten der einzelnen Patientinnen liegen.

Wie ist dein Leben denn jetzt? Hat sich wirklich was verändert?

Also im Leben an sich hat sich noch nicht viel verändert. Ich bin endlich nicht mehr von irgendwas Falschem besetzt und verzerrt. Ich denke, daß ich so eine ganz andere Position habe, um mein Leben ganz anders anzupacken. Obwohl mir natürlich so im alltäglichen Leben kein Mensch zwischen die Beine gucken kann und insofern gar nicht weiß, welcher Status da herrscht, und das vielleicht deswegen von außen auch gar nicht so nachvollzogen werden kann. Aber der Unterschied in mir selber, der ist irre, irre groß.

Wenn du dich nochmal entscheiden müßtest, ob du dich operieren läßt oder nicht: Was würdest du denn dann tun?

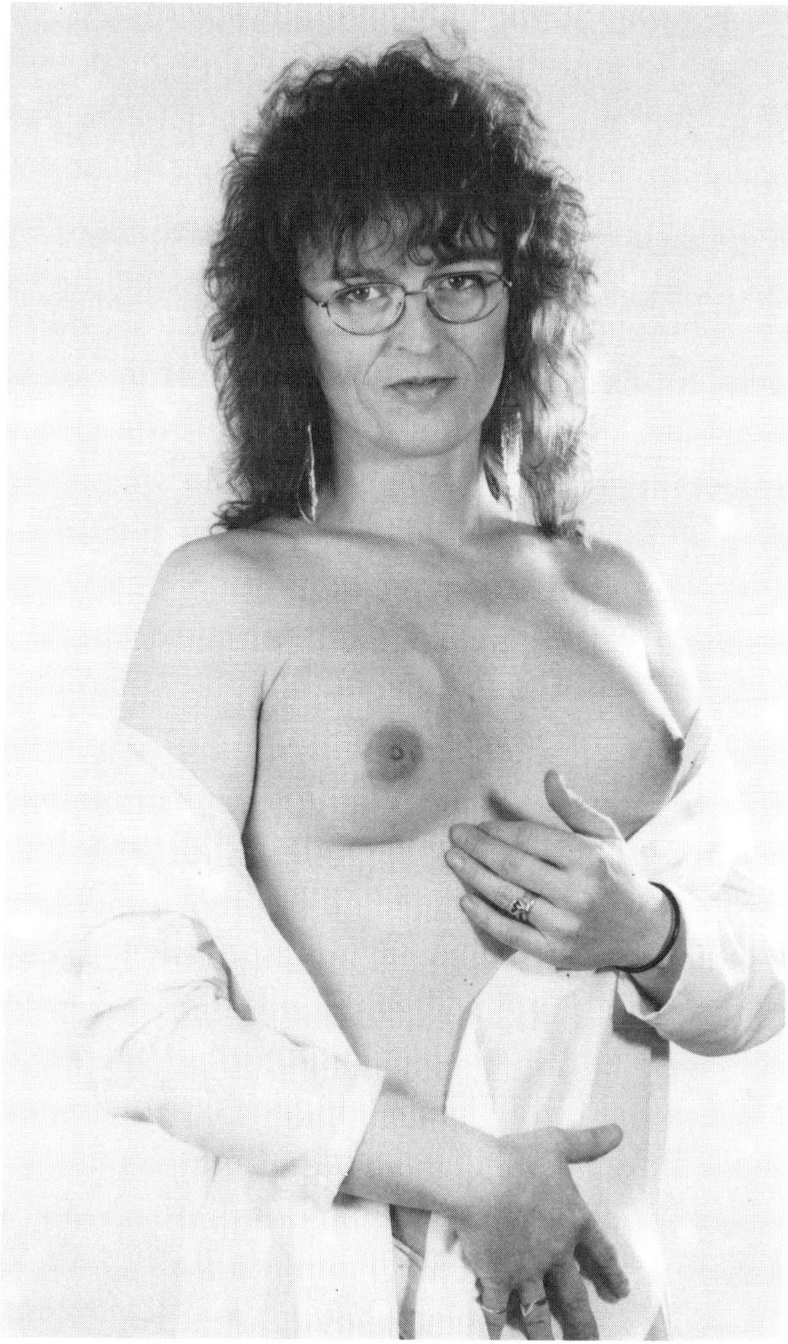

Ich hab' von Kindheit an gemerkt, daß da etwas Wichtiges nicht stimmt. All das hat mich auch zunehmend ausgebremst, verfälscht und krank gemacht. Aber dann vor vier Jahren wurde eine regelrechte Katastrophe inszeniert. Es war eindeutig männliche Gewalt, extreme Gewalt gegenüber einem absolut wehrlosen Opfer. Aber ich liebe diesen Menschen eben sehr, und da hab' ich irgendwie gefühlt: Nein, nein, wenn Männer zu so was fähig sind, dann mußt du endgültig weg davon. Dieses Geschehen hat es mir absolut unerträglich gemacht, weiterhin als dem männlichen Geschlecht zugehörig definiert zu werden. Das war mir wohl gar nicht so recht bewußt, aber so war es eben. Die Veränderungen in diesem Mädchen, die waren so extrem, von heute auf morgen. Ich *mußte* diesen Geschlechtswechsel machen. Aber ich hab' das trotzdem überhaupt nicht verarbeiten können. Die Tränen, dieses ganze Leid und all das Chaos, das verfolgt mich. Es ist nur etwas leichter zu ertragen so, wenn überhaupt. Stünde ich noch mal nach einem solch extremen Erlebnis wieder vor der Entscheidung eines operativen Geschlechtswechsels, ich würde es wieder tun. Als Notausgang ins Leben.

Die Entscheidung, ein besserer Mann sein zu wollen, ist dir nie in den Sinn gekommen?

Was heißt Mann *sein?* Ich war ja nie zu Hause in mir, mein Leben lang nicht. Das war ja sowieso schon immer sehr wackelig und gar nicht zentriert. Ich in mir nicht, in dieser Körperversion nicht und auch nicht in der dazugehörigen Rolle. Und dann kam eben noch dieser Knaller, und dadurch war dann Schluß mit der Fassadenzeit. Und heute will ich sowieso nicht mehr.

Du bist ja auch katholische Christin. Wie verträgt sich ein Geschlechtswechsel eigentlich mit deinem Glauben? Denn der Körper, der uns von Gott gegeben ist, war ja in deinem Fall erst mal ein männlicher Körper, den du durch eigene Entscheidung verlassen hast.

Das verträgt sich. Ich hab' Gott gefragt, und er ist damit einverstanden. Ich denke, mein freiwilliges Ableben wäre weniger in seinem Sinne gewesen. Es gab einen ganz bestimmten Augenblick, da hab' ich Gott *gesehen,* und seitdem ich Frau bin, habe ich auch erstmals einen vernünftigen, überzeugenden Weg zu meinem Glauben gefunden. Zudem ist mein Glaube nach all diesem himmelschreienden Scheiß manchmal wirklich so etwas wie eine letzte Stütze, um überhaupt noch weiterleben zu können. Und gerade vor ein paar Wochen, sonntags in der Kirche, wurde im Evangelium deutlich: Es gibt durchaus Stellen in der Bibel, wo Jesus selber davon spricht, daß man, wenn es gar nicht anders geht, durchaus auch massive Eingriffe am eigenen Körper vornehmen darf, wenn es denn nur so möglich ist, glücklich zu werden.

Torsten

»Ich bin mir heute nicht mehr sicher, ob ich wirklich hundertprozentig transsexuell war.«

Ich bin Torsten, dreißig Jahre, am 26.1.64 geboren. Bin eigentlich Mecklenburger, lebe aber seit drei Jahren in Berlin und mache jetzt im zweiten Jahr eine Schulung in Haushaltshilfe und Kinderbetreuung. Und ich bin eine Extranse.

Wie kam das, daß sich das in deinem Leben wieder geändert hat?
Ich bin seit Oktober 1991 HIV-positiv und wollte ursprünglich den großen Weg gehen, mit der großen OP und allem Drum und Dran. Aber die Ärzte haben mich vor etwa zwei Jahren abgelehnt. Sie sagten, irgendwann, wenn die HIV-Infektion weiter fortgeschritten ist, werde ich Medikamente brauchen, und deshalb würde ich keine Hormonbehandlung kriegen. Bei der OP müßte nichts passieren, aber das Risiko wär' zu groß. Du brauchst den Alltagstest, um dich in der Öffentlichkeit zu präsentieren, und bis du die ganzen Gutachten hast, den Weg zu Gericht, bis du deine OP hast, das dauert fast ein halbes oder dreiviertel Jahr – je nachdem, wie die Hormonbehand-

lung verläuft –, da könnte es durchaus sein, daß ich dann schon AIDS-krank wäre. Das war den Ärzten einfach zu riskant.

Sind das denn medizinisch abgesicherte Behauptungen, oder vermutest du eher, daß die Ärzte sich da nicht rangetraut haben?

Ich komm' selber aus einer Gesundheitswesenfamilie und hab' mich erkundigt, und es ist wirklich aus medizinischer Hinsicht so. Ich bin schnell an den Bronchien gereizt und habe was mit dem Herzen, außerdem noch einen sehr niedrigen Blutdruck.

Haben die Ärzte deshalb die Hormonbehandlung abgelehnt?

Die Hormonbehandlung eigentlich nicht, mehr die OP. Sie haben zu mir gesagt, die Hormonbehandlung könnt' ich trotzdem machen. Und da hab' ich gesagt, nein, ich kann nicht auf zwei Hochzeiten tanzen. Wenn, dann wollt' ich da ganz und gar durchgehen und nicht oben Frau und unten Mann sein. Da würd' ich mich selber betrügen.

Das heißt also, daß du aufgrund einer medizinischen Diagnose nicht unters Messer gekommen bist und deshalb heute wieder als Mann lebst. Wie findest du das denn?

Belastend. Auch wenn ich die männliche Hülle wieder angenommen hab', im Herzen werd' ich ewig eine Frau bleiben. Meine ganzen Freunde und Bekannten, auch meine Familie, die zu mir gehalten hat, sagen: Das einzige, was du bei dir verändert hast, ist, daß du dir jetzt einen Schnauzer wachsen läßt und wieder männliche Klamotten anhast, aber sonst hast du dich überhaupt nicht verändert.

Wie lange hast du denn als Frau, als Amanda, gelebt?

Ich hab' zu DDR-Zeiten schon vier Jahre als Transe gelebt und mich auch richtig dazu bekannt. Damit hatte ich überhaupt keine Probleme. Es war für mich ein ziemlicher Schock, als die Ärzte das dicke, fette Nein gesagt haben. Da ist für mich im ersten Moment eine ganze Welt zusammengebrochen. Und ich hab' dann zu meiner Mutter gesagt: Ich komm' mir vor, als wenn ich zum zweiten Mal meinen AIDS-Test gemacht hätte. Damals hab' ich die Nerven verloren und hab' versucht, mir das Leben zu nehmen. Aber das ging nicht, weil ich durch diesen Virus plötzlich dermaßen am Leben hänge, aber es war doch ziemlich deprimierend. Ich war froh, daß ich sehr gute Freunde hatte, die zu mir gehalten haben. Weil ich ja fast zweihundert Kilometer von der Familie entfernt bin, das war schon sehr wichtig für mich.

War das nicht auch für deine Umgebung ein Schock, erst zu erfahren, daß du HIV-positiv bist, und dann, daß du nicht mehr Amanda sein kannst und nun wieder als Mann lebst?

Bei mir in der Familie haben sie gesagt, aus gesundheitlichen Gründen verstehen wir das, und wir sehen auch ein, daß du nicht auf zwei Hochzeiten tanzen kannst. Wir haben es zwar nicht begriffen, aber wir haben doch versucht, es zu verstehen oder einfach hinzunehmen, sagen wir mal so. Aber im Endeffekt ist es sowieso mein eigenes Ding, was ich mit meinem Körper tue.

Warst du schon immer transsexuell?

Ich war – bevor ich transsexuell wurde – als Junge stolz, Mann zu werden. Durch den Travestielub, wo ich eine Zeitlang gearbeitet hab', hab' ich ja überhaupt erst festgestellt, daß ich transsexuell bin. Es war nicht so wie bei den anderen Transsexuellen, die irgendwann in der Kindheit angefangen haben, Mutters Kleiderschrank zu plündern. Ich bin nie auf die Idee gekommen, ich hatte überhaupt nicht das Bedürfnis dazu. Und als meine Mutter mich mit elf oder zwölf Jahren in ein Mädchenkostüm zwängen wollte, hab' ich geheult und mich dagegen gewehrt. Als dann mein Sexualleben anfing, hab' ich mit Männern genauso wie mit Frauen Erfahrungen gemacht. Ich hab' aber beim Sexleben immer versucht, der Mann zu sein. Ich hab' mich allerdings gerne umwerben lassen. Da kam schon das Weibliche durch. Früher war mir das nicht klar, aber wenn Frauen um mich gestritten haben oder auch Männer, hab' ich das richtig genossen. Aber wenn es dann wirklich zum Akt kam, dann hab' ich die Feder in der Hand gehabt. Wehe, es war dann einer, der das umgekehrt machen wollte, dann kam ich damit überhaupt nicht klar. Als ich dann als Transe gelebt hab', nicht nur innerlich, sondern auch äußerlich als Frau, hat sich von heut auf morgen alles verändert. Also, da ich wirklich eine Frau sein wollte, hab' ich auch versucht, mich im Sex als Frau anzupassen.

Hat es geklappt?

Ja, in der ersten Zeit gab es natürlich eine ganze Menge Probleme, denn sich mit dem Geschlechtsteil erst mal als Frau zu fühlen, ist gar nicht so einfach. Das Glied wird ja auch steif, und das einigermaßen unter Kontrolle zu kriegen, hat natürlich eine Zeitlang gedauert.

Wie macht man das denn? Oder wurde der Penis irgendwann einfach nicht mehr steif?

Er wurde schon ein bißchen steif, aber nicht mehr so wie früher, als ich als Mann gelebt habe. Später allerdings überhaupt nicht mehr. Ich bin von Haus aus bisexuell veranlagt, und meine Sexpartner haben mich nie als Mann im Bett gesehen, als ich als Transe gelebt hab'. Und somit habe ich auch versucht, das Geschlechtsteil nicht als Penis zu sehen, sondern als Vagina. Und dadurch hab' ich es erst mal leichter gehabt. Ich wollte den Teil nicht mehr einbeziehen, wie ich es als Mann einbezogen hab', um mit meinem Körper irgendwie besser klarzukommen.

Was meinst du denn genau damit, daß du dich als Frau verhalten hast, und andere dich auch als Frau gesehen haben?

Es gibt viele Transen, die als Frau anfangen, also in Frauenkleidern herumlaufen, aber auch noch keine Hormone nehmen und auch keine Prothesen tragen. Ich z. B. habe mir eine orthopädische Brust machen lassen, die sich richtig der Haut angepaßt hat. Eine Brust allein hat fast sechshundert Mark gekostet. Die ist aus Gummi gewesen und in meiner Hautfarbe gefärbt worden, so daß man fast gar nichts gemerkt hat, und dann mit einer Nadel richtig befestigt worden, damit es hält. Das war unheimlich schmerzlich und wurde nach einem halben Jahr erneuert, denn dann fällt es wieder ab. Wir hatten zu DDR-Zeiten ja einen wesentlich längeren Weg als die Westtransen, hatten z. B. etwa zweieinhalb Jahre lang diesen Alltagstest. Gutachten brauchten wir nicht, bloß sind wir mit tausend Psychotests durchgecheckt worden und sind dann erst mal nach Leipzig gekommen. Da hat dich damals der Dr. Otto untersucht – der schlimmste Doktor, den es je gegeben hat, was Transen-Operationen betrifft. Der ist später in den Westen geflohen, weil er einen Haufen Transen verstümmelt hatte. Es war katastrophal.

Was waren das für Tests, die man da mit dir gemacht hat?

Wir haben z. B. einen Test machen müssen: Wie verhalt' ich mich als Frau? Welche Eigenschaften hat eine Frau? Was darf eine Mann-zur-Frau nicht mehr haben? Wie guck' ich als Frau? Und wenn du Schuhe anhast, wie stehe ich als Frau, wenn ich irgendwo eine längere Zeit fest stehen muß? Wie sitz' ich? Wie werden die Beine gestellt, wenn ich sitze? Oder, ganz primitiv, wie halt' ich die Zigarette als Frau? Je mehr gute Punkte du hattest, um so mehr hast du bestanden. Du kamst dir echt vor, als ob du in der Klapsmühle bist. Ich weiß nicht wieso, aber ich hab' komischerweise bestanden. Durch den Travestieclub, wo ich war, sind wir ja erst mal getestet worden, ob wir wirklich als Frau original abgehen würden. Bevor wir überhaupt als Frau auf die Bühne geschickt wurden oder rumgekellnert haben. Und da hatte ich natürlich schon Erfahrung. Wenn ich so als Kind Models gesehen hab', hab' ich gedacht: Um Gottes willen, was die alles durchstehen müssen! Aber diese Art von Tests haben wir auch durchmachen müssen. Wir mußten auf Stökkelschuhen gehen. Ich bin in meinem Leben noch nie auf Stöckelschuhen gewesen, die mußt' ich anziehen und mir Bücher auf den Kopf packen, um einfach die Balance zu halten. Und dann bin ich fast zwei Stunden hin- und hergelaufen. Je nachdem, was die Lehrerin verlangt hat, mußtest du mit den Hüften wackeln oder auf Anmache machen und auch laufen, wie man alltäglich läuft. Du mußtest das richtig lernen.

Wie lange hast du dort gearbeitet?

Ich bin insgesamt fünf Jahre in diesem Club gewesen. Eineinhalb Jahre wirst du richtig hart geschult. Ich bin als Kind im Kinderballett gewesen und dachte, das wär' stressig, aber diese Schule war mehr als Streß, jeden Tag fünf, sechs Stunden, und das intensiv. Ich war immer fix und alle.

Was unterscheidet nun eigentlich diese drei Lebensphasen Mann, transsexuelle Frau, wieder Mann, äußerlich gesehen, am meisten voneinander?

Als ich noch transsexuell gelebt hab', habe ich alles Männliche von mir weggeschoben. Und wenn mal etwas Männliches durchkam und mich jemand darauf hingewiesen hat, dann hab' ich mich manchmal für ein bis zwei Wochen nirgendwo mehr sehen lassen und intensiv an diesem Fehler gearbeitet. Und wenn ich mir sicher war, jetzt dürfte dieser Fehler nicht mehr auftreten, bin ich wieder in die Öffentlichkeit gegangen. Alles kriegst du von Haus aus nicht abgebaut, das ist klar. Ich hab' immer Hackenschuhe getragen, auf flachen Schuhen konnte ich als Frau gar nicht laufen. Mit meinen 1.96 bin ich ja schon groß, und wenn ich dann noch Hackenschuhe getragen hab', dann war ich zwischen 1.98 und zwei Metern, und dann bist du sowieso ein gefundenes Fressen im Alltag, mehr als wenn du nur 1,70 groß bist. Und da ich ja sehr, sehr schlank bin, fall' ich ja ohnehin auf. Deshalb war das immer schon ein Test für mich. Du darfst nichts Männliches an dir haben, wenn du als Frau den Mut hast, auf die Straße zu gehen. Dann solltest du dich auch als Frau benehmen.

Du hast also in mehrfacher Hinsicht eine große Umpolung erfahren. Wie war das denn nun, als du aufgrund dieser Diagnose HIV-positiv dein Wunschziel fallenlassen und dich wieder in der männlichen Identität einleben mußtest?

Das einzige, was ich wieder einbeziehen mußte, war meine männliche Kleidung und der Versuch, männlich zu bleiben. Ich hab' immer den Vorteil gehabt, daß ich mich männlich bewegen kann. In der Heteroszene ist man nicht auf die Idee gekommen, daß ich andersrum wär', schwul war oder als Transe gelebt hab' oder keine biologische Frau war. Ich hab' ja auch nun durch den Club Schminkerfahrungen gehabt. Man hat es mir auch nicht angesehen. Das einzige Handikap war meine Stimme.

Mal ganz praktisch: Hattest du überhaupt noch Männerklamotten?

Nein, gar nicht mehr. Ich komme ja Gott sei Dank aus einer großen Familie. Ich hab' all' meine Brüder angeschrieben und sie gefragt: Könnt Ihr mir nicht wenigstens zwei, drei Hosen und Hemden schicken und was man sonst noch für einen Herrn braucht. Meine Kleiderschränke waren ja voll mit Frauenkleidern, die ich später ausrangiert hab', um von dem Weiblichen getrennt zu sein. Ich hab' erst vor zwei, drei Monaten mein letztes Kleid weggeben. Das war das allererste Kleid, was ich mir als Transe gekauft hatte, und ich hing dran, obwohl ich schon als Mann gelebt hab'. Ich konnte mich von diesem Kleid einfach nicht trennen.

Was hat denn nun dazu geführt, daß du es weggeben hast?

Jedesmal, wenn ich den Schrank aufgemacht habe und durch Zufall dieses Kleid in die Hand bekam, hat das so weh getan, daß ich innerlich richtig geblutet hab'. Ich mußte es einfach weggeben, sonst wär' ich, allein wegen dieses Kleids, zugrunde gegangen. Durch meine Transenberatung bei Lambda kenne ich eine ganze Menge Transen. Was für mich sehr überraschend war, das war, daß ich eigentlich gedacht habe, daß es mir unheimlich weh tun würde zu sehen, wie sie sich entwickeln. Aber je mehr ich mit denen in Kontakt war, um so leichter bin ich darüber hinwegekommen.

Wie erklärst du dir das?

Diese Erklärung hab' ich auch erst seit einem knappen Monat. Ich bin mir heute nicht mehr sicher, ob ich wirklich hundertprozentig transsexuell war.

Da könnte man fast sagen, daß es Glück war, daß die Diagnose HIV-positiv kam und du dich nicht dieser Operation unterziehen mußtest.

Ja, wahrscheinlich. Ich bin auch schon mal gefragt worden, ob es jetzt endgültig oder nur eine Phase ist. Und da hab' ich gesagt, man sollte niemals endgültig eine Entscheidung fällen, das kann in sechs, sieben Jahren schon wieder anders aussehen. Aber eins weiß ich mit hundertprozentiger Sicherheit, wenn ich nicht als Transe rumlaufen kann, dann mindestens als Transvestit. Und daß ich mich in Frauenkleidern genauso wohlfühle wie in Herrenkleidung. Als die Ärzte mich damals abgelehnt haben, da hab' ich lange gebraucht, mich damit abzufinden, daß dieser Zug für mich abgefahren ist und ich ihn nicht mehr einhole. Es gibt viele, die mich immer noch Amanda nennen, die mich gar nicht mit Jungsnamen kannten. Ich muß allerdings dazu sagen, als ich mich dazu entschlossen hab', als Torsten zu leben, war's die erste Zeit wahnsinnig schwierig, den Namen Amanda zu hören. Und später habe ich mal gesagt: Amanda ist gestorben, es lebt nur noch Torsten, und, bitte schön, akzeptiert das. Wenn ich heute mal auf der Straße Amanda gerufen werde und Wildfremde mich dann ganz entsetzt angucken, genieße ich es sogar.

Bist du eigentlich in deiner Vorstellung eher zurückgegangen zu deinem früheren Leben, oder bist du noch mal woanders hingegangen?

Also ich bin, wenn man beide früheren Leben betrachtet mitten drin. Ich hab' weibliche Seiten, Ansichten, Gefühle genauso wie männliche Seiten. Und ich muß sagen, hätte ich als Transe schon gewußt, daß man mit beiden Gefühlen leben kann, dann hätt' ich damals schon versucht, damit zu leben.

Hat dir denn niemand gezeigt oder gesagt, daß das auch möglich wäre?

Nein.

Transvestiten gab es doch auch vermutlich in der DDR?

Ja, aber das Wort transsexuell haben wir erst durch die Wende überhaupt zu hören gekriegt. Transsexualität, das Wort gab es zu DDR-Zeiten gar nicht bei uns.

Aber das Phänomen gab es sicherlich?

Das Phänomen ja.

Wie wurde denn das bezeichnet?

Wir waren kommunistisch ausgebildet, mit Philosophie dahinter und so. »Mensch im andern Geschlecht« oder so ähnlich haben wir das bezeichnet. Wir haben das mit einem ganzen Satz umschrieben.

Was gefällt dir denn besser: die Umschreibung oder der Begriff?

Die Umschreibung. Weil man sonst annehmen könnte, daß das etwas mit Sex zu tun hat, aber das ist absoluter Blödsinn. Das kotzt mich genauso an: Homo-Sexualität, Bi-Sexualität, da könnt' ich auf die Palme gehen.

Würdest du aus deiner eigenen Geschichte schließen, daß das generell kein guter Weg ist, sich operieren zu lassen?

Na, also, ich hab' in der Transenberatung Transen gehabt – ich nehme immer den Begriff Transen, weil das Sexuelle nicht darin ist –, die sich hundertprozentig sicher waren, daß sie die große Variante nehmen wollten, also mit OP und so, und vierzehn Tage vorher plötzlich Angst vor der OP hatten. Ich würde das niemals irgend jemandem ausreden, aber auch nicht dazu raten, im Grunde muß jeder für sich selber die Erfahrung machen. Aber wenn ich mich auf den OP-Tisch lege und mir vorher nicht hundertprozentig sicher bin, vom Herzen und vom Kopf, dann würde ich diesen Weg niemals gehen. Ich hab' insgesamt drei oder vier gehabt, die alle kurz vor der OP abgesprungen sind. Und die total deprimiert waren.

Du bist aber auch nicht von selbst auf die Idee gekommen, sondern mehr oder weniger dazu gezwungen worden, daß diese Entscheidung nicht möglich war. Ich sag' es mal drastischer: Sollte man nicht auch andere Menschen, die meinen, sie seien transsexuell, daran hindern, sich umoperieren zu lassen?

Nee, das würd' ich nicht sagen. Also, im Endresultat muß jeder für sich selber entscheiden, was für ihn gut ist und was nicht. Und deshalb find' ich es etwas banal von den Ärzten, uns da in eine Schublade zu stecken. Ich find' das eine Frechheit sondergleichen, daß man Transen wieder in das Geburtsleben zurückschleudern will. Daß du als Frau oder als Mann, wie du eben geboren bist, so weiterleben mußt, nur weil die Ärzte meinen, du bist nicht transsexuell.

Was unterscheidet dein Leben heute als »Torsten 2« vielleicht von dem Leben als »Torsten 1« und Amanda?

»Torsten 1« war mehr der männliche Typ, der möcht' ich ja jetzt nicht mehr sein, auf keinen Fall. Ich wein' diesem Leben nicht nach. Aber ein Auge tränt bei Amanda. Vor einem Jahr kam meine Rechtsanwältin zu mir und sagte: »Ob du nun gesundheitlich vorbelastet bist oder nicht, solange du noch nicht AIDS-krank bist, sind die Ärzte verpflichtet, den Weg mit dir durchzugehen.« Und da hat sie eigentlich gedacht, sie würde mir einen großen Strauß Rosen schenken, wenn sie mir diese Nachricht bringt. Sie war ziemlich überrascht, wie ich reagiert habe. Ich hab' zu ihr gesagt: Wenn du vor einem halben Jahr zu mir gekommen wärst, dann hätte ich mit hundertprozentiger Wahrscheinlichkeit gewußt, daß ich gleich am nächsten Morgen in einen Laden gegangen wär' und mir Kleider gekauft hätte.« Jetzt, da bin ich ganz ehrlich, möchte ich auf mein männliches Geschlecht gar nicht mehr verzichten, weil ich – um noch mal auf den Sex zurückzukommen – Sachen für mich entdeckt habe, die ich niemals für möglich gehalten hätte.

Hast du die als Amanda entdeckt oder als »Torsten 2«?

Hälfte, Hälfte.

Welche Hälfte hat Amanda entdeckt und welche Hälfte »Torsten 2«?

Es gibt einen kleinen Unterschied, der sich im Sex verändert hat. Wenn ich mit einem Mann zusammen bin, ob schwul oder was auch immer, dann bin ich trotzdem eine Frau im Bett. Und wenn ich mit einer Frau zusammen bin im Bett, dann kommt plötzlich der Mann heraus.

Und das war als Amanda nicht so? Du warst als Amanda nicht mit einer Frau im Bett?

Nee, da war ich selber auch Frau. Ich hatte zwar auch mit Frauen Sex, aber da kam niemals der Mann durch, da ist immer die Frau geblieben. Ich gleiche

mich dem Geschlecht an. Wenn ich mit einer Frau im Bett bin, dann bin ich ein Mann, und wenn ich mit einem Mann im Bett bin, bin ich eine Frau. Auch das Häusliche ist mir geblieben.

Das war auch als »Torsten 1« schon?

Nein, überhaupt nicht. Ich war früher richtig schlampig als »Torsten 1«, das wirst du jetzt bei mir nicht mehr erleben.

Und Amanda war sehr ordentlich?

Sehr ordentlich.

Und ist »Torsten 2« nicht mehr ganz so ordentlich wie Amanda?

Auf jeden Fall nicht mehr so schlampig wie »Torsten 1« und bald noch besser als Amanda. Ich hab' heute einen richtig krankhaften Sauberkeitsfimmel. Den hatte ich als Amanda nicht.

Könnte das auch mit HIV zusammenhängen?

Nein, glaub' ich nicht. Ich glaube eher, das liegt an etwas anderes. Auch im Alltagsleben hat sich was verändert. Ich hab' durch Amanda gelernt, weniger in die Szene – in Discos, ins Nachtleben – und mehr in die Kultur zu gehen. Theater, Konzerte und was auch immer. Auch »Torsten 2« mag mehr klassische Sachen, Theater oder Musicals. Und dann gehe ich sehr gerne – das hab' ich nicht mal als Amanda gerne gemocht – schön essen, da ist mir das Geld egal. Und ich trinke auch jetzt sehr gerne Wein. Das hat sich durch das Leben als Amanda entwickelt. Und das ist geblieben.

EIKE

»Ich versteh' manchmal Männer, die Potenzstörungen haben und Hormone haben wollen.«

Ich bin Eike, zweiunddreißig Jahre alt, und wohn' seit drei Jahren in Hamburg, jetzt in einer betreuten WG für ehemals Drogenabhängige. Besuch' seit letztem Jahr die Fachschule für Sozialpädagogik in Pinneberg. Ich hab' die normale Schulkarriere gemacht, war zwischendurch drogenabhängig und hab' alles genommmen: LSD, Alkohol, Pillen, Heroin, quer durch den Garten. Ich fühlte mich nicht als Frau, Kopf und Körper paßten nicht zusammen. Und das hatte auch viel mit meiner Drogenzeit zu tun. Auf der Schule wurde ich »Zwitter« genannt. Ich hab' dann gemerkt, daß ich mit den Drogen meine Gefühle gar nicht wegmachen kann. Es klappte auch nicht, mit breitem Kopf zu verdrängen, daß ich mich nicht als Frau fühlte. Ich wußte zu diesem Zeitpunkt auch nicht, daß ich normal bin. Das Wort »Transsexualität« kannte ich gar nicht.

Und wann bist du aus diesem Zwittergefühl rausgekommen?

Das Gefühl hatte ich selber nie. Nur hatte ich keine Definition für mich. Ich hab' gesehen: Ich bin keine Frau, aber ich bin auch kein Mann. Ich habe ja nun mal keinen Schwanz. Da hab' ich dann immer gedacht, daß an dem »Zwitter« was dran ist und ich es nur nicht weiß. Es hat mich verletzt, wenn sie Zwitter gesagt haben. Aber es war mir zehnmal lieber, als daß sie mich als Mädchen ansprachen.

Manchmal gibt es ja so was wie ein Erlebnis, dann hat man endlich einen Begriff für das Gefühl, was man selber schon lange hatte. Wie war das bei dir?

Ich hab' das ganz lange verdrängt. Ich habe zwar was in den Medien mitbekommen, aber weil ich berauscht durch die Welt gelaufen bin, habe ich das gar nicht so an mich rangelassen. Ich war dann häufig in Therapie und hab' mir zuerst eine Frauentherapie ausgesucht, was sich jetzt widersprüchlich anhört. Aber ich wollte einfach einen gewaltfreien Raum haben, da ich Mißbrauchserfahrungen zu Hause gemacht hatte.

Spielt die Therapie in bezug auf deine Transsexualität eine Rolle?

Ja. Ich wollte clean sein, mich davon distanzieren, um meinen eigenen Weg zu gehen. Ich wollte mich nüchtern damit auseinandersetzen, ob da was dran war, daß mein Gefühl mit meinem Körper nicht übereinstimmte. Das Positive in meinem Leben kann ich an zehn Fingern abzählen. Für mich fing das erst in Hamburg an, als ich wußte, ich bin transsexuell. Da wußte ich, daß ich doch normal bin. Und nicht krank. Ich war früher auch viel in der Schwulen- und Lesbenszene, um mich zu entdecken. Aber an dem Tag war klar: Das isses!

Wie kommt es denn, daß du heute als Zweiunddreißigjähriger noch in einer Wohngruppe einer Jugendhilfeeinrichtung lebst?

In der Jugendhilfeeinrichtung bin ich seit Juli 1993. Die wissen, daß ich transsexuell bin. Ich hab' eine Sonderregelung, daß ich bis nach meiner OP da sein kann. Regulär darf man da nur bis zu einem Jahr wohnen.

Freust du dich schon auf die Transformationsoperation?

Ja, obwohl die ganz schön an die Substanz, an die Psyche geht. Da die OP bis zu neun Stunden dauert, bekomme ich auch eine ziemlich heftige Narkose, und im Kopf läuft dann natürlich unterbewußt meine Drogenzeit wieder ab. Ich möchte nicht aufgrund einer OP wieder abschmieren. Von daher möchte ich auch in einem Rahmen bleiben, wo ich hinterher drüber reden kann. Ich hab' zwischendurch auch Angst, daß ich von der Gesellschaft diskriminiert werde, obwohl ich mit der Zeit viel selbstsicherer geworden bin. Letztes Jahr im August habe ich meine erste Hormonspritze bekommen. Ich bin jetzt auch in der Schule anerkannt. Ich hab' richtig Unterstützung in der Schule, auch von den Lehrern. Sie bekommen meine ganze Veränderung mit. Die Hormonbehandlung ist einfach ein tolles Gefühl. Es tut sich was. Du gehst offener damit um, weil du anfängst, dich körperlich zu verändern. Die Gesichtszüge verändern sich, du kriegst auch Bartwuchs und Stimmbruch. Die Psyche kriegt ein Ventil durch die Hormonbehandlung. Ich habe nie die typische Frauenfigur gehabt. Als meine Brust angefangen hat, sich zu entwickeln, habe ich getrickst ohne Ende, damit es nicht auffällt. Ich habe immer weite Pullover angehabt, Größe XXL. Oben habe ich jetzt ja immer noch alles. Aber man wird doch sicherer mit der Zeit. Schon allein dadurch, wie dein Umfeld auf dich reagiert. Jetzt kann ich den Leuten schon was entgegensetzen. Ich hab' z. B. durchgesetzt, daß ich in der Schule beim Sportunterricht meinen separaten Umkleideraum bekomme.

Wie war das, als du die erste Hormonspritze gekriegt hast?

Bei den ersten drei, vier Spritzen habe ich vom Aussehen und Gefühl nichts gemerkt. Vor den Hormonspritzen bist du die ganze Zeit am Kämpfen: Wie gehst du es an, was kannst du machen. Wenn du die Hormonbehandlung anfängst, dann kannst du auch bald die OP machen. Nachdem ich mich für die Hormonbehandlung entschieden hatte, war ich auch immer sicherer geworden. Es ist der erste Weg, von dem man weiß, daß es aufwärtsgeht.

Was verändert sich nun psychisch durch die Hormone? Welche Erfahrungen hast du konkret mit den männlichen Hormonen gemacht, die dir eingespritzt werden?

Bevor ich die bekommen habe, hatte ich meinen Zyklus wie jede andere Bio-Frau auch. Ich bin dann immer fast gestorben, weil es mir körperlich so schlechtging. Weil mein Körper sich ziemlich dagegen gewehrt hat. Zu dem Zeitpunkt war ich auch oft selbstmordgefährdet. Ich konnte zwar mit den Klamotten alles tricksen, aber wenn ich meine Tage bekommen hatte: ja, Scheiße! Du kannst noch so tricksen, aber du bist damit konfrontiert. Du bist körperlich Frau! Nachdem ich mit der Hormonbehandlung angefangen hatte, war nach einigen Spritzen der Zyklus weg. Es war befreiender. Ich hab' vorher noch gedacht: Laß dir die Gebärmutter rausnehmen, damit das aufhört. Ich hab' meine Tage manchmal zwei, drei Mal im Monat gehabt, weil mein Körper sich demonstrativ dagegen gewehrt hat. Ich hatte damit schon die ganzen Jahre Probleme. Außer zu den Zeiten, wo ich magersüchtig war. Ich hab' meistens vierzig bis fünfzig Kilo gewogen, bevor ich in die Therapie gegangen bin.

Siehst du da einen Zusammenhang zur Transsexualität?

Ja, klar. Das ist bei der Drogenabhängigkeit genauso. Nach den ersten beiden Spritzen hatte ich den Zyklus immer noch. Da dachte ich: Oh Mann, das kriegst du immer noch! Ich habe von anderen gehört, die das bis zur Operation hatten. Seitdem der Zyklus weg ist, fühle ich mich noch wohler. Das hat alles dazu beigetragen, ganz sicher zu sein. Es paßt einfach. Ich guck' zum Beispiel in keinen Spiegel, außer wenn ich mich rasier' oder die Haare kämme. Ich zieh' auch weite Hemden an, um meinen Busen zu verstecken – und hab' schon ein bißchen weniger aufgrund der Hormonbehandlung. Mit den Verbänden habe ich mir ziemlich das Gewebe kaputtgemacht. In Lausanne wird das Brustgewebe für die Penisplastik gebraucht. Wenn das Gewebe nicht mehr durchblutet ist, klappt es nicht mehr so gut, daß das zusammenwächst, und der Heilungsprozeß dauert länger.

Gibt es Alternativen, woher man die Haut für die Phalloplastik nehmen kann?

Ja. In Deutschland wird auch Gewebe aus dem Bauch oder Oberschenkel genommen. Schon bei dieser Narbe weiß jeder, wenn du mal schwimmen gehst, daß da was ist. Wenn das Gewebe aus dem Arm genommen worden ist, dann sieht das aus, als hätte man eine Verbrennung gehabt. Aber nicht, daß da ein Schwanz draus gebaut worden ist.

Das ist ja dann ganz praktisch: Die Brust kommt sowieso ab, da muß ich nicht noch woanders verstümmelt werden.

Das ist eben in der Schweiz das Optimale, daß sie das Gewebe benutzen. Hier in Deutschland nehmen sie die Gebärmutter raus, und in einem Jahr wird drei-, viermal die Brustamputation gemacht. Da ich mehr Brust habe, hätte ich viermal hingehen müssen. Deshalb möchte ich nach Lausanne. Weil das die optimale Lösung ist. Hier in Deutschland sind die OP-Techniken für mich nicht so akzeptabel wie in der Schweiz. Da wird alles in einem gemacht. Wenn du Brust und Gebärmutter weg hast, bist du eigentlich noch ein Zwitter. Das will ich nicht sein. Ich möchte vom Kopf, Gefühl und Aussehen Mann sein!

Du hast inzwischen ja schon einen Bart. Wann ist der denn gekommen?

Das hat bei mir ziemlich spät angefangen. Am Körper hab' ich sonst schon ziemlich Haarwuchs. Auf Armen und Beinen hatte ich schon immer Haare. Bevor ich mein Coming-out hatte, habe ich mir die Beine rasiert, damit ich jugendlicher aussehe. Ich seh' auch gar nicht aus wie zweiunddreißig. Ich hab' immer getrickst, auf jugendlich gemacht, damit mich ja nicht jemand als Frau ansprechen könnte. Ein frauliches Gesicht hatte ich ja, auch wenn alles andere nicht stimmte.

Das klingt für mich ein bißchen unlogisch. Wenn du wie ein Mann aussehen wolltest, hättest du dir doch gerade die Haare an den Beinen stehenlassen müssen.

Das paßte nicht. Die Figur wie ein Mann, die Stimme aber viel höher. Deswegen habe ich die Beine rasiert: um jünger zu wirken. Ich kann damit eher umgehen, wenn einer sagt: Du bist transsexuell, als wenn mich jemand als Zwitter oder Bastard tituliert. Jetzt ist es ja klar: Ich rasier' mir nicht mehr die Beine.

Rasierst du dich jeden Tag?

Ich habe mich jetzt vier Wochen nicht rasiert. Ich möchte da noch ein bißchen mehr haben. Ich bin froh über jedes Härchen, was da sprießt.

Wie geht es denn jetzt weiter? Hast du schon Gutachter?

Ich habe meinen Hausarzt als Gutachter. Letztes Jahr im August habe ich aufgrund meines Opferschutzes eine neue Identität bekommen und auch

STREETBALL
STAMM

schon den Namen Eike angenommen, weil der geschlechtsneutral ist. Dadurch habe ich mich ganz schön in die Rolle reinversetzen können, weil ich nicht mehr diesen Frauennamen hatte. Viele Gutachter sagen z. B. auch: Mach erst mal eine Therapie wegen Mißbrauch, denn viele lehnen den Frauenkörper deswegen ab, weil sie mißbraucht worden sind. Irgendwann habe ich aber rausbekommen, daß es daran nicht liegt. Ich habe auch in meiner Therapie am Thema Mißbrauch gearbeitet. Den Gutachtern habe ich konkret gesagt, daß ich genau weiß, daß es damit nichts zu tun hat. Das soll jetzt aber niemanden abschrecken, beim Gutachten über seinen Mißbrauch zu reden. Ein Gutachter merkt das schon, ob das damit zu tun hat oder nicht.

Hast du schon ein Gutachten?

Ja, das erste habe ich schon. Von einem Psychiater. Da steht so was drin, wie männlich du aufgetreten bist, ob du in deiner Art männlich bist, männlich gekleidet, männlich aussiehst. Wenn du beim Gericht die Namensänderung beantragst und die Gutachter vorstellst, entscheidet der Richter, ob die Gutachter akzeptiert werden. Bei mir wurde ein Gutachter nicht akzeptiert, und dann haben sie mir einen anderen empfohlen. Ich hab' dann zurückgeschrieben, daß ich den und den Gutachter haben will, weil ich nicht von vorne anfangen wollte. In dem Gutachten geht es um die drei typischen Fragen:

1. Besteht bei dem Antragsteller Transsexualität?

2. Steht der Antragsteller unter dem Zwang, die gegengeschlechtliche Rolle zu leben? Seit wann?

3. Ist mit hoher Wahrscheinlichkeit anzunehmen, daß sich das Zugehörigkeitsempfinden des Antragstellers zum Gegengeschlecht nicht mehr ändern wird?

Nach dem zweiten Gutachten bekommst du vom Gericht einen Termin für die Namensänderung. Dann bekommst du die Vorladung zum Termin, wo dann auch wieder diese drei Kriterien zählen. Das Gutachten ist genehmigt worden. Und sobald das erste Gutachten vorliegt, bekommst du eine Kopie davon. Damit bin ich zur Krankenkasse gegangen, und mit der habe ich Streß ohne Ende, weil die nicht zahlen wollen. Viele Krankenkassen wehren sich dagegen, weil sie Angst haben, so eine Operation zu finanzieren.

Mit welcher Begründung?

Zu teuer. Die OP kostet ungefähr hunderttausend Mark oder auch mehr, je nachdem, wie viele Operationen das sind. Obwohl sogar in dem Gutachten steht, daß die OP befürwortet wird. Es ist sehr selten, daß ein Gutachter das reinschreibt. Ich habe mich mit anderen Transsexuellen ausgetauscht und ihnen mein Gutachten gezeigt. Und sie meinten, daß das kein Gutachter so schnell befürworte und daß das schon richtig super sei.

Und von wem hast du das zweite Gutachten bekommen?

Das habe ich von meinem praktischen Arzt, bei dem ich in Hormonbehandlung bin. Es sollte einer sein, der sich mit Transsexualität auskennt. Es gibt ja auch Ärzte, die Hormonbehandlung machen, aber nicht regelmäßig auf den Hormonspiegel gucken. Und das ist schon wichtig, damit man sieht, ob man nicht zu viele Hormone bekommt. Und man sollte auch keinen Leberschaden haben, wenn man sie nimmt. Hormone haben nun mal auch Nebenwirkungen. Du machst ja so was wie eine zweite Pubertät durch. Das geht ganz schön an die Psyche. Ich versteh' manchmal Männer, die Potenzstörungen haben und Hormone haben wollen. Ich hatte vorher nie das Gefühl, kuscheln zu wollen. Du bist am Flirten und wirst ganz rot, wenn du verlegen bist. Das kommt durch die Hormone.

Und wohin führt dich dein Weg als nächstes?

Ich werde jedenfalls am 8. November auf meine eigenen Kosten nach Lausanne fahren und auch die Voruntersuchung finanzieren. Und dann gehe ich mit dem Kostenvoranschlag für die OP zur Krankenkasse bzw. zum medizinischen Dienst mit jemandem, dem die OP in Lausanne finanziert worden ist. Dafür werde ich kämpfen.

Kennst du jemanden, der es bereut hat, sich operieren zu lassen?

Ich selber nicht, nur vom Hörensagen. Jedenfalls kann man so eine Operation nicht rückgängig machen. Deswegen ist auch der Alltagstest so wichtig.

Wo sind denn die, die sich wieder zurückoperieren lassen wollen? Von denen hört man ja gar nichts.

Vielleicht verstecken sie sich aus Schamgefühl. Ich weiß es halt auch nur von dem Arzt, den ich als Gutachter habe. Er meinte noch, vor einem halben Jahr wäre er sich nicht so sicher gewesen. Da hätte er Angst gehabt, mir ein Gutachten zu schreiben. Jetzt würde er merken, daß ich in meiner Rolle als Mann viel sicherer geworden sei. Jetzt hätte er keine Angst mehr.

Dann ist das ja ganz gut, wenn das ganze Verfahren etwas länger dauert.

Ja, ich finde das richtig. Es geht zwar ziemlich an die Psyche, daß man so lange auf ein Gutachten warten muß. Aber ich persönlich finde es gut. Wenn ein Arzt zwei, drei Gespräche mit jemandem führt, dann ein Gutachten ausstellt und jemand damit auf die Nase fällt, das finde ich schwachsinnig.

Wie lange hat es bei dir gedauert, bis du deine Gutachten gekriegt hast?

Bei dem Psychiater habe ich sechseinhalb Monate gewartet und bei dem praktischen Arzt ein Jahr. Am Anfang hatte ich gar nicht vor, ein Gutachten zu bekommen. Da habe ich mich nur für die Hormonbehandlung interessiert, die Operation stand noch weit weg. Der Wunsch war da, aber ich wollte erst mal in meiner ganzen Art sicherer und stabiler werden.

Warum ist es für dich so wichtig, dir in einer langwierigen und aufwendigen Operation, die auch noch schwierig und teuer ist, ein Penoid »dranbasteln« zu lassen?

Tja, wie erklär' ich das? Wenn ich z. B. nur die Brustamputation machen lassen würde und unten alles normal ließe, dann würde ich mich als Zwitter fühlen. Es paßt vom Denken her einfach nicht zusammen. Ich habe auch nie freiwillig eine sexuelle Beziehung versucht. Ich wußte immer: Da unten kommt nichts rein! Tampons habe ich auch nie benutzt. Ich fühl' mich als Mann, und dann möchte ich auch da unten einen Schwanz haben und nicht irgendein Zwitter sein. Sonst könnte ich ja auch so weiterleben und bräuchte keine Hormone. Dann hätte ich weiter in meinen Klamotten rumlaufen und alles weiter abbinden können. Für mich wäre es nicht denkbar, nur eine Brustoperation zu machen und diese Scheide zu haben, dann wäre ich kein Mann.

Es mag sein, daß andere Leute damit zurechtkommen. Ich möchte das nicht. Dann hätte ich den ganzen Schritt nicht machen müssen. Viele sagen auch: »Du bist verrückt, so eine lange Operation!« Aber mir wäre es egal, wenn ich bei der Operation draufgehen würde. So eine Operation ist nun mal lebensgefährlich. Ich bin auch noch Asthmatiker. Wenn ich dann nicht mehr wach werde: Pech! Besser, als so weiterleben zu müssen.

Hast du schon jetzt eine Vorstellung darüber, wie du dann als auch körperlicher Mann sexuelle Beziehungen eingehen kannst?

Ja. Ich weiß, daß ich keine Beziehung mit Frauen eingehe. Das hört sich vielleicht jetzt doof an. Ich habe mich nie als Lesbe gesehen, auch nicht in diesem Frauenkörper. Ich mag eigentlich schon immer Männer. Vorher wußte ich, der Mann sieht mich als Frau. Das konnte ich nicht zulassen. Ich war viel in der Schwulen- und Lesbenszene und hab' mich in der Schwulenszene immer wohler gefühlt. Ich weiß auch, daß ich später mit einem Mann eine Beziehung haben möchte.

Hast du denn schon Erfahrungen mit schwulen Männern gemacht?

Ja, hab' ich schon ausprobiert. Nur läuft bei dir irgendwann ab, daß du eigentlich mehr möchtest, das aber nicht machbar ist. Und das ging ganz schön an die Substanz. Und darum habe ich diese Beziehung beendet, die ich hatte. Was man so Beziehung für einen Transsexuellen nennen kann.

Wie reagiert die schwule Szene auf dich als Transsexuellen?

Die Leute, mit denen ich Kontakt habe, die wissen gar nicht, daß ich transsexuell bin. Für die bin ich ein Mann. Die grinsen einen an und versuchen, Kontakt zu knüpfen. Aber ich bin immer noch auf Distanz. Ich möchte ja nicht, daß es entdeckt wird, daß ich kein Bio-Mann bin. Im großen und ganzen sehen die mich aber als Mann. Ich denke, nach der Operation ist es auch problematisch. Es fällt ja auf, daß man kein Bio-Mann ist. Es ist ja nun mal ein künstlicher Schwanz, kein Bio-Schwanz. Ich denk' mal, damit läßt sich trotzdem leben, da es in einer Beziehung egal ist, ob man einen Bio-Schwanz hat oder als Transsexueller einen Schwanz hat.

Jetzt frag' ich mal ganz direkt: Wie würde das bei dir funktionieren, wenn du einen hochkriegst? Hast du dann so eine Art Pumpe? Oder ist da ein Scharnier dran?

Nach der ersten Transformations-OP mußt du ungefähr ein Jahr später noch mal ins Krankenhaus. Da werden dann die Silikonhoden eingelassen. So ist die Technik in der Schweiz. Die erste Zeit mußt du tricksen, mit Kleben, daß du einen hochkriegst. Von alleine ist da nichts. Ein paar Wochen und Monate – kommt drauf an, wie es da unten heilt – ist da gar kein Gefühl. Empfindung bekommst du ja durch die Klitoris. Dadurch bleibt das Empfinden, auch mit diesem Schwanz. Aber du hast natürlich nicht das Empfinden wie ein Bio-Mann, d.h. keinen Samenerguß.

Die Operation ist ja auch viel schwieriger als bei Mann-zu-Frau-Transsexuellen und scheint nicht immer ohne Komplikationen zu verlaufen.

Ja, du kannst eine Harnröhrenverengung dadurch bekommen. Wenn du z.B. starker Raucher bist und dein Gewebe vom Unterarm nicht so gut durchblutet ist, kann es sein, daß der Körper das Gewebe nicht annimmt, daß es abstirbt. Deshalb darfst du, schätze ich mal, die erste Zeit nur im Bett liegen.

Und das schreckt dich gar nicht?

Nein. Seit ich weiß, daß ich die Transformations-OP machen kann, hat das Leben für mich wieder einen Sinn bekommen. Ich will nie wieder Zwitter sein. Für mich wär' das echt ein Grund, endgültig Schluß zu machen. Ich möchte auch mal ein normales Leben führen.

Hast du Ziele, die die Zeit nach der OP betreffen?

Ich mach' mir da keinen Streß und nehme mir Zeit, wieder richtig gesund zu werden. Ich möchte auch einen guten Schulabschluß haben und später als Ex-User arbeiten, um anderen Drogenabhängigen Mut zu machen. Und ich kann eigentlich nur an jeden appellieren, in der Öffentlichkeit dazu zu stehen. Auch wenn es zwischendurch Knüppelschläge gibt. Ich habe nur gute Erfahrungen gemacht. Klar, es gibt immer irgendein Arschloch, das einen beleidigt. Aber wenn man weiß, man ist normal, dann kann man der Gesellschaft zeigen, wo es langgeht. Ich kann nur jeden dazu ermutigen, während der Übergangszeit eine Ausbildung zu machen. Wenn ich mir vorstelle, ich wäre jetzt arbeitslos, weiß ich nicht, ob ich das alles so gut hinbekommen hätte. Denn dann hätte ich ja nicht so gut erproben können, als Mann mein restliches Leben zu genießen.

KLAUS

»Ich muß bis zum Lebensende Hormone nehmen.«

Ich bin dreißig Jahre alt, war jahrelang arbeitslos, während ich die ganze Sache durchgezogen hab', und bin jetzt seit einem halben Jahr in einem Pflegedienst tätig, der absolut korrekt ist, und da fühl' ich mich auch ganz wohl mit den Mitarbeitern. Als ich noch die Sache durchgezogen hab', war ich immer auf der Flucht. Ich war in der Transengruppe aktiv, aber jetzt bin ich da ausgestiegen, weil ich einfach für mich selber was machen will. Ich hab' angefangen zu malen und hab' meine Bude umgebaut, um mir eine angenehme zweite Haut zu schaffen. Ich hab' das Gefühl, es ist mir ganz gut gelungen.
Ich bau' mir jetzt auch Kontakte nach außen hin auf. Ich hab' einen Mitarbeiter kennengelernt, mit dem und dessen Frau ich mich sehr angefreundet hab'. Ich will mir hier vielleicht eine Ersatzfamilie, eine geistige Familie aufbauen, Nachbarschaft oder mal sehen, was sich ergibt.

In welcher Transengruppe bist du denn gewesen?

Ich war in dieser Beratungsstelle BfTS und TS-G, das ist quasi der Arbeitgeber. Da hab' ich mich jetzt ausgeklinkt, weil ich eigene Interessen habe. Ich will einfach leben wie ein normaler Mann, und da kann man sich dann nur nach außen orientieren, an biologischen Männern. Ich mein' jetzt nicht Machos, sondern Männer, die ihre Männerrolle überdacht haben. Dieser Mitarbeiter ist z. B. sehr offen, gefühlvoll, feinsinnig, und ich merk', da stimmt die Chemie. Vielleicht will ich auch mit den »Grauen Panthern« was machen, aber das steht noch aus. Ich bin jetzt dabei, mich zu informieren, was man so machen kann.

Mit welchen Fragestellungen bist du denn damals zur TS-G gegangen?

Erst mal wegen der Informationen – Hormone, OP, Namensänderung, das Organisatorische – und dann auch, um Gleichgesinnte zu sehen, also insbesondere Frau-zu-Mann-Transsexuelle. Das war vor fünf Jahren. Ich kam mir immer krank und pervers vor und hab' gedacht, ich wär' der einzige. Ich hatte auch keinen, mit dem ich drüber reden konnte, und bin dann über tausend Umwege an diese Gruppe geraten, die da noch total klein war und sich auch nur einmal im Monat dort im Zentrum traf, wo auch zufällig die damalige Lesbengruppe war. Ich dachte bis zu dem Zeitpunkt, ich wär' lesbisch, ein kesser Vater oder androgyn. Dann ist mir irgendwann klargeworden, daß ich psychisch nie eine Frau war.

Wodurch ist dir denn klargeworden, daß du keine Lesbe bist, sondern transsexuell?

Das Hauptsymptom war: Wenn eine Lesbe eine Lesbe liebt, ich meine im sexuellen Bereich, dann lassen sie sich gegenseitig gern ihre Körper liebkosen. Und da hab' ich gemerkt, daß ich immer der Aktive war, und sobald mir jemand an die Weichteile wollte, hab' ich gesagt: »Nee, das war's, tschüs. Man sieht sich vielleicht irgendwann mal.« Und daran hab' ich gemerkt, irgendwas stimmt bei mir nicht. Danach war ich ein bißchen abgebrüht und verbrauchte halt mal etwa vier Frauen in der Woche, ich hatte einen ziemlichen Frauenverschleiß. Immer wieder neue Reize, aber längere Beziehungen leben, das haute hinten und vorne nicht hin.

Ich hab' jetzt von mehreren Transsexuellen gehört, daß plötzlich außen etwas war – z. B. eine Talkshow, ein Buch –, was genau das Thema Transsexualität widergespiegelt hat. Und das hat so diesen Aha-Effekt gegeben. Gab es bei dir auch so was?

Nee. Ich war ja einer der ersten, der eine Sendung mitgemacht hat, worauf halt viele Leute diesen Aha-Effekt hatten. Ich hatte so was nicht, hatte keine Orientierung, ich bin nur durch Zufall über die Lesbenschiene da rangekommen. Ich hab' früher alle Frauenrollen ausprobiert. Vom kessen Vater bis Frau im Mini, die Prostituierte, und im Kloster bei den Steyler Missionsschwestern war ich auch. Weil ich dachte, ja gut, vielleicht muß ich versuchen, mich als Frau zu finden. Ich suchte eigentlich nur Familie. Weil ich nie eine eigene Familie hatte. Durch die Transsexualität verursacht, hab' ich immer Kontaktprobleme gehabt, und dadurch war mein Leben ganz anders geprägt. Da muß man sich erst mal umorientieren, das ganze Ding ist ja nicht mit einem Schnitt getan. Ich hab' mit der Subkultur nix mehr zu tun, auch wenn ich früher dachte, ich wär' pervers, aber ich hab' mich gefunden, und jetzt muß ich sehen, daß ich eine andere Orientierung hab'.

Hast du auch vor, dich operieren zu lassen?

Ja, ich bin damit am Anleiern. In Deutschland kann man das ziemlich knikken. Der eine nimmt ein Stück vom Bauchmuskel, der andere nimmt angeblich ein Stück von der Elle. Das Komplikationsrisiko ist größer, weil die einfach nicht soviel Erfahrung haben. Und dieser Daverio aus der Schweiz hat irgendwie schon etliche Frau-zu-Mann-Leute operiert, der hat erst mal die Erfahrung. Ich war auch schon da unten zum Vorgespräch, letztes Jahr, und ich merk' auch, da stimmt die Chemie. Ich hab' die Dinger gesehen, die sehen auch kosmetisch gut aus. Ich würd' gern mal wieder in die Sauna gehen, aber so kann ich ja nicht. Mit dem Ding kann man sich in die Sauna wagen, wenn es gut ist. Und das Ding sieht gut aus, ich hab' die Videofilme über den OP-Hergang gesehen, auch mit den Nervenanbindungen und so weiter. In Aachen schneidet angeblich der Arzt die ganze Klitoris ab, dann biste ja unten tot, das will ich auch nicht. Die Freude möchte ich mir erhalten, auch wenn ich Single bin. Na ja, das hört sich alles nicht so gut an. Ich möchte meine Arbeitskraft nicht kaputtmachen, als Pfleger brauch' ich meinen Körper. Mir macht die Arbeit Spaß, deswegen will ich mich halt nicht einschränken lassen. Weil ich denk', daß die Chefin so drauf ist, daß ich sagen kann, okay, ich hab' jetzt die OP und dann fall' ich vielleicht drei, vier Monate aus, aber ich möcht' auf alle Fälle hier meinen Platz behalten.

Ich kenne dich ja noch ohne Bart. Wenn ich dich jetzt so sehe, mit diesem guten Bartwuchs, vermute ich, daß du auch Hormone nimmst.

Ich muß bis zum Lebensende Hormone nehmen. Was soll ich jeden Tag Tabletten futtern, das geht über die Leber und den Darmtrakt. Alle zwei, drei Wochen eine Spritze, dann ist das Thema durch. Die hab' ich hier, und dann geh' ich einmal im Jahr zur Blutuntersuchung, ob alles noch in Ordnung ist. Ob es zu wenig oder zu viele Hormone sind und dementsprechend die Dosierung verändert wird. Aber ich spritze selber, weil ich dann unabhängig bin.

Wie lange nimmst du denn jetzt schon Hormone?

Fünfeinhalb Jahre.

Kannst du dich an den Anfang deiner Hormonbehandlung erinnern?

Ja, ja. Da wird die Stimme erst ein bißchen rauh. Aber nach fünf, sechs Wochen sagten mir Leute, deine Stimme ist tiefer, dunkler geworden, heiser. Und das hab' ich selber erst gar nicht gedacht, vielleicht sagten die mir das nur, um mir einen netten Spruch zu machen. Und irgendwann kippte das um, da war ich zwei Wochen lang richtig heiser, und dann war das Ganze eine Oktave tiefer. Das hörte sich erst noch jungenhaft an, aber es hat sich dann nach und nach gesetzt.

Das muß ja ein echtes Glücksgefühl gewesen sein.

Oh, ein tolles Gefühl.

Wann kam der Bart, wie lange hat das gedauert?

So in den letzten zwei, drei Jahren kam das so langsam. Erst war's ein bißchen Flaum, jetzt ist das so richtig hart geworden.

Rasierst du dich denn auch schon?

Ja, ich mach' das. Ich hab' erst mal alles vollwachsen lassen, aber das mochte ich nicht so leiden, da hatte ich so'n runden Kopf gehabt. Also hier ist das erst im letzten halben Jahr so gewachsen, auch auf der Brust kommen ein paar Haare mehr. Mit der Behaarung, das liegt auch viel in der Familie. Mein Vater, der war auch nicht sehr behaart, aber das geht ja mit fortlaufendem Alter immer weiter, die Behaarung. Auf'm Kopf werden es weniger und auf der Brust immer mehr.

Was hat sich denn noch verändert, so von deinem Gefühl her?

Man guckt sich ein bißchen mehr nach Frauen um, aber das ist so die erste Zeit. Jetzt hat sich das wieder normalisiert, weil ich jetzt auch mehr die Gefühle sprechen lassen kann. Früher war ich ziemlich fixiert drauf, ich wollte so oft wie möglich mit einer Frau Geschlechtsverkehr haben, und dann merkte ich schon, daß ich öfters einer Frau hinterhergeguckt hab'. Aber das hat sich normalisiert.

Von vielen Mann-zu-Frau-Transsexuellen hör' ich immer, daß sie merken, daß sich die Haut verändert hat, die wird irgendwie feiner, wenn sie Hormone nehmen. Wie ist das bei dir?

Bei mir ist sie irgendwie gröber geworden, hier so am Hals und an der Brustpartie. Die Poren sind größer geworden, ja, lederartig ist vielleicht übertrieben, aber sie ist härter. Und ich find' mein Gesicht heute noch ein bißchen zu weich. Es sieht so'n bißchen kindsmäßig, wie ein Milchgesicht aus. Es könnte ruhig noch ein bißchen härter werden, aber ich denk', das ist eine Frage der Zeit. Ein Zwanzigjähriger, der mit fünfzehn anfing zu pubertieren, der ist auch noch nicht so gegerbt wie ein fünfzigjähriger Bergarbeiter, der ständig am Meer war.

Und so von der Muskulatur her, merkst du da auch was?

Da hat sich auch was getan. Die Adern kommen richtig durch. Ich hab' richtig dicke Dinger gekriegt. Aber ich hab' vorher auch schon trainiert. Aber da war ich noch viel weicher, auch am Bauch sieht man jetzt die Fächerstruktur. Das find' ich ganz gut, der Speck ist weniger geworden. Vorher hatte ich immer noch einen kleinen Ansatz zur Speckwelle und so'n runden Hintern. Das ist alles irgendwie drahtiger geworden, meine Beine auch.

Und wenn ich mal so ganz direkt fragen darf: Was ist denn zum Beispiel aus deinen Brüsten geworden, sind die durch die Hormone geschrumpft?

Die Brüste sind schon entfernt worden. Die Totaloperation hab' ich vor vier Jahren machen lassen, ein Jahr nach der Hormonbehandlung. Ich war hier in

Klein Flottbek. Und der hat das ganz gut gemacht. Ich bin zufrieden, ich kann baden gehen, fahrradfahren, zieh' mir das Hemd aus, wenn mir zu warm ist, ich bin auch überall braun. Die Brustwarzen sind zwar optisch ein bißchen größer, aber wie viele Männer gehen in die Badeanstalt und haben richtige Brüste! Also dann kann ich mit meinen größeren Warzenhöfen da auch rumrennen. Da hab' ich nicht einen blöden Spruch gehört. Da wachsen ja hoffentlich mal irgendwann Brusthaare drüber.

Und in der Badeanstalt hast du dann noch eine Socke in der Badehose, wegen der Beule?

Ja, genau.

Welche Socken eignen sich denn da besonders?

Dünne Socken, also nicht die dicken Tennissocken. Und die bau' ich mir dann zurecht, mach' ein Gummi drum, daß es äußerlich wirklich aussieht wie so'n normaler, hängender Penis. Und da hab' ich so meinen Trick raus, den richtigen Dreh, sag' ich mal, und zieh' eine Badehose drüber und spring' rein ins Wasser. War ein ganz guter Tip gewesen. Auch von jemandem, der mal in der Gruppe war, der das auch schon jahrelang macht.

Wenn du den Weg der Transformation mal als Reise beschreiben würdest, was glaubst du, wann diese Reise beendet ist?

Nicht mit der OP. Klar, ich bin froh, wenn ich jetzt irgendwann meine Penis-OP durchkrieg', aber das ist nicht das A und O an der Sache, sondern das mit der Sozialisation. Das ist mir wichtig. Manchmal verspüre ich noch weibliche Anteile, die mir anerzogen worden sind und mich tierisch stören. Zum Beispiel gehe ich nicht alleine raus, da hab' ich keinen Nerv drauf. Das erinnert mich immer an früher, meine einsamen Zeiten. Und ich komm' mir dann irgendwie wertlos vor. Das ist eine typisch weibliche Haltung, empfind' ich halt so. Oder daß ich in gewisser Weise auch schüchtern bin, während ich andere, biologische Männer beneide, die einfach forsch drauf losgehen und sich das holen, was sie brauchen oder haben wollen. Das möcht' ich auch gerne erreichen, daß ich diese psychische Sperre loswerde.

Was ist für dich eigentlich ein ausgesprochen männliches Verhalten?

Eine ganz souveräne Lässigkeit, also wenn mir jemand irgendwie blöd kommt, daß ich sag', laß mal, der hat Probleme. Ist nicht mein Problem, ich fühl' mich wohl in meiner Haut. Diese Lässigkeit, mich einfach zurücklehnen zu können. Und bei mir ist es aber so, daß ich mich ständig verletzt fühle und alles auf mich persönlich beziehe, obwohl der Mensch mich vielleicht gar nicht kennt. Ich frag mich dann: Hab' ich was falsch gemacht? Warum ist der wütend? Und das nervt mich.

Also das, was normalerweise Frauen immer machen: denken, daß sie schuldig sind, wogegen Männer mehr denken, daß andere schuld sind.

Ja, genau. Und das will ich abbauen. Ich weiß das vom Kopf her, aber das Ding hat sich über achtzehn Jahre lang aufgebaut. Wenn Männer schlechte Laune haben, haben alle schuld. Ich hab' zu Hause dann schon immer die ersten Schläge erwartet. Oder die Stimmung richtet sich nach der Laune meiner Mutter, aber dann auch nur bei den erzogenen, bei den weiblich sozialisierten, bei mir und meinen Schwestern. Meine Brüder, die haben da immer cool und lässig drübergestanden.

Wenn du dir einen Mann ganz nach deinen Vorstellungen konstruieren könntest, wie wäre der dann?

Einer, der seine Arbeit macht, der nicht cool ist, nicht gefühlskalt, sondern irgendwie feinsinnig, aber so seine Fehler eingesteht, wenn er sie gemacht hat. Aber wenn einer ihm an den Karren fahren will, dann sagt er: Pah, ist doch sein Problem, nicht meins. Ich wünsche mir, daß ich so agieren kann, ich mein' jetzt rein vom Verhalten her, denn äußerlich hab' ich mein Ich gefunden. So daß ich mir sag', ich bin männlich und ich hab' Bock, trotzdem lange Haare zu tragen, auch wenn das früher nur ein weibliches Symbol war. Früher brauchte ich halt immer einen kurzen Stoppelschnitt. Und das brauch' ich nicht mehr, ich hab' mir eine Matte wachsen lassen. Eine Zeitlang hab' ich das probiert und gesagt, nee, sieht mir zu weiblich aus. Ab damit und runter mit der Mähne. Jetzt hab' ich zwei Ansätze versucht, und seit drei, vier Jahren hab' ich sie mir wachsen lassen.

Also ein ganz normaler Mann, nicht irgendwie extrem, in keiner Weise.

So normal, daß ich vielleicht irgendwann mal heiraten will. Weiß nicht. Vater sein. Gut, ich kann biologisch nicht Vater werden, aber vielleicht Vater sein. Momentan könnte ich eher einen pflegebedürftigen Menschen adoptieren als ein Kind. Sollte ich eine Frau kennenlernen, die ein Kind hat, bin ich dafür natürlich auch offen. Kann ja alles sein, daß ich vielleicht eine Stiefvater- oder Papa-Funktion hab'.

Hast du eigentlich eine juristische Namensänderung beantragt?

Ja, alles schon durch. Die große Lösung, Personenstandsänderung hab' ich auch. Also, ich kann heiraten, wenn ich will.

Und jetzt bist du dabei, die Phalloplastik anzugehen. Was kostet so was eigentlich alles?

Müßt' ich jetzt zusammenrechnen. So knapp hundert-, hundertzwanzigtausend Mark, ich bin aber nicht sicher und will jetzt nicht was Falsches nennen. Ich weiß aber, daß das bei den Mann-zu-Frau-Transsexuellen mit siebenundvierzigtausend Mark bei der ersten OP abgetan ist, aber jetzt bei der Penis-OP?

Warum ist denn das so viel teurer?

Die OP ist komplizierter. Am Arm wird so'n Rollhautlappen gemacht. Und dann wird die Harnröhre aus – genau, aus Armhaut vorpräpariert, die wird auf so'n Katheter gerollt. Beim Rechtshänder wird der linke Arm genommen, umgekehrt dementsprechend, und das wird dann halt mit Nerven und Blutversorgung und so weiter verbunden. Hier wird dementsprechend die Harnröhre schon so vorverlegt, das Stück vorpräpariert, und dann wird die Klitoris irgendwie oben drauf aufgebaut, also das ist jetzt ganz grob beschrieben. Zwei oder drei Wochen Krankenhausaufenthalt dauert das in der Schweiz, und dann geht man erst mal nach Hause und läßt sich dann vielleicht noch mal ambulant betreuen, urologisch halt, falls noch die eine oder andere Fistel auftaucht. Es kann passieren, daß da irgendwie noch ein Loch ist. Man will auch im Stehen pinkeln können. Und ein Jahr später, wenn alles gut verheilt ist, wird das Skrotum aufgebaut und die Versteifungssache reingemacht. In die ehemaligen Schamlippen werden Silikoneinlagen gemacht, daß das richtig wie ein Hodensack aussieht. Und dann wird vorne an der Spitze auch so eine Glans-Eichel aufgebaut, die dann nachher auch noch farblich abgesetzt tätowiert werden kann, damit es auch wirklich originalgetreu aussieht, damit kann man dann wirklich in die Sauna gehen.

Auf jeden Fall ist das ausbaufähig. Die Krankenkassen weigern sich, da muß man erst mal durch alle Instanzen gehen, zur Not bis zum Sozialgericht, was ich auch machen werde. Ich hab' das jetzt soweit durchgesetzt, daß sie auch die OP-Kosten für die Schweiz tragen würden, in der Höhe, wie sie angeblich in Deutschland wären. Wenn eine Komplikation passiert, dann ist das in der Schweiz mit zwei, drei Tagen getan, während du in Deutschland deine zehn Tage liegst. So, und wenn du das Ganze hochrechnest, dann entstehen ja letztlich mehr Kosten hier in Deutschland. Vor allem muß der Arbeitgeber das ja auch mitmachen. Das Risiko geh' ich nicht ein, ich hab' ein halbes Jahr gewartet, daß ich wirklich einen Tourenplatz kriegte. Ich hab' einfach Angst, ich möchte nicht wieder Sozialfall sein. Ich war jahrelang Sozialhilfe-Empfänger und arbeitslos, und da hab' ich keine Lust mehr drauf, weil mir meine Arbeit Spaß macht und mich manchmal aus persönlichen Tiefs herausholt. Mir hilft diese Arbeit, Land zu gewinnen.

Gibt es denn heute in deinem Leben noch Situationen, wo du vielleicht Angst hast, daß man dir anmerken könnte, daß du mal eine Frau warst?

Nee, so vom Äußerlichen, vom Körperlichen gar nicht, das hab' ich schon gut im Griff. Also, es ist mehr durch mein Verhalten, daß ich manchmal das Gefühl hab', ich bin zu emotionell, was typisch für eine Frau ist. Wenn ich das merk', dann mach' ich plötzlich auf cool. Doch das klingt dann irgendwie auffällig, und ich werde das Gefühl nicht los, die könnten vielleicht denken, daß ich irgendwie psychisch einen Knall habe. Das kann ich nicht ertragen.

Heißt das, daß du letztendlich alles Weibliche an dir ablehnst?

Nee. Ich denk', jeder Mann hat auch weibliche Anteile, die sind auch okay. Ich bin da auch noch am Sortieren: Zu welchen will ich stehen, welche blokkieren mich?

Nun gibt es aber doch auch eine Menge schüchterne Männer.

Ja, ich weiß, daß es auch viele schüchterne gibt. Ich bin kein Mensch, der sich gerne prügelt. Wer macht das schon? Deshalb meide ich dementsprechende Kneipen oder Ausgehmöglichkeiten wie Kiez, Reeperbahn und diese ganzen Geschichten.

Was ist da eigentlich so schlimm daran, daß jemand mitkriegt, daß du vorher mal eine Frau warst? Warum ist dir das peinlich?

Peinlich nicht. Aber ich muß das nicht mehr an die große Glocke hängen, irgendwo ist für mich die Zeit auch rum. Ich war eine Zeitlang oft in den Medien. Ich hab' mich vor zwei Jahren erst mal ausgeklinkt aus dem Transsexuellenverein, weil ich merkte, ich mußte für mich was tun. Ich möchte auch nicht ständig damit konfrontiert werden, ich möchte einfach leben. Und für mich was tun, ich such' Kontakte halt, wo man mich einfach als Mensch achtet, ob sie es wissen oder nicht. Freunde sollen das wissen. Ich find' das von einem Kumpel korrekt, wenn er sagt, das ist wirklich ein typisch weibliches, zickiges Ding da, das mußt du abbauen. Das empfinde ich als guten Tip, das ist ernst gemeint, und da weiß ich, woran ich bin. Dem hab' ich auch mal einen Film gezeigt, eine Videokassette von einem Film, der mal im Fernsehen war. Und das dürfte mir nie ein anderer Transi erzählen oder eine Transe. Ich brauch' auch jemanden, mit dem man sich gegenseitig berät. Einfach ganz solide menschliche Kontakte, also kein Sozialarbeiter-Klienten-Syndrom oder Transen-Transen-Syndrom. Einfach raus aus der Betroffenheit und dann ganz andere Konstellationen haben, Kollege zu Kollege oder Nachbar zu Nachbar.

Wie sieht der Alltagstest bei Frau-zu-Mann-Transsexuellen aus?

Ganz normal. Ich hab' einfach mein Ding hier durchgezogen, ich bin immer schon in Männerklamotten rumgelaufen, in Hemd und Hose. Und so war das überhaupt kein Problem.

Gibt es von seiten der Gutachter eine Empfehlung, was man an Männerklamotten anziehen sollte?

Nee, aber wo es Probleme gibt, ist, wenn der Stimmbruch noch nicht da ist und man mit dem Männernamen rumrennt. Das ist schon gewöhnungsbedürftig. Da kommt dann oft noch: Ja, ähem, Entschuldigung, Klaus. Mit normalen Männern und Frauen aus der Arbeitsloseninitiative, wo ich mal politisch ein bißchen tätig war, da hatte ich eigentlich weniger Probleme. Die haben das alles ganz cool und locker gesehen. Aber die Lesben, die haben sich schwergetan, die haben mich hochgradig diskriminiert. Die haben mich richtig als Verräter abgetan. Da sind ganz schöne Verletzungen abgegangen.

Wie erklärst du dir das?

Geh mal in so'n Lesbenladen rein. Die kessen Väter sind für mich keine Frauen, das sind verkappte Transsexuelle. Ich war genauso. Die schimpfen sich als Frau. Ich hab' das auch kurz vorm Coming-out gehabt, die Leute sahen mir das an, du siehst aus wie ein Kerl. Innen drin ging's mir runter wie Öl, nach außen hab' ich das abgestritten, weil ich Angst hatte vor Einsamkeit, davor, daß mich keine Sau mehr mag. Na ja, und wie ich anfing, das Ding auszuleben, sagten einige, das steht dir viel besser, du wirkst viel ausgeglichener. Aber einige hochkarätig kesse Väter sagten: Du bist eine Frau, und sie haben mich beim alten Namen genannt.

Was, glaubst du, unterscheidet transsexuelle Menschen am meisten von biologischen Frauen und Männern?

Das ist unser Vorteil, wir kennen ja beide Seiten. So kann ich für manche Sachen auch mehr Verständnis haben, weil ich beide Seiten kenne. Oder nimm so ganz banale, auch praktische Sachen wie Nähen oder Kochen. Ich kenne Mamas Hausrezepte, weil ich sie früher machen mußte. Ich hab' das dann jahrelang brachliegen lassen, weil ich dachte, daß das Quatsch is', Weiberkram. Heute mach' ich das einfach, ich hab' eben dreißig Gläser Marmelade gemacht und Leute davon probieren lassen. Ich kann mir auch die Socken selber stopfen und die Hemden selber bügeln. Ich find' das auch irgendwo gut, ich weiß, daß ich mir selber die Stullen schmieren kann für die Arbeit. Früher hab' ich gedacht, nee, willst absolut kein Macho sein, alles selber machen, bin der Frauenbewegung fast in den Arsch gekrochen. Aber davon bin ich weg.

Gibt es eigentlich bei Frau-zu-Mann-Transsexuellen auch so was wie Transvestiten, was ja bei Mann-zu-Frau-Transsexuellen teilweise auch eine Vorstufe ist?

So ganz offiziell nicht, aber inoffiziell, ja. Geh mal ins *Camelot,* da laufen sie im Sakko rum. Das wird zwar nicht in den Medien gezeigt, aber das sind doch Transvestiten. Oder nimm die Stellungen in den Beziehungen – da gibt es die absolute Männerrolle; die sie hat, macht einem dann die Autotür auf und so weiter. Das ist weiblicher Transvestitismus. Und ich denk', die sind noch viel radikaler als andersrum. Und die machen das auch öffentlich.

Das fällt möglicherweise weniger auf, könnte man sagen.

Ja, nach wie vor gilt in der Gesellschaft, soziologisch gesehen, daß die Frau-zu-Mann-Transsexuellen einen Aufstieg machen. Während es auf der anderen Seite ein sozialer Abstieg für die Mann-zu-Frau-Transsexuellen ist. Verrat an den Männern im Patriarchat, und deswegen ist auch die Diskriminierungsrate höher. Adamsapfel, Stimme und die großen Hände verändern sich ja nicht durch die Hormonbehandlung. Und das ist bei uns nicht so. Was wir nicht haben, trainieren wir uns an oder entwickeln es. Die haben es leichter mit der OP, das ist halt mit weniger Schnitten getan und weniger Komplikationen. Das sind die Unterschiede, und die Probleme sind anders gelagert.

Und was hat dir am meisten geholfen, dich tatsächlich in deiner neuen Rolle zurechtzufinden?

Einfach drüber reden. Kontakte suchen. Und wenn es zeitweise auch nur Seelsorge- und Sozialarbeiterkontakte sind. Oder Medienmenschen. Ich hab' ja auch mit Null angefangen in Hamburg. Na gut, ich hatte eine Urkunde in der Tasche, meine Berufsausbildung. Deswegen muß man jedenfalls noch lange nicht drogenabhängig oder zum Penner werden. Man muß irgendwie zum männlichen Individuum werden, sich in der männlichen Rolle finden, sich fragen, was für ein Mann bin ich? Und nicht einfach mit Schlips und Kragen rumlaufen. Ich bin auch in eine Männerselbsthilfegruppe gegangen, habe mich orientiert, mit was für Männern ich Kontakte haben will. Da muß man sich ausprobieren. Jeder muß seine Art finden, und das braucht Zeit.

Wenn ich mir mal deine gemalten Bilder betrachte, dann sind das ja alles Frauen mit recht großen Brüsten. Wie kommt denn das?

Weil ich gerne dicke Frauen mag. Ich mag diese Barbiepüppchen nicht, die find' ich unnatürlich und meistens auch zickig. Und wie du siehst, sind auf meinen Bildern sehr weibliche Frauen, mit längeren Haaren und weiblichen Formen. Das ist mir auch wichtig, wenn ich eine Frau kennenlerne, daß die gerne weiblich ist und das auch zeigen mag. Wenn ich manche Frauen sehe, die sagen, sie sind gerne Frau, sehen aber aus wie Kerle, find' ich das ekelhaft. Und ich geb' den Männern auch mit, die sollen wirklich gucken, ob eine Frau wirklich hetero ist, stock-hetero. Daß sie gucken, ob sie vorher lesbische Kontakte hatte und sich nicht den Mann sucht, weil er unten noch einen Schlitz hat. Sondern ihn wirklich als Menschen annimmt, also mich in meinem Fall als Klaus sieht. Und nicht als Androgynen, denn ich seh' mich als Mann und bin psychisch ein Mann, wenn auch nicht körperlich vollkommen. Ich möchte als Mann hundertprozentig anerkannt und geliebt werden. Sexuell und menschlich. Ob nun mit oder ohne Penis, das ist nur ein Stück Fleisch. Obwohl das für mich letztendlich auch wichtig ist.

MARIO

»Das ist für mich eine Veranlagung wie Homosexualität.«

Ich bin Mario, fast zweiundzwanzig Jahre alt, arbeite als Rechtsanwaltsgehilfe, lebe zu Hause noch mit meiner Mutter zusammen und denke seit langer Zeit daran, auszuziehen.

Wir unterhalten uns ja hier jetzt, weil du ein Frau-zu-Mann-Transsexueller bist. Wie ist das denn bei dir gekommen?

Als langsam der Körper immer mehr zur Frau wurde, da habe ich mir zum erstenmal Gedanken gemacht, was überhaupt los ist. Ich war überhaupt immer der Kleine, bei Fremden, die mich nicht kannten, und ich hatte auch das Glück, daß meine Mutter mich immer jungenhaft angezogen hat, zwar nicht bewußt, aber überhaupt nicht wie ein Mädchen.

Könnte man daraus entnehmen, daß sich deine Mutter nicht ausdrücklich ein Mädchen gewünscht hat?

Meine Mutter hat sich hundertprozentig ein Mädchen gewünscht. Also, sie hat mal zu mir gesagt, hätte sie im Krankenhaus einen Jungen entbunden, dann hätte sie ihn im Krankenhaus gelassen. Sie gewöhnt sich langsam an den Gedanken, daß ich nun doch ein Junge bin. Gott sei Dank hatte ich die Information durch Medien, daß es so was gibt. Ich hatte zwar meistens auch nur von Mann-zu-Frau-Transsexuellen gelesen, aber ich wußte auch, daß es den umgekehrten Fall gibt. Und von einer Minute zur anderen stand für mich fest: Ich werd' mich eines Tages operieren lassen.

War es dir nur unangenehm, oder hast du dich vor dir geekelt, als du Brüste und deine Periode – also alle Signale für wirkliche Weiblichkeit – gekriegt hast?

Ja, doch. Geekelt auf jeden Fall. Im Hinterkopf hatte ich immer den Gedanken, daß die Periode sowieso beim nächsten Mal nicht wiederkommt. Aber der Körper ekelte mich mehr als die Periode. Ich hab' versucht, mir vorzustellen, wie es wäre, einen Jungskörper zu haben.

Nun gibt es aber viele Frau-zu-Mann-Transsexuelle, die erst mal nicht so schnell auf die Idee kommen, sich operieren zu lassen, sondern denken, daß sie lesbisch sind. Wie war es bei dir?

Das war für mich nie eine Frage, ob ich lesbisch bin. Da ich mich auch gefühlsmäßig nie so zu Männern oder Frauen hingezogen gefühlt habe, kam mir auch nie der Gedanke, daß ich homosexuell bin. Ich wußte einfach, ich werde mich irgendwann operieren lassen, und hab' auch nie daran gezweifelt, aber das erste Sehen eines Frau-zu-Mann-Transsexuellen war einfach Wahnsinn. Ich hab' mir immer versucht vorzustellen, wie ich später mal ausseh', aber hatte immer so den Hintergedanken, na ja, so ganz hundertprozentig wird es doch nicht sein. Ich hatte nun das Glück, daß ich ziemlich jungenhaft ausgesehen habe und wirklich nicht viele weibliche Züge an mir hatte, aber irgendwann kommt es doch mal, daß du vor dem Spiegel stehst und denkst: Wenn man lacht, sieht das doch ein bißchen mädchenhaft aus! Ich hatte mir einen Plan gesetzt: Ich mach' meine Schule fertig und meine Ausbildung, und dann wollt' ich das alles in die Wege leiten. Aber man hat doch ab und zu mal eine Phase, wo man denkt, es geht alles nicht vorwärts und man hält es nicht durch. Wenn man dann mal eine Sendung sieht und sieht, was für Hoffnungen man haben kann, dann baut einen das ganz schön auf.

Bist du schon operiert, oder steht das noch an?

Nein, ich bin erst in Behandlung bei zwei Gutachtern. In Kiel war ich jetzt zweimal, der schreibt mir mein Gutachten in ungefähr vier Wochen, und seit Anfang des Jahres bin ich in Behandlung bei Dr. Preuß in Eppendorf, und ich hoffe, daß ich mein Gutachten von ihm demnächst bekomme. Dann wollte ich einen Antrag bei der Krankenkasse einreichen, damit das demnächst losgehen kann. Als ich das erste Mal zu einem Gutachter mußte, hatte ich die Vorstellung, da sitzt jetzt einer, der dich von oben bis unten anguckt und dann sagt: Ich glaube dir das, oder ich glaub' dir das nicht. Davor hatte ich unglaublich Angst. In Kiel habe ich diverse Fragebögen gekriegt und

Idiotentests und mußte Hunderte von Fragen beantworten. Dr. Preuß macht das alles in Gesprächen. Die eine Frage, die ich nie vergessen werde, das war die beste. Da mußte man ankreuzen: »trifft gar nicht zu, trifft weniger zu, trifft eher zu, trifft total zu«. Und die Frage war dann: Bei der Selbstbefriedigung denke ich an Kinder unter zwölf Jahren. Solche Fragen waren häufig: Ob ich ich früher mal das Bedürfnis gehabt habe, jemandem weh zu tun, ob ich kleinen Kindern den Arm umgedreht habe, ob ich schon mal jemandem den Tod gewünscht habe ... Solche Hammerfragen waren das dann!

Wie erklärst du dir denn solche Fragen bei einem Gutachten, wo es darum geht, ob du transsexuell bist?

Das kann ich mir eigentlich gar nicht so genau erklären. Ich denke mal, daß diese Fragebögen zum größten Teil die Leute zusammengestellt und ausgedacht haben, die alle versuchen, sich einen Plan zu errichten. Und keiner weiß so ganz genau, wie man das anstellen soll.

Was könnten sie mit solchen Fragebögen versuchen auszuschließen?

Daß irgendwas anderes vorliegt als Transsexualität, z.B. Homosexualität, aber das kann man doch besser unterscheiden, dafür braucht man solche Fragen nicht. Vielleicht gibt es Perverse, die sich für transsexuell halten. Wirklich, man kommt sich teilweise idiotisch vor, wenn man diese Fragen beantworten muß. In Zusammenhang mit Transsexualität kenne ich keinen Menschen, auf den diese Kategorien passen.

Was hast du denn da noch für Tests machen müssen?

Die Fragebögen waren in drei verschiedene Altersstufen eingeteilt, einmal vom ersten bis siebten, dann vom siebten bis zwölften und vom zwölften bis zum heutigen Lebensjahr. Die Fragen lauteten z.B., ob ich dann in der und der Zeit lieber lange oder kurze Haare gehabt hab' oder ob ich, was weiß ich, jetzt zur Zeit, Männer- oder Frauenunterwäsche trage und ob ich früher Ringelringelreihen gespielt hab' oder was mein Lieblingsspielzeug war, es gab eine ganze Liste von angegebenen Spielen, Puppen und Playmobil, Barbie und Autos und diverse andere Spielarten, und da mußte man immer ankreuzen, was das Lieblingsspiel war und was man gar nicht gespielt hat und was man manchmal gespielt hat. Und dann gab es eine Frage, ob ich schon mal meine Eltern heimlich nackt beobachtet habe und wenn ja, was sie dazu gesagt haben.

Würdest du denn sagen, daß man Frau-zu-Mann-Transsexualität unter anderem daran erkennen kann, ob ein biologisches Mädchen mit Barbiepuppen spielt oder nicht?

Nee, also absolut nicht. Ich z.B. hab' viel mit Puppen gespielt, aber auch mit Matchbox-Autos und Playmobil. Ich hab' das wirklich manchmal geschafft, daß ich mit meinem Karren losgezogen bin, mit einer Puppe drin, hab' meine männlichen Freunde rausgeklingelt und gesagt: Du gehst jetzt mit mir spazieren! Und das haben die dann auch gemacht. Und von daher halte ich

das wirklich für unheimlich schwachsinnig. Ich glaube nicht, daß irgend jemand sagen würde, daß ich nicht transsexuell wär'. Ganz egal, welcher Gutachter das ist. Sie sagen vielleicht nur, bis zu dem Grad war es noch nicht, es hätte noch wieder rückgängig gemacht werden können.

Wieso bist du davon überzeugt, daß jemand auf keinen Fall auf die Idee kommen könnte, dir das abzusprechen?

Weil ich genügend Transsexuelle kennengelernt habe, und bei denen ist das Muster genauso. Es gibt für mich einfach keinen Zweifel, daß ich Mann bin oder eines Tages Mann werde. Und wenn ich jetzt irgendwelche Zweifel hätte, dann würde vielleicht jemand sagen: »Moment mal, vielleicht bist du gar nicht transsexuell, vielleicht gibt es auch noch etwas anderes, was mit dir los sein könnte.« Aber so wie ich fühle und denke, ist das ausgeschlossen.

Das ist eine gute Einstellung. Und wieso bist du damals überhaupt nach Kiel gegangen?

Ich sollte zu Dr. Preuß nach Hamburg, weil ich bei einem Arzt in Elmshorn war, bei dem ich Hormone kriegen wollte, und der wußte darüber nicht Bescheid und hat sich mit der Krankenkasse in Verbindung gesetzt, ob sie die Kosten dafür übernehmen, und die Krankenkasse hat daraufhin gesagt, okay, aber erst mal wollen wir ein Gutachten haben. Und dann haben die mich nach Eppendorf verwiesen. Nun aber war ich inzwischen, weil ich genügend Informationen hatte, nach Hamburg zu einem Arzt gegangen, zu dem ich gesagt hab': Es soll losgehen mit Hormonen. Und der meinte: »Geht in Ordnung.« Etwas später habe ich meinen Antrag auf Namensänderung ans Amtsgericht geschickt und Herrn Dr. Preuß als meinen Gutachter vorgeschlagen und einen anderen, von dem ich gehört hab', daß er ganz gut sein soll. Das Gericht hat aber für mich Preuß und den in Kiel angegeben.

Wie kommt es, daß die Krankenkassen so unterschiedlich mit Bewilligungen für die Operation umgehen?

Ja, erst mal ist es den Krankenkassen unheimlich, daß sie der Schweiz schlecht gegenüberstehen, aus welchen Gründen auch immer. Die meisten, die ich kenne, wollen in die Schweiz, weil es bessere Operationsmöglichkeiten dort gibt. Die Krankenkassen haben im Kopf, in Deutschland muß es einfach billiger sein.

Nehmen wir mal an, die Krankenkassen sagen: Wir zahlen Ihnen die Reise in die Schweiz nicht, suchen Sie sich in Deutschland einen Arzt. Zu wem könntest du denn überhaupt gehen?

Dann würd' ich zu überhaupt niemandem gehen, höchstens für die Brust-OP. Ich weiß, daß sie das bezahlen müssen. Weil man sich aussuchen kann, was das Bestmögliche für einen ist, da hat man ein Mitbestimmungsrecht. Ich weiß auch, daß sie mir das bewilligen müssen, früher oder später. Da würd' ich es dann auch auf einen Prozeß ankommen lassen, auch wenn mich das nerven würde, weil sich dann alles verzögert.

Was ist denn das Besondere an dieser Stelle in der Schweiz? Wieso ist dieser Arzt, der das da macht, zumindest hier in Hamburg in aller Munde? Was kann er, was andere nicht können?

Der Hauptgrund ist wohl, daß er nur eine Operation durchführt, wofür hier in Deutschland drei, vier oder fünf oder sogar noch mehr Operationen durchgeführt werden. Das wichtigste ist die Penisoperation, die hier in Deutschland wenig ausgereift ist. Da gibt es in der Schweiz viel bessere Möglichkeiten. Ich kenne mehrere, die sprechen gut davon, und ich kenn' ein paar andere Fälle, die sind in Deutschland operiert worden und natürlich auch von dem überzeugt, was die gemacht haben, aber es ist nicht so wie in der Schweiz.

Hast du denn mal gesehen, wie das aussieht, was ein deutscher Arzt z. B. an Penisaufbau praktiziert und was ein Schweizer Arzt als Penoid produziert?

Also das Daverio-Modell hab' ich schon original und in Farbe bewundern dürfen und die deutschen Operationsergebnisse auf Bildern.

Wenn ich jetzt die beiden Penoide auf dem Photo sehen würde, wie würden sie sich denn unterscheiden?

Vielleicht nicht unbedingt nur durch das Optische, aber es gibt Penoide, die kommen in eigenartigen Formen heraus, in Birnenform oder wie Würstchen. In Deutschland werden sie erst mal bei einer Operation – ich weiß nicht, wer das nun macht – unheimlich groß gemacht, und dann wird tausendmal dran rumgeschnitten, bis der Penoid dann auf eine einigermaßen vernünftige Größe gekommen ist. Und das ist in der Schweiz nicht so. Da wird er gleich passend gemacht, auf den Typ abgestimmt, welche Größe nun zu einem paßt. In Deutschland werden teilweise Operationen von Penisaufbauten gemacht, mit denen man z. B. nicht urinieren kann. Oder man kann zwar im Stehen pinkeln, aber dafür nicht mit einer Frau schlafen. Und bei Daverio geht eben beides. Es gibt auch welche in Deutschland, die ihm nacheifern oder es von selber so machen, aber er hat schon mehrere solche Operationen durchgeführt, und er versucht sich immer mehr zu verbessern.

Was wird nun bei Frau-zu-Mann-Transsexuellen alles auf einmal gemacht?

Nun, das ist die Brustamputation, die Innereien raus, also die Gebärmutter und Eierstöcke, und dann kommt noch der Penis dazu.

Und das sind normalerweise Sachen, die in Deutschland in drei Einzeloperationen durchgeführt werden?

Also, wenn der Penisaufbau dazukommt, sind es sogar mehr als drei. Obwohl der Penisaufbau in der ersten Operation kommt und in der zweiten die Verschönerung, die Hodenprothese, und die Versteifungsimplantate werden eingesetzt.

Wie funktionieren diese Versteifungsimplantate eigentlich?

So gut kenn' ich mich damit noch nicht aus. Die werden eingesetzt, und dann kann man daran herumknicken, und sie kommen von alleine hoch.

Würdest du dein Penoid auch zum Geschlechtsverkehr benutzen wollen?

Sicher würde ich es benutzen wollen, aber nun ist inzwischen in einem Fall ein Problem aufgetreten, daß diese Stiele sich nicht halten konnten und langsam rausgekommen sind. Und da ich keine Betroffenen kenne, die schon mehrere Jahre damit leben und es auch so benutzen, bin ich etwas skeptisch geworden, ob das das Wahre ist. Aber dazu habe ich mir noch nicht so große Gedanken gemacht, weil das für mich noch ziemlich weit weg ist.

Schlägt sich das auch auf das Sexualempfinden nieder?

Angenommen, ich hätte jetzt so was und würde immer daran denken müssen, schlägt sich das sicher auf die Sexualität nieder. Wenn man immer daran denken muß und vorsichtig sein muß, ist das natürlich alles nicht so das Ding. Sexualität kommt für mich sowieso jetzt noch nicht in Frage. Ich weiß nicht, wie lange es dauert, bis es für mich in Frage kommt. Ich denk' mal, daß ich Sexualität weit weggeschoben hab' im Unterbewußtsein. Ich hatte in den letzten Jahren eine unheimliche Abneigung gegen Frauenkörper. Ich hatte immer die Vorstellung, irgendwann werde ich eine Frau haben, mit einer Frau verheiratet sein, und habe mir auch vorgestellt, wie es ist, mit einer Frau zu schlafen. Aber ich hätte es niemals fertiggebracht, eine Frau anzufassen. Und was ich immer toll fand, waren behaarte Männerbrüste, und so wollte ich auch aussehen, aber ich konnte mir nicht vorstellen, ob ich das mit Sexualität in Zusammenhang sehen konnte. Ich denk' mal, nicht zu wissen, wo man hingehört, und immer im Hinterkopf zu haben: »Du darfst dich nicht verlieben«, oder: »Du kannst nicht mit jemandem zusammensein, körperlichen Kontakt haben«, schafft irgendwie eine Sperre. Sexualität schiebe ich ganz weit von mir weg, um bloß nicht in irgendeine Enge getrieben zu werden, aus der ich nicht mehr herauskomme.

Vielleicht ändert sich das ja mal.

Ja, das denke ich mir auch so. Das habe ich allerdings auch erst in der letzten Zeit gemerkt, seit ich die Hormone bekomme. Es ist nicht so, daß ich mich zu etwas hingezogen fühl', aber ich merk' z. B., wie so langsam der furchtbare Ekel vor Frauenkörpern abnimmt. Ich guck' auch schon mal einer Frau hinterher, wenn sie einen kurzen Rock anhat, aber ich muß ganz ehrlich sagen, da oben ist es noch nicht so ganz angekommen, warum ich das überhaupt tu. Es ist nur so, daß ich es tu und irgendwann merke: Was hast du überhaupt gemacht? Obwohl ich noch nicht weiß, ob ich nicht schwul bin. Ich hab' es jetzt auch für mich in Betracht gezogen und setz' mich damit auseinander und lass' das andere auf mich zukommen.

Was wäre dir denn lieber von deinem heutigen Standpunkt aus?

Also lieber wäre mir, daß ich heterosexuell bin, weil ich irgendwann mit einer Frau zusammenleben möchte, um auch mal Kinder zu adoptieren, oder vielleicht lerne ich eine Frau mit Kindern kennen. Aber wenn ich feststelle, daß ich homosexuell bin, werde ich das auch akzeptieren, und dann ist es für mich auch okay.

Und wieso ist dir das lieber, heterosexuell zu sein?

Weil es so einfacher in der Gesellschaft ist. Früher wollt' ich immer fünf Kinder haben, und heute, muß ich sagen, kann ich Kinder überhaupt nicht aus-

stehen, aber ich denke, daß es irgendwann wiederkommt. Ich hab' mir immer eine Familie gewünscht, und ich denk' mal, daß sich das Gefühl irgendwann wieder einstellen wird. Wenn man mit einem Freund zusammenlebt, einem Partner, dann sind Kinder in der heutigen Zeit ja ausgeschlossen. Und da denk' ich, es ist einfacher, mit einer Frau zusammenzuleben, dann Kinder zu adoptieren und wirklich eine Familie aufzubauen, was in einer homosexuellen Beziehung so nicht möglich ist.

Hast du dich eigentlich schon mal gefragt, warum du transsexuell bist?

Ja, das fragt man sich öfter mal, aber ich hab' noch keine Antwort darauf gefunden. Ich sag' immer, ich war eine männliche Samenzelle, und meine Mutter hat sich so intensiv ein Mädchen gewünscht, daß sich in der Entwicklung was umgeändert hat, etwas zurückgegangen ist und sich was Neues gebildet hat.

Glaubst du, es gibt wirklich Begründungen dafür, daß ein Mensch transsexuell ist?

Das ist für mich eine Veranlagung wie Homosexualität. Das kommt irgendwoher, und keiner weiß genau, woher.

Was weißt du darüber, was andere Transsexuelle für Erklärungen abgeben, warum sie transsexuell sind?

Es gibt die Erklärungen, daß es ein Geburtsfehler ist. Die Erklärung auch, das es irgendwie da ist. Oder daß es eine Krankheit ist. Und wo kommt eine Krankheit her? Das ist für mich aber auch nicht die große Frage. Ich denk' nicht so viel darüber nach, wo es herkommt, sondern eher darüber, wo es hingeht.

Du bist ja noch im Prozeß der Begutachtung. Wieviel Sitzungen, glaubst du, werdet ihr noch zusammen machen, und worum wird es dann letztendlich noch gehen?

Also, der Doktor macht ja nun die Begutachtung für die Vornamensänderung, und er hat beim letzten Mal gesagt, daß er anfangen wollte, das Gutachten zu schreiben. Er hat auch schon ans Amtsgericht geschrieben, daß er Ende August, Anfang September frühestens das Gutachten schreiben wollte. Ich hab' im Oktober den nächsten Termin, und ich denk' mal, daß es einer von den letzten sein wird, wenn nicht der letzte, und ich hab' die Hoffnung, daß er mir mein Gutachten demnächst schreibt.

Kann man, um Hormone zu kriegen, zu jedem Arzt gehen?

Normalerweise sind das ja Endokrinologen, die sich mit Hormonen auskennen. Geben kann sie jeder, aber daß die Ärzte Ahnung davon haben, das ist ja das wichtigste.

Und woher weiß man, ob ein Arzt mit der Dosierung von Hormonen für Transsexuelle Ahnung hat?

Ja, das weiß man nicht. Von meinem Arzt weiß ich, daß er noch andere Transsexuelle behandelt, und dann geh' ich davon aus, daß er damit Erfahrung hat. Ich kriege jetzt alle zwei Wochen eine Spritze.

Warst du jemals in deinem Leben beim Frauenarzt?

Da wär' ich auch nie hingegangen, eher wär' ich gestorben. Das wird auch keiner so mit sich machen lassen. Es gibt Fälle, die heiraten einen Mann und kriegen auch Kinder. Aber überwiegend sind die so eingestellt wie ich, daß die eher sterben würden, bevor sie zum Frauenarzt gehen würden.

Nun klemmen sich viele Frau-zu-Mann-Transsexuelle einfach die Brust ab, was ja nicht so günstig ist, weil man auch aus dem Brustgewebe den Penisaufbau macht. Machst du das auch?

Ich hab' schon. Ganz am Anfang hatte ich ein viel zu enges T-Shirt, das hatte ich sehr geliebt, und das hab' ich immer getragen, und eines Tages hat meine Mutter es weggeschmissen, weil es alt und zu eng war. Das war wirklich ein Horror für mich. Damals hab' ich das dann eben beschränkt auf einen Gang, der bei Frau-zu-Mann-Transsexuellen fast überall vorkommt: die Schultern möglichst weit nach vorne gebeugt, bis es irgendwann aber nicht mehr ging. Und dann fängt man auch an nachzudenken, was man machen kann. Ich habe mir aus dem Bademantel etwas zurechtgeschnitzt und hab' das beibehalten. Und in diesem Sommer hab' ich es etwas intensiver gemacht, richtig mit Abbinden, hab' aber auch immer gewußt, das darfst du nicht übertreiben, und ich mach' das jetzt auch nicht mehr so ganz streng. Also, es ist wirklich unangenehm, es schränkt auch unheimlich ein. Aber irgendwie ist es ein bißchen so, als wenn man auf jemanden wütend ist und ihm weh tun möchte. Es tut sogar gut, wenn man merkt, daß das weh tut. Das ist, als ob man gegen jemand anderen ankämpft, nur bin ich so vernünftig, daß ich denke, laß das lieber sein, du hast es eh bald hinter dir, und ich versuch's eben mit anderen Sachen, weiten Klamotten oder Weste oder wie auch immer.

Hast du eigentlich Angst vor der Operation?

Nein gar nicht, ich freue mich drauf.

Das ist ja ein ganz schöner Eingriff in die Person. Am ganzen Körper wird was abgeschnitten, hier wird was rausgenommen und da was drangebaut, sag' ich mal etwas laienhaft. Das muß ja hinterher sehr weh tun?

Allgemein mit Schmerzen hab' ich nie Probleme gehabt. Wenn ich zum Zahnarzt geh', sag' ich mir immer, ich hab' keine Schmerzen, und dann hab' ich auch wirklich keine Schmerzen. Und darum hab' ich auch vor den Schmerzen selber überhaupt keine Angst. Es tut vielleicht den Körperstellen weh, und sie schneiden das kaputt, aber das ist toll. Ich freu' mich richtig, ich freu' mich auch auf die Narben, die ich hab'. Das ist ganz irre, aber ich freu' mich richtig auf die Operation.

JENS

»Es wird wirklich erst interessant, wenn der Körper auch dem Kopf entspricht.«

Ich heiße Jens, bin fünfundzwanzig und hab' vor, nächstes Jahr die Fachhochschulreife nachzuholen, um in den Grafikdesign-Bereich reinzugehen. Ich hab' bisher mehr als Musiker gejobbt. Ich spiele Schlagzeug. Im Augenblick nicht in einer Band, weil das durch die ganze andere Angelegenheit mehr ins Hintertreffen geraten ist. Als ich aus der Band rausgegangen bin, wollte ich diese Sache in Angriff nehmen und mich nicht durch irgendwelche anderen Sachen großartig in Anspruch nehmen lassen.

Wann hast du denn zum erstenmal bemerkt, daß du keine »normale« Bio-Frau bist, sondern ein Mann?

Ich hab' das schon recht früh gemerkt, so mit drei oder vier Jahren, als meine Eltern mir Kleidchen anziehen wollten, merkte ich, daß ich mehr zu denen tendierte, die so was nicht anhatten. Ich hab' immer mit Jungssachen gespielt, mit Autos, Cowboys, Indianern und so was. Also, die Mutter-Kind-Spiele lagen mir nicht so. Wenn so was aufkam, hab' ich mich aus dem

Staub gemacht. Richtig schlimm wurde das bei mir erst in der Realschule. Wenn sich die Lager in Mädels und Jungs aufteilen und man dann nirgends reinpaßt, dann wird es kritisch.

Was ist da passiert?

Ich bin mehr und mehr in die Außenseiterposition geraten, weil ich nirgends reinpaßte, und das fiel dann auch den anderen auf, weil ich ja auch betont männlich gekleidet war. Von da an hatte ich den Spitznamen »Zwitter«. »Es« wurde ich auch mal eine Zeitlang genannt. Das ging dann so weit, daß ich vor der Schule nichts essen konnte, das war wirklich der totale Horror. Wenn ich was gesagt habe, dann wurden irgendwelche Witze gemacht. Und schließlich mußte ich die neunte Klasse wiederholen, weil meine Schulnoten rapide den Berg runtergingen, denn ich hab' einfach nichts mehr gesagt.

Würdest du denn sagen, das hing mit deiner Transsexualität zusammen? Gerade Kinder und Jugendliche sind ja manchmal grausam und stürzen sich auf die, die anders sind.

Ich bin kein Gruppenmensch. Ich bin schon ein krasser Einzelgänger. Es paßte einfach, und da sonst irgendwie niemand in die Rolle reinpaßte, war ich das dann eben. Ich hatte noch einen Freund in der Klasse, der hatte eine Krankheit und war dadurch auch Außenseiter, und wir haben uns zusammengetan. Der Alltagstest hat bei mir praktisch schon vor acht Jahren angefangen. Da habe ich mich als Frau gar nicht mehr zu erkennen gegeben, wenn ich nicht mußte. Für mich stand eine Ausbildung auch gar nicht zur Diskussion, weil ich nicht als Frau behandelt werden wollte. Und deshalb habe ich mich mehr auf die Musik konzentriert und mir meinen Freiraum geschaffen und habe in der Band auch als Mann gespielt. Das Schlagzeug hat mir schon sehr geholfen, weil ich dadurch etwas gefunden hatte, was die Aggressivität in Produktivität umsetzen konnte. Das hat mir Selbstwertgefühl gegeben, weil ich eben auch etwas konnte. Aber es hat mich an der Band doch etwas gestört, daß ich so abhängig war von der Motivation der anderen. Und da ich kreativ arbeiten möchte, will ich Grafikdesign studieren. Die OP war das höchste Ziel, das ich mir früher gesetzt hatte, und je näher ich meinem Ziel kam, desto mehr fing ich an, auch darüber hinauszudenken. Ich will ja nicht, daß nachher so eine Leere da ist, wie es bei vielen ist, die sich wirklich nur dieses eine Ziel gesetzt haben. Und jetzt brauch' ich auch nicht mehr diesen extremen Freiraum wie früher.

Wie haben deine Eltern das eigentlich verkraftet? Die mußten sich ja auch erst mal an die Tatsache gewöhnen.

Mein Vater weiß davon nichts, weil ich auch schon länger keinen Kontakt mehr zu ihm habe. Zur Sprache gekommen ist das erst in der Selbsthilfegruppe. Davor hatte ich auch gar keine Veranlassung gesehen, irgend jemand aufzuklären. Ich hab' das meiner Mutter erst gesagt, als ich schon ein Vierteljahr in der Gruppe war und kurz vor der ersten Hormonspritze stand. Meine Mutter hat schon eine sehr liberale Auffassung, sie sagt sich eben, ich bin ihr Kind, und sie möchte, daß ich zufrieden bin. Sie sagt auch »mein Sohn«, und wenn Telefonanrufe für mich kommen, dann weiß sie, wenn jemand nach Jens fragt: Das bin ich. Natürlich gibt es zu Anfang immer Schwierigkeiten, wenn die Verwandten sich umstellen von *sie* auf *er* und den neuen Namen. Aber bis jetzt hat sich das ganz gut eingespielt. Und meine Oma sagt auch, gut, daß man den Leuten jetzt helfen kann.

Und wie lange bist du jetzt in der Selbsthilfegruppe?

Seit November 1992. Das war wirklich ein Glückstreffer. Als die Sache mit der Band zu Ende ging und ich mir überlegte, irgendwas zu machen, wußte ich nicht, wo ich hingehen konnte. Ich wußte, ich gehe zu keinem Arzt, womöglich hört er das erste Mal was davon, berät mich falsch, und dann lande ich bei irgendeinem Quacksalber. Oder er schickt mich in irgendeine Therapie. Und dann lief im ZDF im September 1992 die Doppelpunkt-Sendung, und das war ein totaler Eindruck, erst mal überhaupt auch Frau-zu-Mann-Transsexuelle zu sehen. Da wurde eine Adresse eingeblendet, wo man Adressen von Selbsthilfegruppen erfahren kann, und so bin ich zur BfTS gekommen.

Kommen da auch Transvestiten z. B.?

Ja, es sind Transvestiten dabei, es sind Intersexuelle dabei. Viele sind sich ja auch ihrer Sache erst mal gar nicht so sicher und wollen eine Beratung haben. Die kommen z. B. aus der Schwulen- oder Lesben-Szene, wissen vielleicht nur, daß sie da nicht so richtig reinpassen. Die wollen nun wissen, ob sie vielleicht transsexuell sind.

Wie ging das dann weiter, nachdem du die Adressenliste zugeschickt bekommen hattest?

Ich bin dann ungefähr nach einem Vierteljahr zu einem Gespräch zur BfTS, hab' mich unterhalten und meine Situation geschildert. Für mich war klar: Ich weiß, was ich will, und ich will da möglichst schnell hin. Dann habe ich nach einem Vierteljahr mit den Hormonen angefangen. Fast gleichzeitig wurde ja im Februar das Gesetz aufgehoben, das besagte, daß man erst ab fünfundzwanzig die Namensänderung beantragen kann. Zu dem Zeitpunkt war ich noch vierundzwanzig und hab' dann ungefähr zwei Monate später die Namensänderung beantragt. Da hat man etwas Lauferei, weil man ja auch zwei Gutachter haben muß. Das Thema OP war da eigentlich noch nicht so aktuell für mich. Ich hatte zwar im Hinterkopf, daß ich das irgendwann machen würde, aber man macht sich doch seine Überlegungen, ob man alles in einem Schritt oder in mehreren Schritten macht. Und im Juli hatte ich dann meinen zweiten Gutachter. Der erste war relativ schnell, da hatte ich mein Gutachten nach drei Monaten. Bei dem anderen hat das etwas länger gedauert, der hat sich eben mehr Zeit gelassen. Bevor ich meine Namensänderung durchhatte, hatte ich aber schon mein Vorgespräch in Lausanne. Und von dem, was ich so gehört hatte, und auch von meinem persönlichen Gefühl zu dem Operateur hatte ich einen guten Eindruck, zumal das drei Operationen in einer waren. Die Phalloplastik – das war sowieso klar, daß ich das in der Schweiz machen lasse. Ende November hatte ich meinen Antrag bei der Krankenkasse gestellt.

Nach welchen Kriterien sind die Gutachten bei dir ausgestellt worden? Was steht da beispielsweise drin?

Da gibt es zwei Fragen zu beantworten: Ob der Mensch transsexuell ist, und ob sich das noch mal ändern wird. Die zweite Frage muß natürlich negativ beantwortet werden, um dann der Namensänderung auch stattzugeben.

Mußtest du bei den Gutachtern irgendwelche Tests machen?

Nein, bei dem einen Gutachter war das mehr interviewmäßig. Ich mußte ihm von Anfang an erzählen, wie mein Leben so gelaufen ist. Dann gibt es noch Fragen danach, wie man sich fühlt, oder nach der Hormonbehandlung, wann die angefangen hat. Und z. B. wie man sich die Zukunft vorstellt. Bei dem anderen Gutachter habe ich meinen Lebenslauf geschrieben und das, was der andere alles gefragt hat, mußte ich aufschreiben. Einmal im Monat ungefähr ist man dagewesen, hat sich kurz unterhalten, und das war's eigentlich. Das ist nicht immer so, es gibt da auch schon Leute, die einen auf die Probe stellen und noch großartig versuchen, einem die Sache auszureden. Davor hatte ich natürlich auch Angst. Ich denke, daß sie wissen wollen, wie sicher man sich ist und was man selber für ein Gefühl zu der ganzen Angelegenheit hat. Die Gutachter geben eigentlich im Gutachten das wieder, was man selber sagt und wie sie selbst diese beiden Fragen nach ihrem Empfinden beantworten.

Findest du das denn gut, daß das bei dir relativ schnell und problemlos gegangen ist, oder würdest du sagen, eigentlich macht es schon Sinn, wenn man ein bißchen länger unter ärztlicher oder psychologischer Begleitung ist, damit man sich wirklich hundertprozentig sicher ist?

Das ist auf die Person bezogen. Dafür ist eine Selbsthilfegruppe oder Beratungsstelle da, daß da Leute sitzen, die selbst betroffen und mit der Thematik vertraut sind. Ich denke, die wissen dann auch, ob jemand seiner Sache sicher ist. Ich würde aber nicht sagen, daß man jedem einen Freifahrschein in die Hand drücken sollte, so nach dem Motto, jetzt geh mal los und hol dir deine Hormone! Wenn man sich wirklich erst seit ein paar Monaten damit auseinandersetzt, dann sollte man schon längere Gespräche führen oder vielleicht irgendeine Therapie nebenbei laufen lassen. Der Wechsel mit den Hormonen ist schon ziemlich krass, und da ist nicht jeder unbedingt in der Verfassung, das ohne weiteres zu verkraften. Aber wenn jemand in Beratung ist, der genaue Vorstellungen hat, merkt man das auch.

Woher hattest du denn nun die Adresse von dem Operateur in Lausanne?

Die hatte ich auch von der TS-Gesellschaft.

Wieso wird hier in Hamburg gerade dieser Chirurg so besonders empfohlen?

Es gibt verschiedene Kriterien, die für diesen Arzt sprechen. Die Operationsergebnisse speziell für unsere Operation sind dort einfach besser als in Deutschland. Er entwickelt seine Technik auch immer weiter und bleibt nicht auf dem alten Stand. Es gab z. B. immer schon Komplikationen mit der Harnröhrenverlängerung. In Deutschland ist man dazu übergegangen, das nur noch auf Wunsch zu machen. Das gehört nicht mehr ins Standardprogramm hinein. Wenn es bei ihm Probleme gibt, dann überlegt er sich, woran das liegt, und versucht eine Möglichkeit zu finden, wie man das trotzdem machen kann. Er macht sich auch Gedanken, die Interessen der Betroffenen zu vertreten. Und jeder möchte eben gerne das Beste, was man bekommen kann.

Was ist denn das Standardprogramm hier in Deutschland bei einer Frau-zu-Mann-Transformationsoperation?

Es gibt zwei verschiedene Techniken. Wenn man nicht auf einer verlängerten Harnröhre besteht, dann wird aus dem Unterarm einfach nur ein Penoid gebildet. Man kann dann nicht im Stehen Wasser lassen und muß sich ganz normal hinsetzen. Bei der zweiten Technik wird die Harnröhre ein Stück nach oben verlängert. Das wird meistens noch mit den kleinen Schamlippen gemacht. Das wäre dann die erste Operationsstufe. In der zweiten würde man dann überhaupt erst mit dem Aufbau von dem Penoid anfangen. In den meisten Fällen ist das so, daß wirklich allein für die Penoidoperation schon drei bis vier Operationen gemacht werden. Für mich war es wichtig, daß ich praktisch alle drei Operationen in einer bekomme. Einstweilig ist Dr. Daverio wirklich der einzige, der das macht. Normalerweise geht man das erste Mal ins Krankenhaus für die Brustentfernung, das zweite Mal für Entfernung der Gebärmutter und Eierstöcke und dann, wenn man das in Angriff nehmen möchte, noch mal für die Phalloplastik.

Und in Lausanne wird alles auf einmal gemacht: Gebärmutter und Eierstöcke raus, Brust ab und Penoid dran, sage ich mal etwas flapsig. Wie lange dauert so eine Operation denn?

Angesetzt ist die OP auf neun Stunden. Ich hatte das Glück, daß sie bei mir nur siebeneinhalb gedauert hat, weil es keine Komplikationen gab. Da wird in einem Team gearbeitet. Es sind drei Ärzte an einem zugange, sie arbeiten parallel: Während der eine etwas macht, bereitet der andere schon den Arm vor, oder der dritte ist dann mit anderen Sachen beschäftigt.

Wie war denn das bei dir nach der Operation, als du aufgewacht bist?

Das erste Mal bin ich noch auf der Intensivstation aufgewacht. Erst mal dachte ich, die hätten oben gar nichts gemacht, weil das so dick eingebunden war. Aber als ich weiter geguckt habe, habe ich gesehen, daß da unten ein Mordsverband war. Der Arm war auch ganz dick eingebunden, und ich hab' mich darüber gewundert, daß ich gar keine Schmerzen hatte. Mir war noch ein bißchen schlecht von der Narkose, und ich hatte Halsschmerzen, aber darüber hinaus war ich relativ fit.

Auf dem T-Shirt sieht man Dr. Daverio

Hattest du hinterher Komplikationen?
Komplikationen nicht in dem Sinne. Ich hatte ab und zu mal eine Fistel, aber das kommt fast immer vor, weil durch die Naht ja noch Flüssigkeit läuft. Ich bin mit allem relativ gut weggekommen.

Wie geht es dir heute, fünf Monate nach der Operation?
Ich fühl' mich so, wie ich jetzt bin, sauwohl. Jeden Tag wird mir bewußt, daß alles so gut gelaufen ist, also daß ich wirklich unwahrscheinliches Glück hatte. Ich habe mit dem Schlimmsten gerechnet.

Was wäre das Schlimmste gewesen?
Zum Beispiel eine Harnröhrenverengung, davor hatte ich unheimlich Bammel, weil das sehr langwierige Behandlungen nach sich zieht. Und wenn ich mir vorstelle, ich könnte jetzt kein Wasser lassen – also ich kann mir wirklich nichts Schlimmeres vorstellen.

Hat diese Kerbe in deinem Arm was mit der Operation zu tun?
Ja, der fehlende Hautlappen ist für die Phalloplastik genommen worden. Die kann man aus dem Unterarmlappen machen. In diesem Unterarmlappen sind nämlich Blutgefäße, die mit übernommen werden, und ein Nervenstrang genau in der richtigen Anordnung. Es gibt noch die zweite Möglichkeit, die Phalloplastik aus dem Oberschenkel herauszuschneiden. Man hat zwei Möglichkeiten, den Unterarm abzudecken: entweder mit der Brusthaut, was aber auch nur geht, wenn man ausreichend Material zur Verfügung hat, das noch in gutem Zustand ist, oder die Haut aus der Leiste nehmen, wenn jemand schon eine Brustoperation gemacht hat.

Was hat sich für dich nach der Operation am allermeisten verändert?
So viel nicht, weil ich nicht so fixiert auf diese eine Sache war. Von meiner Umwelt her hat sich nichts verändert, außer daß die mich nun auch als Mann sehen. Aber ich hab' mich sehr lange mit mir selber auseinandergesetzt, und für mich war das eher eine Nebensächlichkeit, die mich nicht aus der Bahn schmeißt. Ich war ja nicht hauptberuflich transsexuell. Was sich eigentlich verändert hat, ist, daß ich mich freier fühle, ich muß nichts mehr verstecken. Ich denke, ich bin auch freier geworden in bezug auf meine Person, ich kann heute über mehr Dinge reden.

Worüber kannst du heute freier reden?
Generell über Körperbezogenes. Es macht es ja schon einfacher, z.B. den anderen Betroffenen das zu erklären, was ich hier jetzt alles erzählt habe. Man kann auch Fragen in bezug auf die Operation leichter beantworten. Und jetzt kann ich auch dazu stehen, daß ich früher eine Frau war.

Und wenn dich jemand über dein Sexualleben befragt?
Nee, ich muß da genausowenig drüber reden wie andere normale Leute, die auch nicht von ihrem Sexualorgan erzählen. Das scheint sowieso die Grundeinstellung zu sein, daß alles, was von der Norm abweicht, nun großartig über sein Sexualleben berichten muß. Das sehe ich gar nicht ein. Ich bin ja nicht zu Freiwild degradiert, ich habe auch meine Privatsphäre.

Was heißt das Thema Transsexualität für dich eigentlich im Hinblick auf Sexualität?

Solange der Körper weiblich war, war das für mich kein Thema. Ich hatte ja selber genug Probleme mit mir, und dann noch jemand anders da ranlassen? Nee, nee, das war für mich ein klarer Fall. Ich hab' gelebt wie ein Mönch! In den letzten zwei Jahren, als die Hormonbehandlung angeschlagen hat, ist es natürlich generell ein Vorteil, wenn man von außen eher als Mann gesehen wird. Aber was Partnerschaft angeht, ist noch nichts an Veränderung passiert. Veränderungen hat es eigentlich erst nach der OP gegeben. Es wird wirklich erst interessant, wenn der Körper auch dem Kopf entspricht.

Und jetzt kannst du auch jemand anders an dich ranlassen?

Jetzt schon eher. Gleich nach der OP geht das eh nicht, es ist halt doch ein Prozeß, in diesen Körper reinzuwachsen. Man ist auf einmal was ganz anderes, und da ist man nicht sofort drin, sondern das ist mehr ein langsames Nachziehen vom Kopf mit dem neuen Körper. Ich hatte gleich nach der Operation noch gar keine Beziehung dazu, sondern hab' mir Zeit gelassen. Das ist schwer zu erklären. Viele haben die Vorstellung, wenn sie die OP hinter sich haben, dann haben sie das totale Glücksgefühl. Aber was ich bisher so gehört habe, ist das meistens nicht der Fall. Man muß Nachsorge machen und sich ein bißchen um die Wunden kümmern und kann das noch gar nicht so richtig genießen. Wenn der Alltag anfängt, dann fängt man auch langsam an, das zu begreifen.

CORNELIA UND CHRISTEL

»Ist ja dein Problem, ist ja nicht mein Problem, habe ich erst mal gesagt. Nun ist es unser Problem.«

Cornelia: Mein Name ist Cornelia, ich bin vierundvierzig Jahre alt und transsexuell. Zuletzt war ich in Berlin Busfahrer. Und nun bauen Christel und ich gerade ein Haus hier in Niedersachsen. Wir sind seit sechs Jahren verheiratet.

Und Sie sind Christel? Und wie alt sind Sie?

Christel: Ich bin dreiundvierzig Jahre alt und bin die Ehefrau von Cornelia – noch.

Als Sie Cornelia damals kennengelernt haben, haben Sie da einen Mann kennengelernt oder schon eine transsexuelle Frau?

Christel: Sagen wir mal, einen Mann in überwiegend weiblicher Bekleidung. Da war die weibliche Bekleidung aber noch dezent. Er kaufte farbige Damenschuhe mit der Erklärung, daß es für Männer eben nur schwarze und braune Schuhe gibt. Na gut, warum eigentlich nicht, war mein Argument. Dann kamen Damenpullis dazu, weil die auch farbig sind. Bis ich merkte, daß immer mehr Frauensachen dazukamen. Wir haben uns dann geeinigt, soweit es ging. Zu denen, die er kannte, konnte er so gehen; und wenn wir wohin gegangen sind, wo uns keiner kannte, da ist er halt ein bißchen männlich gegangen.

Als wir uns kennengelernt hatten, da sah er schon merkwürdig gekleidet aus, aber ansonsten war sie lieb und nett und toll, und dann sagt man sich: Mein Gott, damit kannst du leben.

Was trug er denn damals?

Christel: Meistens Leggins, mal eine Jeans oder andere Hosen, aber überwiegend weibliche Schnitte. Ist mir nie so richtig aufgefallen. Erst als mich andere Leute darauf aufmerksam gemacht haben, vorher war mir das eigentlich egal. Hab' gedacht, wenn er sich so wohlfühlt, okay.

Cornelia, haben Sie vielleicht auch mal gedacht, daß Sie eventuell homosexuell sein könnten?

Cornelia: Nein, das hatte ich nie, so was würde für mich nie in Betracht kommen, davor ekel' ich mich. Das einzige, was ich dachte, war, daß ich transvestitisch veranlagt bin.

Und seit welchem Alter dachten Sie das?

Cornelia: Seit etwa zwanzig Jahren, nachdem man mal über Transvestiten was gehört hatte.

Und wie kam das nun, daß Sie jetzt offensichtlich nicht mehr mit Leggins und bunten Pullovern rumlaufen, sondern mit Rock und einer weiblichen Frisur?

Cornelia: Wir lebten noch in Berlin, ich hatte wieder mal Magengeschwüre und war beim Arzt. Der fand aber nichts und meinte dann, ob ich meine Frau mal mitbringen könnte. Ja klar, hab' ich gesagt, aber nicht begriffen, was er von ihr eigentlich wollte. Sie kam dann zu dem nächsten Gesprächstermin mit, und dann hat er gesagt, daß er nichts gefunden hatte, alles in Ordnung war und woran das denn liegen könnte. Bei dem Gespräch kam dann heraus, daß ich Damensachen anziehe – und wenn ich das mal nicht kann, weil sie dagegen ist, dann krieg' ich Magenschmerzen, Kreuzschmerzen und so was alles. Das hat sich dann bis zum Geschwür ausgedehnt.

Hatten Sie denn gemerkt, daß Ihr Mann darauf so reagiert, oder ist Ihnen der Zusammenhang erst beim Arzt aufgefallen?

Christel: Dort ist mir erst so richtig klargeworden, daß die Magengeschwüre nur damit zusammenhängen können, daß Hochzeit war und er in Herrensachen rumlaufen mußte, und es ging ihm immer schlechter, und er wurde immer kränker.

Cornelia: Der Arzt gab mir dann eine Adresse von einer Therapeutin, und da bin ich zweimal hingegangen. Christel ist auch das erste Mal mit und war stinksauer. Sie hatte gehofft, die Therapeutin sagt jetzt was, und die Sache ist erledigt. Klappte aber nicht.

Sauer auf was?

Christel: Auf ihn, auf mich, eigentlich auf alle. Warum ich mit zum Therapeuten muß, nur weil der immer Weibersachen anziehen muß, habe ich damals gesagt. Was hab' ich damit zu tun, muß ich da mitlatschen. Ich hab' zwar nicht das Handtuch geschmissen, war nur erst mal sauer. Und dann hatte die Therapeutin mit ihr noch einen Termin ausgemacht, und ich habe gesagt, da komme ich nicht mit. Etwas zu wissen oder zu erkennen, das heißt ja noch lange nicht, daß man sich damit identifiziert. Man braucht doch eine Weile, um das zu verarbeiten. Ich wollte erst mal nicht. Ist ja dein Problem, ist ja nicht mein Problem, habe ich erst mal gesagt. Nun ist es unser Problem.

Was genau ist Ihnen denn bei dem Arzt klargeworden?

Cornelia: Ich wußte zwar, ich habe Magenschmerzen, aber ich hab' das nie in irgendeinem Bezug gesehen. Neu war das dann schon für mich, daß dies mit der Kleidung zusammenhängt.

Und wie ging es dann weiter?

Cornelia: Dann war ich noch mal bei der Therapeutin, aber dann zogen wir ja nach hierher um. Der Frust zwischen uns baute sich jedenfalls nicht ganz ab. Dann heiratete ihr Bruder. Da dachte ich: Oh je, zwei Tage in Männerklamotten, das wird ja wieder voll ätzend! Auf der Hochzeit lief einer in einem gelben Radfahreranzug rum, praktisch hauteng, man sah alles! Da hab' ich gesagt, dagegen renn' ich ja harmlos rum, und bei mir macht ihr so einen Zoff! Meine Frau war immer noch ein wenig angeknatscht, und ich dachte, ach, da fängste ein bißchen an zu stänkern, und hab' zu ihr gesagt: Du brauchst keine Angst mehr zu haben, ich lauf' nicht mehr in meinen Sachen rum. Ich zieh' jetzt auch so einen gelben Anzug an. Herb enttäuscht war ich eigentlich dann über ihren Bruder, den ich für frei und offen gehalten hatte. Der hatte am Abend vorher zu mir gesagt: Du kommst aber nicht im Kleid. Und aus Trotz bin ich dann die ganze Woche so richtig verludert rumgelaufen.

Hat sich diese Strategie denn bewährt? Hat Ihre Frau gesagt: Mensch, zieh bloß wieder deine Leggins an?

Cornelia: Nein, ganz so schnell ging das nicht. Ihre Schwester kriegte das mit und sagte dann zu *Christel:* Ich hab' da ein tolles Buch, das hat mir eigentlich geholfen, ich besorg' dir das. Wie hieß das?

Christel: »Der wunde Punkt«.

Cornelia: Das ist ein Psychologiebuch über *Anders Denken* usw.

Für wen war das Buch nun gedacht?

Christel: Für mich. Sie hat gesagt, du mußt mal dieses Buch lesen, damit es dir wieder besser geht. Hat mir auch ganz gut gefallen. Und dann kam Cornelia eines Tages an: Ach, guck doch mal, ich hab' hier einen Katalog, und da ist ein Kleid drin, wie findest du denn das? Da hab' ich gesagt: Wenn du eine Perücke aufsetzen willst, dann mußt du richtig als Frau gehen und kannst auch das Kleid anziehen. Das war das Stichwort. Wir sind losgezogen, haben eine Perücke gekauft, er hat sich ein Kleid gekauft. Ihm ging's wunderbar, ihr ging's wunderbar, sie rauchte plötzlich nicht mehr. Vorher hatte sie sechzig Zigaretten am Tag geraucht, und plötzlich war das Thema gelöst: Wir wissen, was sie für ein Problem hatte.

Cornelia: Das war ja erst mal eine Übung, theoretisch, ob das überhaupt was ist. Meine Frau hat ja immer noch gehofft, daß sie mir was vor den Bug schießt nach dem Motto: Und jetzt kriegt er Angst und läßt es total sein. Na, und dann kam der große Schock: Ach herrje, er macht es ja wirklich.

Sie waren ja davor schon ein paar Jahre verheiratet. Heißt das, daß Sie das die ganze Zeit relativ bedeckt halten konnten?

Christel: Nein, das haben wir nie gemacht. Er hatte ja immer seine eigenen Röcke, und die hat sie zu Hause in der Wohnung auch immer angehabt. Und wenn jemand gekommen ist, hab' ich gesagt, na gut, dann muß er halt damit leben.

Cornelia: Am Anfang war das schon ziemlich fatal. Wenn es klingelte, bin ich schnell nach oben und hab' eine Hose angezogen.

Christel: Da bin ich schon immer an die Tür gegangen und hab' geschaut, wer es ist und dann Bescheid gesagt. Entweder: Da kannst du so bleiben, oder, wenn ein Fremder kam: Zieh dich lieber mal um, was denken die denn von uns!

Finden Sie das nicht erstaunlich, daß nie jemand aus Ihrer Umgebung darauf gekommen ist, Ihnen zu sagen: Du bist doch eigentlich transsexuell?

Christel: Der Arzt ist auch nur darauf gekommen, weil er sie sich richtig angesehen hat. Der kleine Fingernagel war immer rot lackiert. Auch bei der Arbeit kannten sie ihn gar nicht anders als mit rot lackiertem Finger. Und zum Arzt kam er mit seinen Ballerinas, und das ist dem aufgefallen. Das war der erste Arzt, der sich Gedanken gemacht hat, warum er Magenschmerzen hat ohne Befund und wo die herkommen.

Wie erklären Sie sich denn aber selbst, daß Sie da nicht drauf gekommen sind? Oder auch nicht Ihre Freunde oder Familienangehörigen, die sich ja sogar verbeten hatten, daß Sie in Frauenkleidern z.B. auf die Hochzeit kommen?

Christel: Weil die sich mit diesem Thema nicht beschäftigt haben. Denn wir beide wußten bis vor kurzem ja auch nichts über Transsexualität. Erst als es so war, daß er eine Frau sein wollte, fingen wir an zu überlegen: Da muß es doch irgendwo was geben! Zufällig lief zu dem Zeitpunkt auf RTL *Tag X*.

Cornelia: Da gab es eine Sendung über Transvestiten in drei verschiedenen Stadien. Der eine vor der Operation, einer bei der Operation und einer, eine, die schon fertig war. Und dann hab' ich mir gesagt: Transsexuell? Nie, ich steig' doch nicht mit einem Mann ins Bett! Das würde ja für mich heißen, wenn ich Frau bin, muß ich mit einem Mann ins Bett gehen. Da habe ich gesagt, ich bin nicht transsexuell. Und Pimmel ab, nee, kann auch nicht sein.

Und Tage danach kam das doch als Fragezeichen hoch. Da das ganze Problem nicht aufhörte, hab' ich mir gesagt, wenn du schon nicht in Berlin weiter zu der Therapeutin gehen kannst, dann suchst du dir hier halt eine. Daraufhin hatten wir uns dann ein Buch besorgt, da stand was über Selbsthilfegruppen drin. Wir haben uns mit einer anderen Transsexuellen getroffen, und da wurde das Fragezeichen immer kleiner. Irgendwie hat es *knack* gemacht, und dann stand fest, daß das Transsexualität ist.
Christel: Das war letzte Woche. Zwar möchte er nicht mit einem Mann schlafen, sie möchte nicht mit einem Mann schlafen, später mal, noch nicht, man kann ja nie wissen. Aber wenn, dann möchte er richtig Frau sein. Daß er sich auch als Frau erkennt, wenn er vor dem Spiegel steht.

Wie fanden Sie diese Erkenntnis denn?

Cornelia: Normal. Ich habe keinen Schock gekriegt oder brauchte Beruhigungspillen. Nachdem ich das wußte, habe ich auch wieder weniger geraucht. Ich brauchte das nicht mehr, weil ich innerlich ruhiger und ausgeglichener war.

Und wie war das für Sie?

Christel: Ich habe gedacht: Frust, Frust, was machen wir nun? Ich will eigentlich gar nicht mit einer Frau verheiratet sein, ich habe einen Mann geheiratet. Es ist so ein innerer Zwiespalt in einem: Nee, das kann gar nicht sein! Aber sie fühlt sich ja wunderbar! Eigentlich gemein, wie kann er nur auf die andere Seite hin! Und was mach' ich jetzt?
Cornelia: Eigentlich warst du ziemlich sauer. Einmal hast du zu mir gesagt: Du hast es gut, du wirst jetzt Frau. Und mir rennt mein Mann weg!
Christel: Ich war wirklich psychisch und seelisch kaputt. Am liebsten hätte ich ihn an dem Tag richtig verhauen, weil ich so wütend auf ihn war, daß er mich jetzt einfach alleine läßt. Aber so mit der Zeit habe ich gedacht, er läßt dich ja nicht alleine, er schlüpft nur in eine andere Rolle, er wird eben eine Frau und ist nicht mehr dein Mann. Das ist irgendwo noch ein Problem für mich, aber es ist nicht so, daß ich sage, oh Gott, jetzt laufe ich von ihm weg oder er muß sehen, wie er damit klarkommt. Wir müssen uns jetzt erst mal gegenseitig helfen, daß nicht beide den Bach runtergehen.

Wie weit gehen denn jetzt Ihre Überlegungen: Würden Sie sich operieren lassen?

Cornelia: Ja, ich bin nicht der Typ, der halbe Sachen macht. Erst hatten wir auch überlegt, wenn Chris nun wirklich den Penis für den Geschlechtsverkehr braucht, ihn halt dranzulassen, um ihr zu helfen. Und zwei Tage später sagte ich: Irgendwo haut das nicht hin, da gehen die nächsten Probleme los. Oben und außen bin ich Frau und unten noch Mann. Und dann geh doch mal in die Sauna, was machst du denn beim Schwimmen, dann würde ich die nächsten Probleme kriegen.

Kriegen Sie denn jetzt schon Hormone?

Cornelia: Nein, wir haben am Freitag einen Termin bei Dr. Hallwaß. Da wird dann erst mal eine Untersuchung gemacht, Blutbild etc., Gespräch und was weiß ich alles.

Was sagen Sie jetzt eigentlich, mein Mann, meine Frau?

Christel: Wenn ich daran denke, sage ich Cornelia oder Conny zu ihr. Und manchmal sage ich, da kommt mein Ma..., ach nee, mh, dann muß ich »Mann« verschlucken. Er ist ja noch mein Mann, aber es geht nicht von heut auf morgen zu sagen: Das ist jetzt meine Freundin oder so, das dauert eben. Noch ist er mein Mann. Andersrum weiß ich, aha, er wird jetzt Frau, sie wird jetzt eine Frau, und dann ist das eben nicht mehr mein Mann. Da kann ich nicht mehr sagen, da kommt mein Mann. Da gucken die Leute doof, wenn dann eine Frau ankommt.

Cornelia: Ich glaube, meine Frau hatte zumindest am Anfang, als ich die erste Zeit in Frauensachen rumgelaufen bin, eine mörderische Angst, daß sie als lesbisch angesehen wird, was sie halt nicht ist.

Christel: Ja, da hab' ich so gedacht, die Leute denken jetzt alle, du bist lesbisch. Bist du ja gar nicht, du findest ja Männer ganz toll. Nee, das war mir irgendwie unangenehm, aber ich hab' das weggeschoben, ich wollte mich damit gar nicht beschäftigen, das paßte noch nicht zu dem Konzept, noch habe ich ja einen Mann. Und nun muß ich mich halt langsam damit abfinden. Aber ich weiß nicht, ob ich sagen könnte, da kommt meine Frau. Ich kann mir nicht vorstellen, daß einer kommt und sagt: Toll, mein Mann wird jetzt eine Frau, hallo Freundin oder hallo Frau, und das ist alles in Ordnung.

Wie gehen denn Ihre Freunde und Verwandte damit um?

Cornelia: Für die meisten ist es zwar im ersten Moment schwer, daß sie auf einmal statt einem Mann eine Frau vor sich haben und statt Eddi auf einmal Cornelia sagen müssen. Einige geben sich Mühe, das akzeptier' ich auch, weil das nicht von heut auf morgen geht, aber dann gibt es auch andere, die sagen partout: Ich sag' nicht zu dir Cornelia! Für mich bist und bleibst du ein Mann, auch wenn der Schniedel abgeschnitten ist. Und mit denen will ich nichts mehr zu tun haben.

Das ist ja eine radikale Position! Christel, wie finden Sie das denn?

Christel: Irgendwo kann ich ihn verstehen, dann könnte ja jeder ankommen und sagen: Ich akzeptier' nicht, daß du jetzt eine Frau bist. Wenn das Endstadium erreicht ist, ist er eben eine Frau! Und die können nicht sagen, du bist Eddy und ein Kerl, das geht nicht.

Und was glauben Sie, wie viele müssen Sie dann von der Liste streichen?

Cornelia: Das kann ich so auf die Schnelle nicht sagen. Auf jeden Fall habe ich vor ein paar Tagen einen Schock gekriegt. Da habe ich mit einem Freund telefoniert, den kenne ich seit über zwanzig Jahren. Der ist von Chris vorab informiert worden. Ich hatte ihn informiert, daß es jetzt soweit ist, ich in Frauensachen rumrenne und Cornelia heiße. Der hat im Oktober Geburtstag und meinte dann: Tu mir einen Gefallen, erscheine in Männersachen.

Erst mal war ich ziemlich fertig, ich hab' dann aufgehört, mit ihm zu telefonieren. Und dann habe ich gesagt: Nee, ist nicht. Dann kommt irgendwann der nächste an und sagt: Wenn du zu mir kommst, kommst du aber bloß im Anzug. Wer bin ich denn!

Das sind ja nicht nur einfach Bekleidungsvorschriften, sondern das ist ja mehr: Ein Ablehnen der Person, mit all dem, was diese ausmacht. Wie reagieren denn Sie zum Beispiel als die Schwägerin darauf, daß Ihr Schwager nun zur Schwägerin wird?

Schwägerin: Vor drei Monaten war ich hier, da hab' ich erlebt, daß die beiden sehr aggressiv zueinander waren, immer sehr nervös, jeder hat immer überreagiert. Und dann war ich mit ihm bummeln, und er hat immer überall in die Frauensachen gegriffen. Mir ist es egal, es ist sein Körper, er muß wissen, wie er rumläuft, was er sein möchte. Aber da war noch nicht die Rede davon, daß er immer Frau sein möchte. Auf jeden Fall haben wir uns ganz gut unterhalten, und er hat erzählt, er findet Frauenkleidung nun mal schön. Und es wär' doch toll, wenn Männer genauso Röcke anziehen könnten, wie Frauen Hosen anziehen. Aber dann habe ich gesagt, mir kommt es nicht so vor, als wenn du ein Revolutionär wärst. Mir kommt es mehr so vor, daß du selber nicht klarkommst. Eigentlich ist er selber nämlich traurig gewesen, wenn andere Leute ihn schräg angeguckt haben. Ich sagte, ich glaube, da hast du irgendein Problem, das ist nicht normal.

Welches Problem könnte er denn haben?

Schwägerin: Ich weiß auch nicht. Ich hab' mir mal erzählen lassen, daß er schon als Kind Mädchenkleider anhatte. Ich hab' es so verstanden, daß die Mutter sich ein Mädchen gewünscht hat, es aber ein Junge geworden ist und sie ihn aber immer in Mädchensachen hat rumlaufen lassen. Dann hab' ich mir gedacht, er wird als Kind irgendwann gelernt haben, wenn er Mädchensachen anhat, ist die Mutter vielleicht netter zu ihm, als wenn er Jungssachen anhat. Normal ist es nicht, wenn eine Mutter ihrem Kind einen Rock oder ein Kleid anzieht.

Nehmen wir mal an, es wäre so, wie Sie sich das erklären. Würden Sie dann denken, daß sich Ihr Schwager das auch wieder wegtherapieren lassen kann?

Schwägerin: Ich hab' nur gesagt, ich würde an ihrer oder an seiner Stelle mal zum Therapeuten gehen und versuchen, in Erfahrung zu bringen, was er eigentlich wirklich sein möchte. In seinem ganzen Wesen ist er sehr männlich, wenn man ihn so kennenlernt. Er hat sehr viele männliche Interessen, er ist überhaupt nicht so, wie man manchmal Transsexuelle sieht. So »hach, hach, hach«.

Cornelia: Nee, das machen wohl eher die Transvestiten, dieses »hach, hach, hach«!

Schwägerin: Ich bin nicht geschult, aber jedenfalls hat er Interesse an Computern, er ist der totale Handwerker und hat andere männliche Interessen. Nur die Kleidung ist weiblich, und das paßt nicht. Wenn er sagen würde, okay, alles andere ist mir egal, ich bin Mann und trag' halt Frauenkleider, ist das ja toll, aber seine Sache. Aber er war nicht richtig glücklich. Magengeschwüre kriegt man ja nicht einfach mal, wenn man glücklich ist, also irgendwas ist da nicht in Ordnung.

Was vermuten Sie denn nun, wie andere Familienangehörige darauf reagieren? Ihre Mutter z. B.?

Christel: Ich würde mal sagen, die denkt genauso. Die sagt sich, ist ein bißchen komisch, aber wenn es so besser ist, na ja, okay. Sie wird zwar mit der Situation nicht so einfach fertig werden, kann man ja so schnell gar nicht, wird es aber akzeptieren.

Und wie reagiert Ihr Sohn darauf, Christel?

Cornelia: Ich glaub', der weiß noch nicht so richtig, wie er damit umgehen soll. Er hat mich zwar zu Hause immer im Rock gesehen und hat auch nie darüber gelästert oder mich bei anderen schlechtgemacht. Trotzdem ist das, als Mann einen Rock zu tragen oder auf einmal Frau zu werden, für ihn halt doch ein großer Schock.

Christel: Ich habe gesagt, wenn Torsten kommt, erzählen wir ihm das, ich schreib' ihm das nicht. Wenn er Fragen hat, dann kannst du ihm darauf nicht antworten. Er kam dann und sagte nur: Ja, ja gut, ja toll, mach doch, wenn du das meinst. Als Cornelia dann draußen war, fragte er mich, nun sag doch mal, wie ist das denn wirklich, warum will er denn nun auf einmal Frau werden. Er hat sich vorher nicht getraut, weil es ihm vielleicht unangenehm war zu fragen, wenn sie dabei ist. Er ist zwar vierundzwanzig, aber das heißt

ja nichts, ich bin ja auch schon vierundvierzig und konnte damit bis vor kurzem nicht viel anfangen. Er hat es soweit akzeptiert, aber ob er es verarbeitet und verstanden hat, das weiß ich nicht so genau.

Und wie geht es mit den Nachbarn nun weiter?

Cornelia: Die haben mich teilweise schon gesehen. Jedenfalls wollte ich das noch vor dem Richtfest klären. Neulich war ich bei Nachbarn, als die gerade im Garten gearbeitet haben. Sie sieht mich kurz, sagt hallo. Ihr Mann fragt, wer kommt, und sieht mich. Guckt, guckt wieder, ach, ohne irgendwelche Äußerungen. Sag' ich: Genau deshalb will ich mich mit Ihnen unterhalten. Wissen Sie, was transsexuell ist? Ja, sagt er, ist gar kein Problem. Sag' ich: Ach, brauchen wir gar nicht weiterreden? Nee, sagt er, ich akzeptier' das alles, alles klar. Sag' ich, gut, und dann hab' ich ihm die Mitteilung gegeben, daß wir Richtfest machen wollen, und gesagt, daß ich mich freuen würde, wenn er kommt. Ja, alles klar. Voller Euphorie, weil das so einfach und toll ging, bin ich gleich zum nächsten.

Kam Ihnen das nicht ein bißchen komisch vor, daß Sie nur sagen mußten: Haben Sie schon mal was über Transsexualität gehört? Und dann kommt einfach nur: Ja klar, alles kein Problem.

Cornelia: Ich fand das merkwürdig, aber es hat mir sehr geholfen. Ich war richtig happy. Wir hatten dann den Nachbarn von gegenüber zum Kaffee oder zum Bierchen eingeladen, der mich schon im Rock rumrennen gesehen hatte. Mit dem hatten wir uns dann drei Stunden unterhalten über dieses Thema, und alles war auch klar. Und am nächsten Tag habe ich mir dann wieder zwei, drei Nachbarn vorgenommen. Im Endeffekt kam dann heraus, die haben sich auch schon ihre Gedanken gemacht, weil sie mich in Leggins und Ballerinas haben rumrennen sehen, und da dachten sie, na ja gut, wenn es ihm dadurch besser geht, wenn er das trägt, dann soll er doch. Aber so nach dem Motto: Wie reden wir ihn denn jetzt an, Herr Schneider oder Frau Schneider? In dem Moment gehen die Probleme der Nachbarn los. Die wissen nicht mehr, wie sie einen Transsexuellen anreden sollen, also reden sie gar nicht und machen einen Bogen.

Das heißt, es gibt jetzt zweimal Frau Schneider für die Nachbarn?

Cornelia: Ja, einmal groß, einmal klein.

Wie wirkt sich diese Entwicklung denn auf Ihre Beziehung aus?

Christel: Wir fühlen uns eigentlich wohl. Sie weiß, was sie will, und ich weiß eigentlich auch so ungefähr, wo es langgeht. Und wenn ich eben mal sauer bin, dann bin ich halt mal sauer, dann frotz' ich sie an, damit muß sie leben, sie frotzt ja auch wieder zurück. Bis auf das eine Mal, wo ich gesagt hab, warum muß sie mich jetzt verlassen, und ich ihn eigentlich am liebsten verhauen hätte, hatte ich keine Probleme mehr.

Cornelia: Im Prinzip verstehen wir uns auch wieder besser, seit das geklärt ist, wir haben keinen Frust mehr miteinander, blöken uns auch nicht mehr an.

Christel: Auch diese Spannung zwischen uns gibt es nicht mehr, weil jeder jetzt weiß, was wirklich ist. Ich muß sagen, ich bin jedenfalls, seitdem das feststeht und wir da hingehen, etwas entspannter.

Wollten Sie eigentlich keine Kinder haben?

Christel: Ich hab' mich, als ich sechsundzwanzig war, sterilisieren lassen, weil ich schon drei Kinder hatte. Ich will keine Kinder mehr, und wenn mich einer überfällt, was nützt mir da die Sterilisation meines Mannes. Und deshalb haben wir keine Kinder, denn ich kann nicht mehr.

Hätten Sie denn gerne Kinder gehabt?

Cornelia: Bevor ich Chris kennengelernt habe, hatte ich eine Freundin, die hatte eine dreijährige Tochter, und das fand ich eigentlich phantastisch. Aber heutzutage bin ich eigentlich in dem Alter, wo man die Nerven nicht mehr hat. Warum soll ich mir das aufbürden?

Und welche Auswirkungen könnte die Entwicklung auf Ihr gemeinsames Sexualleben haben?

Cornelia: Unser Sexualleben hat im Moment sowieso ziemlich nachgelassen.

Weswegen? Glauben Sie, daß das was mit Ihrer Transsexualität zu tun hat?

Christel: Könnte sein, daß es damit zu tun hat, weil ich mich eher sperre. Irgendwo denke ich wahrscheinlich, er möchte, sie möchte eigentlich Frau sein, und dann willst du sie gar nicht in Versuchung führen, daß sie vielleicht meint, daß das Ding dranbleiben soll, nur weil Chris das will. Und ich möchte nicht, daß sie sich in irgendeine Situation gezwungen fühlt. Denn er

möchte Frau sein, mit allem drum und dran. Ich brauch' es im Moment auch gar nicht, ich vermisse es nicht mal. Es hängt bestimmt damit zusammen.

Nun hat das ja auf Dauer auch Konsequenzen. Wenn Sie, Cornelia, sich nicht vorstellen können, mit einem Mann ins Bett zu gehen, und Sie, Christel, sagen, ich kann mir nicht vorstellen, daß ich mit einer Frau schlafen würde, was würde das denn dann bedeuten?

Christel: Ich denke mal, daß das im Endeffekt wahrscheinlich heißt, daß er sich eine lesbische Freundin suchen muß – sie sich, er ist dann ja eine sie, Entschuldigung. Und ich mir dann eben einen männlichen Partner. Und daß wir auseinandergehen, aber nicht im Bösen. Das klappt dann eben nicht mehr, jeder hat andere sexuelle Interessen, und dann muß darunter eben ein Schlußstrich gezogen werden.

Gibt es denn überhaupt einen Grund, sich zu trennen? Oder könnten Sie sich auch vorstellen, daß Sie vielleicht Ihre Sexualität mit jemand anders leben, aber trotzdem weiter zusammensein können?

Christel: Im jetzigen Moment wäre es denkbar, aber ich kann jetzt nicht endgültig sagen, es ist so, und irgendwann nach vier Jahren oder nach fünf Jahren sagt man: Nee, es ist doch nicht so. Da, denke ich, ist es auch ein bißchen fair, dem anderen zu sagen: Du mußt aber auch damit rechnen, wenn mir nun eine Freundin über den Weg läuft, daß ich dann vielleicht sage, nee. Oder ich möchte eigentlich lieber mit einem Mann mal ins Bett, nicht mit dir, aber mit dir vielleicht weiter zusammenbleiben. Das ist möglich, aber ich weiß es nicht.

Cornelia: Wir haben ja auch die Möglichkeit, an beiden Sachen zu arbeiten. Daß sie bei mir eine lesbische Ausnahme macht, und daß ich vielleicht ein bißchen übe mit einem Mann, und dann holen wir uns eben einen, wenn wir einen brauchen.

Christel: Wir haben schon mal so ein bißchen rumgeflunkert, wie das dann ist, wenn es richtig ernst wird. Ich kann auch nicht sagen, jetzt bist du Frau, jetzt bist du für mich gestorben. Das ist, wie man so schön sagt, ein Zwitterding. Das ging alles wahnsinnig schnell, aber ich fühle mich richtig leicht und nicht mehr so angespannt und so verkrampft, auch nicht mehr so aggressiv.

Es gibt ja nun mehrere Menschen, die wie Sie während der Ehe tatsächlich miterleben, daß einer von beiden seine Transsexualität entdeckt und konsequent leben möchte. Gäbe es vielleicht etwas, was Sie anderen Ehepartnern mitgeben möchten?

Christel: Wenn die Ehefrau mitkriegt, daß er heimlich oder offensichtlich zu Hause Frauensachen trägt, sollten sie vielleicht rechtzeitig zum Therapeuten gehen, um zusammen darüber zu reden. Mit einer dritten Person kann man besser drüber reden als alleine, wo man sich nur anschreit und dem anderen schon nicht mehr zuhört. Man muß darüber reden und darf nicht einfach weglaufen, das hilft keinem. Der eine verliert ja als Frau den Mann und der andere seine Partnerin, was er eigentlich auch nicht wollte, aber der Drang zu dem, was er gerne möchte, ist größer. Der eine will dem anderen ja nichts tun. Wenn der Mann Frau oder die Frau Mann werden will, die können nichts dafür, die wollen dem anderen nicht mit Absicht was Böses tun. Da sollte man sich wirklich einen dritten Gesprächspartner suchen, zu dem man Vertrauen hat, mit dem man reden kann.

Cornelia: Und ich denke, man sollte vielleicht doch offener mit seinen Mitmenschen darüber reden, wenn man in dieser Situation ist, das erleichtert ungemein. Man kann viel sicherer auf die Straße gehen, man hat nicht mehr diesen Druck, und seelisch fühlt man sich auch besser.

ROUVEN UND JESSICA

»Ich werde Jessica auch nie als Mutter ansehen. Damit muß sie zurechtkommen.«

Rouven, du bist der älteste Sohn einer Mann-zu-Frau-Transsexuellen. Was sagst du nun eigentlich: Vater? Mutter?

Jessica.

Du bist ja in einem Alter, wo man sich als Junge an Männern orientiert. Und wenn der Vater nun auf einmal nicht mehr wie ein Vater aussieht, ist das nicht ein bißchen komisch?

Ja, da muß man sich dran gewöhnen.

Wie hast du denn gemerkt, daß dein Vater nicht so ein Mann ist wie andere?

Er trug immer Klamotten, die halb zu Frauen, halb zum Mann gehören. Schuhe, die aussehen wie Männerschuhe, schwarz, hoch, aber vorne eben nicht so breit, sondern spitzer. Und einen Mantel. Und etwas längere Haare.

War das schon so, auch als du noch Kind warst?

Nein, das war nicht immer so. Das kam erst, als meine Mutter ausgezogen war. Da fing es erst langsam an. Ich hab' meiner Mutter auch erzählt, daß mein Vater transsexuell ist. Sie sind seit zwei Jahren geschieden, aber meine Mutter will das nicht so recht verstehen. Sie sagt: Ich hab' ihn als Mann gekannt, er ist als Mann geboren, und für mich bleibt er Mann.

Weißt du, ob sich deine Eltern getrennt haben, weil dein Vater transsexuell ist?

Das war ein anderer Grund. Meine Mutter hat einen anderen Mann auf einer Kur kennengelernt. Sie heiratet den wohl auch in diesem Monat – oder im nächsten, weiß ich gar nicht.

Hast du noch Geschwister?

Einen Bruder, der lebt bei meiner Mutter.

Wie kommt das denn, daß du bei deinem Vater lebst?

Ich wollte das. Meine Mutter war nicht immer so gut zu mir.

Also seit elf Monaten lebst du nun mit »Jessica«.

Seit Anfang Januar. Aber am 16. Dezember, da hat er das zum ersten Mal bei irgendsoeiner Therapie ausgesprochen. Jetzt geht sie nicht mehr hin.

Warum hat Jessica deiner Meinung nach diese Therapie gemacht?

Sie hatte immer Kopfschmerzen und Schlafstörungen.

Und seitdem sie bei der Therapie ausgesprochen hat, daß sie transsexuell ist: Sind da diese Kopfschmerzen und Schlafstörungen weg?

Nein, das war erst, als sie das richtig ausleben konnte und sie es jedem gesagt hatte. Erst, als es jeder wußte.

Wie hat Jessica es denn dir gesagt?

Sie wollte mir das schon lange sagen, aber ich hatte nie Zeit. Und dann sind wir essen gegangen, aber dort waren so viele Menschen, daß sie das da wohl nicht sagen wollte. Als wir dann zu Hause waren, habe ich zu ihr gesagt: Jetzt kannst du es mir erzählen. Zuerst habe ich das gar nicht geglaubt und ins Lächerliche gezogen, aber dann habe ich natürlich gemerkt, daß es ernst war.

Schämt man sich da nicht ein bißchen?

Doch, eigentlich schon. Einkaufen gehe ich nicht so gerne mit Jessica, denn die Leute gucken halt.

Und Papa, das sagst du jetzt nicht mehr?

Papa, das sag' ich nur noch bei meiner Mutter, denn die sieht das gar nicht ein. Wenn ich »Jessica« sag', dann gibt es wahrscheinlich Radau.

Gibt es denn für dich überhaupt noch deinen »Papa«?

Nee, der ist gestorben.

Und wie willst du das beschreiben, was du in Jessica jetzt hast?

Einen Elternteil. Kann man nicht beschreiben.

Wie hat sich die Beziehung zwischen Jessica und dir entwickelt?

Sie ist besser geworden, weil wir uns besser verstehen. Wir streiten uns zwar auch öfter, aber früher hat er oder sie immer gewonnen. Nun werde ich aber immer stärker, und das merkt sie ja auch. Gegen mich kommt sie gar nicht mehr an. Ich lass' mir ja auch nichts mehr sagen.

Was denken denn deine Klassenkameraden über Jessica?

Sie haben es alle gut verstanden, bis auf einen. Das war ein ziemliches Arschloch. Da kam Jessica mal in die Schule, da meinte er: Da ist Rouvens Vater, die Tunte. Und dann bin ich ausgerastet. Der war dann hinterher ein ziemlicher Krüppel. Ich habe ihn zusammengeschlagen und ihm zwei Rippen gebrochen. Nicht, weil er was gegen Jessica gesagt hat, sondern weil er es überhaupt gesagt hat. Damals wußte es nämlich noch nicht die ganze Klasse. Ich hatte es nur ihm erzählt, weil ich damals viel Vertrauen zu ihm hatte. Aber man kann sich ja auch täuschen.

Wie erklärst du dir denn, daß alle anderen das ganz gut verstanden haben?

Ja, die kennen mich ja schon lange, und sie wußten, daß ich mich dadurch nicht verändere. Mit mir hatten sie ja zu tun und nicht mit meinem Vater.

Und wie haben die Lehrer reagiert?

Ganz normal. Die wissen ja wohl nun Bescheid, schätz' ich mal.

Und was weißt du darüber, wie eure Nachbarn darauf reagieren?

Auch ganz normal. Jedenfalls die in den beiden Häusern hier neben uns. Die sagen natürlich auch »dein Vater«. Ich mag es nicht, wenn die sagen »deine Mutter«. Ich habe eine Mutter, und ich werde Jessica auch nie als Mutter ansehen. Damit muß sie auch zurechtkommen.

Und was sagt dein Bruder?

Der weiß es nicht. Meine Mutter will nicht, daß er es weiß. Er ist noch zu jung.

Was weißt du über die Pläne deines Vaters: Will er sich umoperieren lassen?

Ja, will er. Aber wann, weiß ich nicht. Er sagt, möglichst schnell.

Wie findest du das denn?

Doktor Hack-ihn-ab. Ist ja nicht meiner.

Und was hat sich sonst verändert in deinem Leben?

Eigentlich nichts. Es ist ja alles so geblieben, wie es war. Nur, daß Jessica sich verändert. Zu Anfang hatte ich damit Probleme, aber das muß man halt akzeptieren. Manchmal, wenn ich ganz fies bin und sie mich geärgert hat, sag ich immer Jörg Erich Otto. Dann wird sie immer sauer, und ich freue mich.

Da hast du dann ja auch eine empfindliche Stelle getroffen, sie mit ihrem Männernamen anzusprechen.

Ja, ist ja auch gut so, wenn ich irgendwie weiß, wie ich sie ärgern kann.

Könntest du dir auch vorstellen, daß du eines Tages transsexuell leben würdest?

Nein, ich doch nicht! Ich bin ein Mann. Ich will keine Frau sein.

Aber Jessica ist doch auch erst mal als Mann geboren.

Ja, aber er wollte das ja schon in meinem Alter und früher. Er hat mir mal erzählt, daß er in einem Alter, wo die Mädchen Busen bekamen, auch so was haben wollte. Da war er richtig neidisch, und das bin ich ja nicht. Ich hab' ja die ganzen Symptome nicht. Ich habe mich auch schon mal gefragt, ob ich später mal so sein werde. Aber das kann gar nicht sein.

Was hat dir denn dein Vater darüber gesagt, woher das kommt?

Daß er schon immer eine Frau war, bloß im männlichen Körper.

Findest du das nicht ein bißchen komisch, daß man einen männlichen oder weiblichen Körper hat, aber sich eigentlich als ein ganz anderes Geschlecht fühlt?

Nö, klingt ganz einleuchtend.

Dann könnte theoretisch dir das ja auch passieren.

Nö, ich fühle mich als Mann ja wohl. Als Junge, als Jugendlicher.

Was denkst du denn überhaupt über Transsexuelle?

Für mich ist das ganz normal. Was ich blöd finde, daß Frauen dann so fürsorglich sind. Jessica denkt jetzt, ach, jetzt ist sie ja eine Frau, also muß sie auch so fürsorglich sein. Sie hat sich halt verändert. Äußerlich und auch seelisch. »Ja, das darfst du aber nicht machen! Sei um sechs zu Hause! Und zieh dich auch warm genug an!«

Und das hat dein Vater vorher nicht gemacht?

Nö.

(Jessica kommt dazu)

Was ist denn für dich am deutlichsten verändert in der Beziehung zu Rouven?

Jessica: Es hat sich nicht so viel geändert, weil ich ja für mich derselbe Mensch geblieben bin. Ich bin freier und glaube, daß sich das dann auch auf Rouven überträgt. Ich brauch' nicht mehr so häufig »nein« sagen, erlaube ihm viel mehr. Wir können uns jetzt auch streiten, das war vorher nicht so möglich. Ich kann Konflikte jetzt eher austragen, vorher hab' ich mit Kopfschmerzen reagiert.

(Freund, elf Jahre, kommt dazu)

Wie findest du das denn, daß der Vater von Rouven jetzt als Frau rumläuft?

Freund: Weiß ich nicht. Zuerst fand ich es komisch. Dann habe ich mich ein bißchen dran gewöhnt.

Wie fändest du das denn, wenn deine Mutter sagen würde: Eigentlich bin ich ein Mann?

Freund: Nicht so gut. Find' ich komisch. Zuerst 'ne Frau und dann ein Mann.

Wie kommen solche Menschen wohl auf diese Idee, sich umoperieren zu lassen? Sind die ein bißchen sonderlich? Oder glaubst du, Jessica hat sich das mal so ausgedacht? Was könnte das denn sein?

Freund: 'ne Krankheit.

Rouven: Ist wohl eher eine psychische oder seelische Krankheit. Was sagt denn deine Oma dazu?
Freund: Gar nichts.
(Rouven und Freund gehen)

Jessica, wie war es für dich, Rouven aufzuklären?

Jessica: Zuerst war ich mir noch nicht ganz sicher, und deshalb habe ich es dann erst einen Monat später, am 17. Januar, gesagt. Das war sehr, sehr schwer. Ich hatte Angst, ihn zu verlieren. Davor, daß er sagt: Nee, damit komm' ich nicht klar, ich möchte jetzt zu meiner Mutter. Zuerst hat er ja nur gekichert und alles ins Lächerliche gezogen. Aber er hat es dann scheinbar verstanden, mich aber gebeten, das nicht so schnell zu vollziehen.

Und wie reagieren z. B. die Klassenkameraden von Rouven auf dich?

Es spricht mich leider keiner mit »Frau Rautenberg« an, früher haben sie ja immer »Herr Rautenberg« gesagt. Heute sagen sie lieber nichts, sondern nur: »Hallo, ist Rouven da?« Aber es kommen nach wie vor alle. Es hat keiner gesagt: »Da möchte ich nicht mehr hingehen.« Und auch in der Klasse ist das gut aufgenommen worden, wie ich gehört habe.

Wäre dir das eigentlich lieb, wenn Rouven jetzt sagen würde: Du bist meine Mutter?

Würde ich gerne haben, ja. Macht er nicht, möchte ihn aber auch nicht dazu zwingen.

Könntest du das verstehen, wenn Rouven das niemals sagen würde?

Er nennt mich jetzt auch nur beim Vornamen, das ist okay. Und wenn es darum geht, zu sagen: Zu Hause sitzt meine Mutter, mein Vater – das wird vermieden. Dann spricht er vom Elternteil. Er sagt jetzt zum Glück nicht mehr »mein Vater«, das hat er sich schnell abgewöhnt. Und daß er nicht »meine Mutter« sagt, das muß ich akzeptieren.

Dein zweiter Sohn lebt bei seiner Mutter und weiß bisher nichts von deiner Transsexualität. Möchtest du, daß er auch eines Tages davon erfährt?

Aber klar, ganz selbstverständlich! Am liebsten schon vorgestern oder noch früher. Nur darf ich das Kind nicht sehen. Sie hat zwar anfangs gesagt: »Gib mir Zeit.« Aber jetzt, wo sie weiß, ich bin eine Frau, will sie den Kontakt ganz unterbinden. Er ist jetzt acht Jahre, aber ich bin überzeugt, daß er spätestens mit zehn vor der Tür steht und mal guckt.

Glaubst du nicht, daß dieser Sohn dann einen Schock kriegt? Den konntest du ja nicht so vorbereiten wie Rouven. Er erwartet einen Vater, und dann steht im Türrahmen »ein Elternteil«.

Ja, damit muß ich aber leben. Ich habe alle Leute geschockt, aber alle haben positiv reagiert. Warum sollte mein kleiner Sohn nun anders reagieren? Ich werde ihm das dann erklären!

Wie erklärst du das einem Kind?

Ich kann das jetzt nicht sagen. Wenn ich in der Situation bin, finde ich auch die richtigen Worte. Ich kann mir vorher keinen Plan machen, denn dann ist das vielleicht völlig falsch in der Situation, und ich steh' da und weiß gar nichts zu sagen. Dann warte ich lieber ab.

Wie sprechen dich denn die Lehrer von Rouven oder andere Eltern an?

Ganz normal. Frau Rautenberg. Ich hab' sogar das Glück gehabt, zur Klassen-Eltern-Sprecherin gewählt zu werden, ohne Gegenstimmen. Das ist also auch möglich.

Das hört sich ja so an, als wäre das bei dir alles sehr positiv.

Ich fühle mich auch nicht diskriminiert. Bis auf meinen Arbeitgeber. Da waren drei Leute zuständig für die Entscheidung: Was machen wir jetzt mit ihr? Der eine wollte mich unbedingt haben, der andere schwankte, und der dritte hat dann »nein« gesagt. Ich hab' also meine Arbeit verloren.

War das die einzige Diskriminierung, die du erfahren hast?

Ja.

KLAUS/CLAUDIA

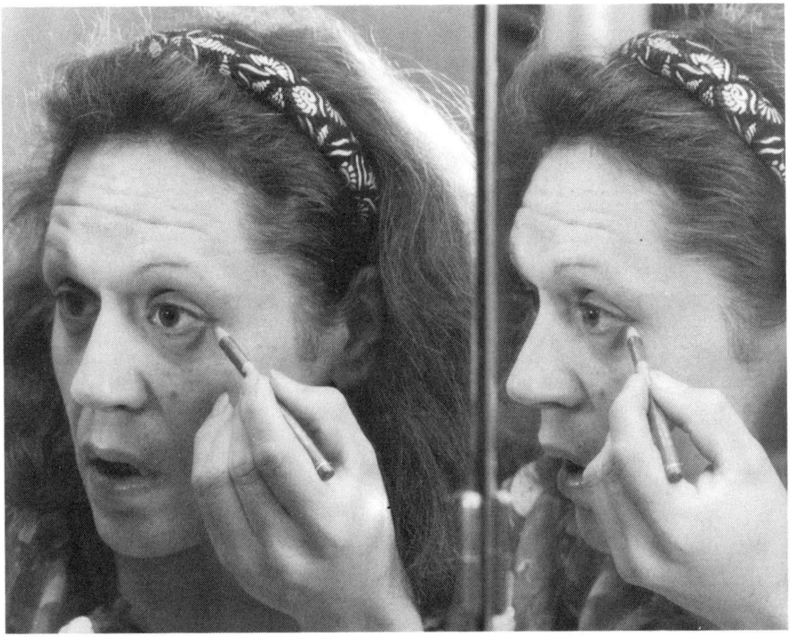

»Es gab auch einen Reiz, vor der eigenen Frau als Frau aufzutreten.«

Klaus oder Claudia, wie soll ich dich anreden, was ist dir lieber?

Also lieber wär' mir Claudia. Auf der Arbeit muß ich leider als Mann, als Klaus auftreten, weil es doch gegenüber den Menschen, die ich betreue, wichtig ist, daß sie eine klare Person vor sich haben. In der Freizeit ist mir Claudia lieber. Klar trennen kann man das eigentlich gar nicht. Wie du ja siehst, hab' ich lange Haare und bin auch manchmal leicht geschminkt, auch tagsüber während der Arbeit. Ich hab' jetzt zum Beispiel meine Fingernägel farblos lackiert. Das sieht keiner. Die schimmern ein bißchen, ja. Meine Augenbrauen sind gezupft, und Tönungscreme, Lipgloss und getuschte Wimpern habe ich auch. Es fällt schon auf, aber es wird akzeptiert von den Kollegen und Kolleginnen, obwohl die nichts davon wissen. In der Freizeit bin ich in der Wohnung eigentlich meistens Claudia. Wobei ich da auch wieder ein bißchen schau', weil direkt hinter dem Haus ein Kinderspielplatz ist und ich nicht unbedingt die Kinder mit einbeziehen möchte. Obwohl die

Kinder damit wahrscheinlich besser umgehen können, weil sie's vielleicht spaßig finden. Aber ich möchte nicht, daß es im Haus, in dem ich wohne, rumgetragen wird.

Und was bist du von Beruf genau?

Ich hab' mehrere Berufe, genau drei an der Zahl. Das eine ist ein Metallberuf, Fräser; das andere ist mein Traumberuf gewesen, technischer Zeichner. Und vor kurzem hab' ich die Heil-Erziehungs-Pflege-Ausbildung gemacht, wobei ich jetzt gerade im Anerkennungsjahr bin. Für mich war es immer wichtig, im sozialen Bereich zu arbeiten, weil ich's unheimlich toll find', mit Menschen zu arbeiten und für Menschen. Ich kann auch mit der Technik inzwischen nicht mehr viel anfangen.

Und wie alt bist du?

Ich werd' jetzt neununddreißig Jahre alt. Erst seit ein, zwei Jahren beginne ich, aufgrund von Therapien, nach außen zu gehen und meine Person und meine Sozialisation in das richtige Licht zu rücken. Ich habe in einer Männergruppe mitgearbeitet und die sogar teilweise geleitet. Ich arbeite auch noch in einem »Arbeitskreis Mann« in Stuttgart im evangelischen Männerwerk, wo ich aber aufgrund meiner Thematik bald wieder aussteige, nicht zuletzt wegen meinem Transvestitismus.

Seit wann weißt oder ahnst du, daß du ein etwas anderer Mann bist?

Ich hab' als Kind immer gedacht, irgendwas stimmt mit mir nicht, irgendwas ist anders als bei den anderen Kindern. Ich hab' mich nur teilweise den Jungs zugehörig gefühlt. Mir war das einfach zu grob, wie die miteinander umgegangen sind. Ich war feinfühlig, melancholisch, verletzbarer, zarter; ich wollt' nicht so raufen, mir war das zu unsensibel, zu grob, gar nicht meine Art. Hab' aber trotzdem mitgemacht, um nicht als Außenseiter zu gelten. Und hab' dann später festgestellt, so zwischen acht und zehn Jahren, daß ich mich eher dem weiblichen Geschlecht näher fühle. Nicht in dem Sinn, daß ich ein Mädchen geliebt oder für ein Mädchen geschwärmt hab', sondern ich merkte, daß Mädchen oder Frauen sensibler sind. Und aus Neugier habe ich dann mal in den Kleiderschrank meiner Schwester geguckt, die allerdings etwas größer war als ich.

Ist denn in deiner Familie mal jemandem aufgefallen, daß du ein bißchen feinfühliger warst als andere Jungs?

Meine große Schwester Gisela hat mal gesagt, wenn du ein Mädchen wärst, würdest du dich bestimmt anders anziehen. Und die Nachbarin hat mal zu meiner Mutter gesagt: »Der ist doch eher ein Mädchen als ein Junge«, und das hab' ich mitgekriegt.

Wie fandest du das denn?

Im Innern hab' ich gedacht, ja, ich bin's, aber ich darf es nicht zeigen, deshalb war ich auch manchmal deprimiert und immer peinlich darauf bedacht, daß mich niemand entdeckt. Einmal wär' ich allerdings fast von meiner jüngsten Schwester entdeckt worden. Ich wollte ihre Sachen probieren. Wobei die mir zu groß und zu weit waren, aber es hat mir richtig Spaß gemacht. Ich weiß noch, als ich so einen blauen Schminkstift das erste Mal in der Hand hatte, war das total aufregend für mich! Die Lippen waren blau, die Lider waren blau – ich hatte eine richtige Kriegsbemalung, aber das fand' ich toll. Da war ich acht, neun Jahre.

Weiß es denn überhaupt jemand aus deiner Familie, daß du heute auch als Claudia rumläufst?

Ja, inzwischen weiß es meine Mutter. Aber sie hat letztendlich nicht die Tragweite der ganzen Sache begriffen.

Was könnte denn die Tragweite sein?

Die Tragweite könnte sein, daß ich nur noch als Frau herumlaufe.

Ist das realistisch?

Könnte sein, ja. Ich denke, daß es fließende Übergänge gibt zwischen Transvestitismus und Transsexualität. Ich empfinde mich momentan als Transvestit und nicht als Transsexueller, wobei ich nicht ausschließen kann, daß meine Entwicklung dahin geht. Ich habe Angst, nicht mehr zurück zu können, und daß sich herausstellt, daß ich im Irrtum bin, daß ich transsexuell sein könnte. Wobei es ganz klare Unterschiede zwischen Transvestitismus und Transsexualität gibt. Ein Transvestit zieht Frauenkleider an, befriedigt sich dann auch, im Gegensatz zu Transsexuellen, die richtig Frau sein wollen. Ich bin ein Transvestit, der nach außen gehen möchte und sich nicht ewig verstecken will. Über dreißig Jahre hab' ich mich versteckt in meinen vier Wänden. Und das möcht' ich nicht mehr. In den letzten Jahren habe ich aufgrund der Therapie einfach mehr Selbstvertrauen bekommen. Letztendlich auch durch den Beruf, der einen reifen läßt. Ich habe das letzte halbe Jahr Fortschritte in meiner Entwicklung gemacht, die mir teilweise Angst machen.

Wenn ich jetzt noch mal ein bißchen zurückgehe zu den Zeiten, wo du noch eingeschlossen in deinen vier Wänden warst, was hast du denn da gemacht?

Es ist schon eine Art Ritual gewesen, das aber für mich jedes Mal anders war. Man setzt sich vor den Spiegel und beginnt sich zu schminken. Erst das Gesicht, die Lippen oder die Wimpern. Man versucht, das Gesicht weicher zu machen durch das Schminken, weil man doch harte Gesichtszüge hat, die dann stören. Ich bezeichne es eher als Kunst am eigenen Körper, das Schminken, die Kleider, das Kombinieren der Kleider, die man anzieht, ein Rock mit einer Bluse, ein Kleid mit einem anderen Rock drüber, total bauschig, weil's mir eben total gut gefällt.

Und wie würdest du das beschreiben, was dann mit dir passiert?

Man verwandelt sich schon regelrecht in eine Frau, also, ich bin dann ein anderer Mensch. Ich fühl' mich ganzheitlich, wenn ich das gemacht hab'. Manchmal war ich absichtlich krank und hatte die Gelegenheit, weil niemand im Haus war. Und dann habe ich mich allmählich verwandelt. Manchmal habe ich nur einen Rock angezogen und bin in der Wohnung rumgelau-

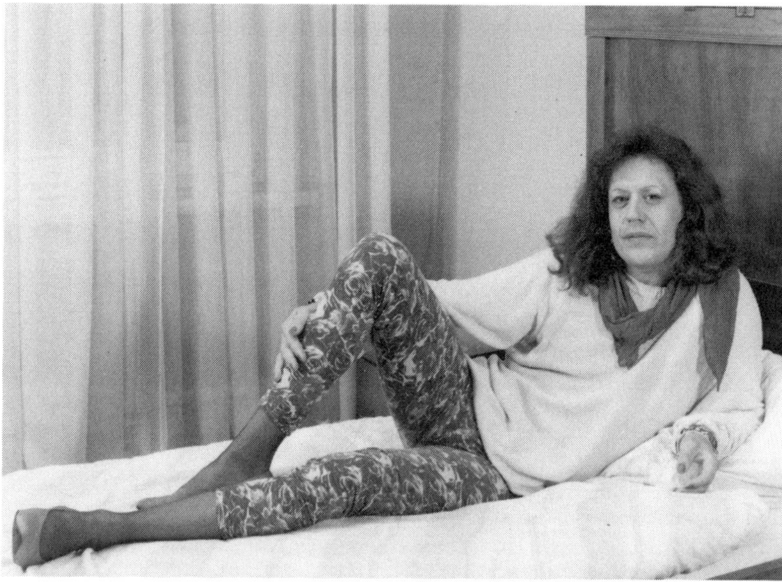

fen und hab' mich allmählich so im Lauf einer Stunde in ein Mädchen oder in eine junge Frau verwandelt. Das war dann natürlich oft sexuell stimulierend. Ich hab' dann vorm Spiegel auch onaniert und Sexualität erst mal so gelebt. Mädchen mochte ich immer mehr als Jungs, aber ich hatte Schwierigkeiten mit ihnen, weil ich mich selbst als Mädchen gefühlt hab'. Und ich hab' manchmal die Vorstellung gehabt, wenn ich ein Mädchen zum Tanzen aufgefordert hab', daß zwei Mädchen miteinander tanzen. Obwohl ich in Männerkluft oder in männlicher Kleidung war. Auch das »Aufreißen« von Mädchen, wenn ich mit der Clique unterwegs war, war mir zuwider.

Wie fühlst du dich denn jetzt, wo du hier sitzt? Du bist eher neutral gekleidet, ein bißchen »dazwischen«.

Bei dieser Frage spüre ich Trauer, immer zwischen den Stühlen sitzen zu müssen. Daß ich ein Mann sein muß und immer nur eine Imitation mache. Die zwar unheimlich Spaß macht und schön ist, die mir aber keine konstante Befriedigung mehr auf die Dauer gibt. Ich weiß, daß ich mir als Claudia-Melissa immer näher war und daß ich mich dabei gut gefühlt habe. Wobei ich meinen Penis auch als lustvoll empfinde. Es ist nicht so, daß ich mir in diesem Stadium eine Operation angedeihen lassen würde. Es gibt ja Transvestiten, die sich eine Brust wachsen lassen mit Hormonen. So was könnt' ich mir zum Beispiel irgendwann vorstellen. Wobei ich Angst habe, ob ich in meinem Job weiterarbeiten könnte. Ich möchte nicht irgendwann von Sozialhilfe leben.

Also du befürchtest, daß es eine große Auswirkung auf dein Leben haben würde, wenn du ganz als Frau rumlaufen würdest?

Bei meiner Arbeit, da würd' sich nix ändern, die könnt' ich genauso gut machen wie bisher. Oder genauso schlecht, wenn man so will. Aber ich hab' die Befürchtung, daß die Kollegen damit nicht gut umgehen könnten. Ob das real so ist, das ist natürlich nicht unbedingt gesagt, das kann auch ganz anders sein. Ich kenne eine Transsexuelle in Heilbronn, die dort lebt und in einem großen Kaufhaus arbeitet und die ihrem Chef gesagt hat, sie wolle Frau sein, und deren Chef das toleriert hat. Solche Lösungen könnt' ich mir eher vorstellen. Wenn das möglich wäre, dann würd's vielleicht auch gehen, zumindest die Lösung mit der Brust. Ich habe auch im Laufe der Jahre verschiedene Therapien ausprobiert. Im Moment bin ich in Stuttgart bei einem Psychiater und Psychotherapeut, bei einem Mediziner, der mich über die Runden bringt und mich auf die Punkte aufmerksam macht. Ich mache jetzt auch noch eine zweite Therapie. Die zweite Therapie ist eine Massage nach Boysen. Eine Gesprächstherapie allein genügt nicht, ich brauch' was für den Körper, um meinen Prozeß in Gang zu bringen.

Würdest du denn sagen, daß dein Therapiebedürfnis mit deinem Transvestitismus im Zusammenhang steht?

Einerseits ist es so, daß es sicher eine allgemeine Suche nach dem Eigenen, Verschollenen ist; nach Punkten, die eher im dunkeln liegen. Wobei ich das nicht so abspalten kann. Mein Transvestitismus ist nicht abgetrennt vom seelischen Prozeß. Das geht so Hand in Hand, und die ganzen Therapien haben letztendlich auch dazu gedient, um meinen Transvestitismus anzugucken. Ich konnte ja vor drei oder vier Jahren noch gar nicht benennen, was das ist. Ich wußte wirklich nicht, was ich bin. Ich wollte wenigstens eine Bezeichnung, um zu wissen, in welche Richtung es geht. Bin ich Fetischist, ein Perverser oder was?

War das denn ausdrücklich auch Thema bei den Therapien, oder war das eher ein Nebenprodukt, das für dich abgefallen ist?

Nee, ich hab' erst mal so für mich neutral geschaut, ohne daß ich gleich versucht hab', in die Thematik zu gehen. Wo geht's für mich hin? Wo ist mein Schwerpunkt? Was ist stärker bei mir, das Männliche oder das Weibliche? Ich hab' mir auch mal zwei Horoskope machen lassen, und da hab' ich festgestellt, daß mein männlicher Anteil kleiner ist als mein weiblicher Teil. Ich versuche zu erklären, was mit mir los ist. Viele kleine Punkte, die ich in meiner Therapie gefunden hab', ergeben langsam ein Bild.

Von wem oder auch wann hast du denn zum ersten Mal den Begriff Transvestitismus gehört und auf dich bezogen?

Also, darüber gelesen hab' ich schon Anfang, Mitte zwanzig in Zeitungen. Daß es Menschen gibt, die darunter leiden, daß sie ein Mann oder eine Frau sind und gerne das Gegengeschlecht wären. Bezogen hab' ich es eigentlich erst so seit den letzten fünf Jahren auf mich selbst. Ich hab' gedacht, es ist vielleicht ein Spaß am Verkleiden, vielleicht könnte man im Theater auftreten als Frau, daß man das ausleben kann. Ich hab' es im Fasching ein paar Mal versucht und wurde da eigentlich ganz gut als Frau angenommen. Und das hat mich natürlich noch mal in der Rolle bestärkt. Aber ich hab' mir das mehr so Stück für Stück erarbeitet. Ich hab' versucht, mir klarzumachen, was ich bin. Und ich bin mir jetzt immer noch nicht im klaren. Aber ich merk', daß es in eine Richtung geht, die für mich stimmig ist. Ich weiß allerdings nicht ganz genau, wie weit es geht.

Welche Erklärung hast du denn für deinen Transvestitismus?

Ich habe mich in den Therapien immer wieder gefragt: Wo kommt es her? Lange Zeit habe ich es darauf geschoben, daß ich in meinen früheren Leben etwas angestellt hatte und jetzt als Mann leben müßte, obwohl ich mich als Frau fühle. Ich bin aber letztendlich noch zu keiner Lösung, wo es genau herkommt, gekommen. Vielleicht aus einer Zeit, in der ich eine starke Verunsicherung erlebt habe, und ich glaub', die war im Krankenhaus, wo ich ziemlich lange mit der Pertes-Krankheit gelegen habe. In dieser Zeit hatte ich kaum Kontakt zu meinen Geschwistern, und meine Mutter kam auch nie ins Krankenhaus. Nur mein Vater hat mich regelmäßig besucht.

Wenn ich dir ganz allgemein die Frage stellen würde: Wer bist du oder was bist du? Wie würdest du die beantworten?

Ja, das ist eine etwas schwierige Frage. Ich sehe mich weder als Mann noch als Frau. Eher im androgynen Zustand, was aber auch nicht ganz stimmt. Ich sehe mich überwiegend als Frau mit männlichem Körper und weiblicher Seele. Die Schwierigkeit ist, daß ich noch nicht ganz den Mut habe, ganz in dem Geschlecht zu leben, dem ich mich innerlich zugehörig fühle.

Wenn es ganz selbstverständlich sein würde, daß Transsexuelle mit beiden Geschlechtsorganen leben könnten, wäre es dann für dich einfacher, dich auch als Transsexuellen zu bezeichnen?

Also, wenn transsexuell heißen würde, mit beiden Geschlechtsorganen rumzulaufen, dann würde ich mich als transsexuell bezeichnen. Aber so bin ich kein Transsexueller.

Was ist denn genau für dich transsexuell?

Für mich ist ein Transsexueller einer, der konsequent sein Geschlecht umwandeln möchte, weil er so empfindet. Und ich möchte mein Grundgeschlecht auch nicht verleugnen. Ich merk' ja ganz deutlich, daß ich auch Lust habe, meinen Penis anzufassen. Es ist nicht so, daß ich das Ding gänzlich weghaben möchte. Also klar, wenn ich als Frau auf dem Weg in die Stadt bin, dann binde ich mir den Penis nach hinten, denn wenn ich ein Kleid oder einen Rock anhabe, sieht man unter Umständen die Ausbeulung. Aber das heißt nicht, daß ich ihn ganz weghaben möchte. Das ist schon ein Unterschied.

Du hast ja sogar Kinder und eine Partnerin. Wie kam das?

Ich hab' versucht, normal zu leben. Ich hab' alle Frauenklamotten, die ich bis dahin gekauft hatte, verbrannt, weil ich dachte, ich könnte mich damit heilen. Da war ich zwischen achtzehn und zweiundzwanzig. Ich bin in der Zeit auch Motorrad gefahren, bin in einer Clique gewesen und hab' verschiedene Kampfsportarten erlernt, hab' mal geboxt und auch Judo gemacht. Ich wollte »normal« sein. Ich wollte meinem äußeren Geschlecht gerecht werden, so wie's ist, ich wollte Mann sein. Ein Mann besteht nicht nur aus Muskeln, sondern auch aus Grips. Es war so, daß ich erst mal versucht hab', mein Selbstwertgefühl aufzubauen. In der Clique hab' ich mich gut gefühlt, hab' immer wieder meine Männlichkeit zur Schau gestellt, wenn man so will, durch Kräftemessen oder dadurch, daß ich Frauen versucht hab' abzuschleppen, um da mitzureden. Und dann hab' ich meine frühere Frau kennengelernt, zufällig beim Fasching.

Als du als Frau rumgelaufen bist?

Nein, da bin ich als Mann unterwegs gewesen. Wir wußten, wir wollten zusammenbleiben, und haben dann auch später geheiratet. Aber ich hab' mich auch in der Zeit, als ich mit ihr zusammen war, immer wieder umgekleidet in meine wirkliche Kleidung, die Frauenkleidung, und sie hat das nicht haben können, genauso wie Gertrud, meine jetzige Partnerin. Es ist dann wieder stärker geworden, als ich mit Karin zusammen war. Es gab auch einen Reiz, vor der eigenen Frau als Frau aufzutreten. Sie hat das aber total abgeblockt und gesagt: »Du spinnst ja, so rumzulaufen.« Ole, mein erster Sohn, weiß bis heute nichts von der Sache. Vielleicht ahnt er irgendwas. Und ich würd's auch erst mal nicht sagen wollen. Gertrud will auch nicht, daß Aron, mein zweiter Sohn, das erfährt. Sie droht mir damit, daß sie mir das Sorgerecht entziehen will, sollte ich es ihm sagen.

Was heißt denn das in bezug auf das Buch?

Wenn er das Buch irgendwann mal in die Hand nehmen würde und sähe, aha, hier ist Klaus oder bzw. Claudia. Dann würd' ich's ihm erklären, ich würd' mich bei ihm entschuldigen, weil ich's ihm noch nicht gesagt hab'. Ich find', mein Kind hat das Recht zu erfahren, daß ich auch noch eine zweite Identität hab' bzw. die zweite Identität eigentlich die ist, die wirklich zutrifft.

Als du Gertrud, deine jetzige Partnerin, kennengelernt hast, war das auch Ergebnis eines Versuchs, wieder »normal« zu werden?

Ja. Ich hab' die Gertrud damals während eines Selbsterfahrungswochenendes unter dem Motto »Finde zu dir selbst« kennengelernt. Ich hatte die Hoffnung, doch noch ein normales Männerleben zu führen. Natürlich sah ich meine TV-Problematik – mein Verdrängungsmechanismus war aber stärker. Und das hat mir Gertrud auch vorgeworfen. Sie hat das nicht akzeptieren können und einfach gesagt, sie könne nicht mit einer Frau zusammenleben, sie sei nicht lesbisch. Sie hat halt immer einen Mann gewollt und keine Frau oder Pseudo-Frau. Sie sagt, sie ekelt sich vor mir. Sie will nichts mehr damit zu tun haben.

Könntest du dir denn vorstellen, daß du als Claudia von jemandem geliebt werden könntest?

Die Hoffnung hab' ich, daß es irgendwann eine Frau gibt, weil ich doch heterosexuell bin. Inzwischen wissen es einige Leute, mehr Frauen als Männer. Uli, ein Freund, weiß es z. B. auch und hat das auf gute Art auch verstanden. Und das war für mich gut, da hab' ich eine Entlastung gespürt. Armin aus meiner WG findet das eher anregend und sagt, vielleicht kann sich mancher Mann davon eine Scheibe abschneiden. Vielleicht wird dann die Welt ein bißchen anders, nicht so stark von Männern beherrscht und verunstaltet, wie's im Moment ist.

Wie lebst du heute diesen Teil aus?

Ich gehe z. B. auf Veranstaltungen wie von Transidentitas in Frankfurt und habe vor, im nächsten Jahr nach Dänemark zu fahren, ins EuroFantasia. Da gibt es ein Angebot für Transvestiten, eine Woche Urlaub, wo Transsexuelle auch willkommen sind.

Natürlich ist es ungleich schwieriger, in so einem kleineren Ort wie Schwäbisch-Hall zu leben, das hat aber auch Vorteile. Abends schmink' ich mich oft und kleide mich um, und mach' dann einen Spaziergang nach Einbruch der Dunkelheit, so zwischen Tag und Dunkel, damit man nicht gleich auf den ersten Blick erkannt wird.

Nun mußt du ja aber selbst bei einem Spaziergang aus deiner Tür heraus- und wieder in diese Tür hineinmarschieren. Ist das die größte Angstschwelle?

Ja, stimmt, das ist schon eine angstbesetzte Sache. Wenn ich da aus dem Haus erst mal raus und ein paar Meter weg bin, dann geht's. Neulich wäre ich allerdings fast erkannt worden. Es steht ja doch viel für mich auf dem Spiel. Als Mensch, in meinem Beruf, auf meiner Arbeitsstelle.

Schlägt Transvestitismus eigentlich auch aufs Sexualleben?

Uneingeschränkt ja. Ich hatte jetzt schon zweieinhalb Jahre keine Liebe mit einer Frau. Die Sexualität ist im Moment eher auf mich selbst begrenzt, wobei ich Kleider anzieh' oder onanier' oder mich stimulieren muß. Und es gibt Zeiten, da hab' ich dann keine Sexualität. Obwohl ich mich als heterosexuell empfind', habe ich doch lesbische Tendenzen. Wenn ich als Frau mit einer Frau schlafen will, dann ist das nicht mehr heterosexuell. Ich hab' oft das Bedürfnis, den weiblichen Part und nicht den männlichen Part zu spielen. Das hätte für mich dann so ausgesehen, daß die Frau halt auf mir gesessen und mich an den Brustwarzen stimuliert hätte. Bei dem Gedanken wird mein Penis auch immer erregt.

Und Männer kämen für dich gar nicht in Frage?

Die Frage hab' ich mir auch schon gestellt und gedacht, da müßte man wirklich mal mit einem Mann zusammensein, mit einem Schwulen, aber ich glaub' eher nicht.

Wenn du dich in letzter Zeit öfter mal als Frau zurechtmachst, ohne dich selber zu befriedigen, ist das vielleicht ein Anzeichen dafür, daß es doch in die Richtung geht, die du befürchtest: Transsexualität?

Ja, mir macht das mit der Transsexualität immer noch Angst, wobei für mich der ganze Themenkomplex an Schärfe verloren hat. Im Moment fühle ich mich als Transvestit, und ich glaube, daß es verschiedene Formen von Transvestitismus gibt, auch Formen, die der Transsexualität nahe stehen.

Woher kommt denn dann deine Angst?

Ich glaube, die Angst kommt daher, daß man mit aller Konsequenz darin zurechtkommen muß. Auch, daß ich nicht mehr zurück kann und von meinem Lustbereich, meiner Sexualität abgeschnitten werde, denn bis jetzt kenne ich keinen stärkeren Lustbereich als den Penis für mich.

Könntest du dir vorstellen, nur deinen Paß ändern zu lassen in Claudia, ohne Operation? Oder wäre das undenkbar für dich?

Ich könnt' mir schon vorstellen, den Paß ändern zu lassen. Ohne daß ich die geschlechtsangleichende Operation vollziehen würde. Ich weiß nicht, ob nicht vielleicht ein Druck von Transsexuellen da ist, die Operation machen zu lassen. Und ich wüßt' nicht, wie ich dem psychischen Druck widerstehen könnte, daß ich zwar als Frau eingetragen, aber keine konsequente Frau bin. Also äußerlich. Selbst wenn ich keinen Penis mehr hätte, so komisch das klingen mag, würde ich mich immer noch nicht als Transsexuelle fühlen. Ich bin mir selbst irgendwo näher als Transvestit.

Also bringt dir »der Tanz auf der Schwelle« einerseits viel Unsicherheit, läßt dir aber andererseits auch viel Freiheit. Kann man das so sagen?

Freiheit, daß man sagen kann, gut, heute ist mir nach Frau, also gehe ich in Frauenkleidern. Ich empfinde das immer spannend, den Gegensatz zu erleben. Zu sehen, wie man als Frau irgendwelchen Sachen ausgesetzt ist, die man als Mann selbstverständlich macht. Ich kann Gefühlen Ausdruck verleihen, die ich als Mann nicht haben darf.

Welche Gefühle sind das?

Wenn ich auf der Straße z. B. mit Weinen anfange. Frauen reagieren eher mit Weinen, verleihen ihrem Gefühl Ausdruck. Oder wenn mal was weh tut, dann sitzt der Mann und kein Ton kommt raus. Die verkneifen sich den Schmerz, statt daß sie mal kräftig schreien würden und sagen, Mensch, das tut mir weh, und vielleicht ein paar Tränen weinen, daß sie mal Gefühle ausdrücken.

Da könnte man ja sagen, daß du als Transvestit die Vorteile von beiden Geschlechtern leben kannst.

Ja, in gewisser Weise. Die Vorteile sind schon da. Aber es hat leider auch gewisse Nachteile. Für mich überwiegen die Vorteile. Selbst wenn gewisse gesellschaftliche Beschränkungen da sind. Mir geht's darum, so zu sein, wie ich bin, wie ich mich fühl'. Als Frau.

MARY/STEFFEN UND FREUND KLAUS

»Die Schminke muß schon draufbleiben, denn mit einem normalen Mann würden die ja sowieso nicht ins Bett gehen.«
»Er muß schon sein Make-up abwaschen, bevor er ins Bett steigt.«

Steffen: Mein Künstlername ist Mary, mein Name im Paß Steffen. Ich hab' vor acht Jahren im *Schmidt's* angefangen als Travestiekünstler bei Lilo Wanders. Jetzt bin ich achtundzwanzig. Vor drei Jahren hab' ich mein Konzertbüro aufgemacht und mein Gewerbe angemeldet. Ich hab' dann Tourneen gemacht, z.B. eine Österreichtournee, eine Deutschlandtournee, viele Bädertourneen. Ich komme ursprünglich aus Ostdeutschland. Gebürtig bin ich in Thüringen, und gewohnt hab' ich in Berlin.

Mary, wie bist du denn dazu gekommen, Travestie zu machen?

Steffen: Ich hab' vor zehn Jahren mit der Schauspielschule angefangen, kam dann nach Hamburg und fand keine Arbeit. Und da hab' ich jemanden kennengelernt, die schon Travestie gemacht hat. Sie suchte jemanden, der mit ihr einen Showteil macht, und fragte mich, ob ich das mitmachen würde. Ich hab' gesagt, ich hab' so was noch nie gemacht und bringe das nicht. Sie hat mich dann so lange beredet, bis wir die Nummern und das Programm einstudiert haben. Und das hat mir eigentlich Spaß gemacht, deswegen hab' ich das auch weitergemacht. Dann hab' ich mich beim *Schmidt—Theater* beworben, als Gag, und da hat die Lilo mich auch genommen. Meine erste Nummer war Marilyn Monroe. Wenn ich mir das heute angucke ... haha! Ich hatte mir die Originalperücke besorgt, die Kassette geholt und die Nummer einstudiert

Und wo bist du dann aufgetreten, in welcher Show?

Steffen: Im *Schmidt's* bei der Mitternachts-Show.

Und wie war dein Erfolg?

Steffen: Die Nummer ist ganz gut angekommen, und so war ich mehrere Monate freitags und samstags in der Show. Irgendwann stand mir die Nummer dann aber bis hier, weil du ja auch mal was anderes machen möchtest. Lilo wollte aber immer nur die Nummer haben, weil die anscheinend lustig angekommen ist.

War das die berühmte Nummer in dem wehenden Kleid?

Steffen: Nein, das war die Nummer mit »*I wanna be loved by you*«.

Wie war denn das für dich, als Mann in Frauenkleidern aufzutreten? Wie würdest du dich denn von der sexuellen Orientierung her bezeichnen?

Steffen: Ich bin der Meinung, Beruf ist Beruf und privat ist privat. Im Berufsleben geb' ich mich schon ganz anders als in meinem Privatleben.

Und was bist du privat, und was bist du beruflich?

Steffen: Beruflich bin ich Künstler. Wenn ich so ab und zu weggeh', lauf' ich gerne in Frauenkleidern rum und auch mal gern im Fummel, irgendwie gibt mir das mehr. Bloß wenn ich einen Freund hab', der nicht möchte, daß ich in Frauenkleidern rumlaufe, dann lauf' ich auch als Mann rum. Das macht mir in dem Moment nichts aus. Ich bin ja mal ein ganzes Jahr als Frau rumgelaufen.

Wie kam das denn?

Steffen: Da hab' ich jemanden kennengelernt, durch die »man aktuell«, und meine ganze Tournee schleifenlassen. Anschließend bin ich dann nach Hamburg zurück und hab' keine Lust gehabt, was zu machen. Eines Abends bin ich dann los mit einem Bekannten, in die *Große Freiheit* reingekommen und da bin ich ins *Amiga's Treff.* Ich hab' mit der Rocky gesprochen, und sie hat gesagt, kannst hier arbeiten, die Tagesschicht machen. Das ist ein Animierschuppen. Wenn da Männer reinkommen, fängt man Unterhaltungen an, daß sie ein Getränk bekommen, weil man ja von den Getränken lebt.

Heißt das, du hast als Animierdame in einem Transvestitentreff gearbeitet? Bist du auch ins Séparée gegangen mit den Herren?

Steffen: Wenn es die so haben wollten, dann ja.

Wußten die, daß ihnen da Transvestiten zu Diensten stehen?

Steffen: Die meisten Leute, die da reinkommen, wissen, daß das Transvestiten sind, weil es auch Broschüren gibt, in denen sie nachgucken können, was für Läden das sind. Viele, die da reinkommen, sind verheiratet, haben keine Erfüllung bei ihren Frauen oder wollen Abwechslung haben. Auch viele Jugendliche kommen, die irgendwie Probleme haben, an Frauen ranzukommen.

Wie ist das im Séparée? Gibt es dann das große Erstaunen?

Steffen: Das gibt es. Leute, die da noch nie drin waren, die das nicht wissen, gucken zwar etwas komisch, wenn du mit denen im Séparée bist, aber bisher hat noch niemand etwas gesagt. Sie haben meistens mitgemacht, weil sie anscheinend neugierig waren.

Und arbeiten da auch Transsexuelle, oder sind es eher Transvestiten?

Steffen: Da sind viele, die umoperiert sind, und viele, die eine Brust haben und unten ihr Geschlecht auch noch. Es haben auch Frauen dort gearbeitet, das war sehr gemischt.

Fast ein Spezialitätenangebot?

Steffen: Richtig. Es gibt auch viele Männer, die da reinkommen, die möchten eine Frau haben, keinen Transvestiten.

Ist dieser Treff ein einmaliges Angebot auf der Reeperbahn?

Steffen: Nein, es gibt mehrere. Es gibt einmal die *Monica-Bar,* die ist gemischt, Thai und Deutsche, und die anderen sind alles Thailäden.

Wie ist deine Identität, fühlst du dich mehr als Mann oder mehr als Frau?

Steffen: In meinem Privatleben fühl' ich mich mehr als Frau. Im Beruf ist es etwas anders. Wenn ich eine Tournee mache und zur Kurverwaltung muß, um mich im Konzertbüro vorzustellen, trete ich als Mann auf, weil ich das Konzertbüro unter meinem männlichen Namen führe. Wenn ich draußen so rumlaufen würde, dann wüßten die Kurgäste ja schon, aha, so sieht die aus! Dann ist die Überraschung weg. Auf dem Plakat sehen sie,wie man in etwa aussieht. Original und Bild ist ja auch ein Unterschied, und die Leute, die da reinkommen, denken, was kommt denn da jetzt auf mich zu, wie sieht die denn überhaupt aus. Ich komm' ja als Mann auf die Bühne, zwar schon geschminkt. In meiner Anfangsnummer verwandel' ich mich auf der Bühne in eine Frau. Ganz öffentlich. Ich hab' die Frauenkleider schon drunter, hab' einen schwarzen Mantel an und einen Hut auf. An einem Ständer hängen Perücke und Federboa,und unten stehen die Pumps. Ich bring' das Lied von Dirk Busch *»Willkommen in der Traumfabrik«*, und dann *»Ich bin, was ich bin«*. Und bei dem Lied verwandel' ich mich dann.

Und woher kennt ihr euch? Habt ihr euch in einer Show kennengelernt?

Klaus: Ich war dieses Jahr drei Wochen in Bremen, und da hab' ich den Steffi kennengelernt, ganz unvermutet. Im Bürgerpark in Bremen, da hab' ich noch nicht gewußt, was mit Steffi ist.

Wie kam das denn? Wenn ich durch den Stadtpark gehe, dann lern' ich erst mal nicht so schnell jemanden kennen.

Klaus: Also, das ist ganz einfach. Es gibt ja im Stadtpark dieses gewisse Abteil, wo die Schwulen sich aufhalten. Und in diesem Bereich war ich auch, um einfach mal zu wissen, was in Bremen läuft. Und da hab' ich Steffi kennengelernt. Aber da hab' ich, wie gesagt, noch nicht gewußt, daß er Künstler, Transvestit ist, das hab' ich erst im nachhinein erfahren.

Also, als du Steffi das erste Mal gesehen hast, in der Cruising-area, da kam er dir vor wie ein ganz normaler Homosexueller.

Klaus: Richtig. Jedenfalls war er da nicht in Frauenkleidern.

Wie war denn das, als du ihn, sie das erste Mal in Frauenkleidern gesehen hast? Bei welchem Anlaß war das?

Klaus: Das war gestern, vorher hab' ich ihn nur in Männerkleidung gesehen.

Aber du wußtest es doch schon vorher?

Klaus: So vom Hören. Da zählt man natürlich eins und eins zusammen, und ich dachte, daß er eben drauf abfährt, also von der künstlerischen Seite her, Frauendarstellung zu machen. Gestern habe ich ihn in voller Montur, in Frauenkleidern mit allem drum und dran, erlebt.

Was hat Steffi dir dazu gesagt?

Klaus: Also, er hat mir über seine künstlerische Seite, nicht die private, erzählt, aber ich bin ja so intelligent, daß ich mir sage, so, wie er sich gegeben hat, ist er mehr Frau als Mann. Und gestern hab' ich dann gesehn, daß er in Frauenkleidern war. Er hätte ohne weiteres den ganzen Tag so gehen können, aber damit war ich nicht ganz einverstanden.

Wie ist das denn für dich, morgens neben einem Mann aufzuwachen, der mittags als Frau die Wohnung verläßt?

Klaus: Ich akzeptiere das, nehm' es zur Kenntnis, weil ich mir sage, jeder muß für sich selber wissen, was er will und was er tragen möchte. Ich trag' ja auch gewisse Sachen, die andere auch nicht tragen würden. Mich interessiert, *wie* der Mensch ist. Wenn man nur nach dem Äußeren geht, müßte man nur noch Ausgrenzungen durchführen.

Wie erscheint Steffi dir denn in der Kluft als Frau im Verhältnis zum Aussehen als Mann?

Klaus: Also, ich hab' im Gefühl, daß das irgendwie besser zu ihm paßt als Männerkleidung.

Ihr habt euch in der Cruising-area kennengelernt, von daher vermute ich, daß ihr euch nicht nur platonisch, sondern sexuell kennengelernt habt.

Klaus: Richtig.

Ihr schlaft also heute auch noch zusammen.

Klaus: Ja.

Du bist ja homosexuell.

Klaus: Das ist richtig.

Wie wäre denn das für dich, wenn Steffi jetzt immer als Mary neben dir liegen würde?

Klaus: Also, das hört sich wie ein Widerspruch an, aber – und das hab' ich gestern auch zu Steffi gesagt – das Make-up muß runter. Damit hab' ich schon Probleme, weil ich mir sage, da kann ich ja mit einer regulären Frau ins Bett gehn. Ich möchte schon das Gefühl haben, einen Mann im Bett zu haben und keine Frau. Ich kann zwar mit Frauen besser zusammen arbeiten als mit Männern, aber sexuell läuft da nichts! Ich hab' Steffi deutlich gemacht, daß er schon sein Make-up abwaschen muß, bevor er ins Bett steigt. Aber ich komm' ins Schwanken, wenn Steffi darauf besteht. Dann werde ich wohl gezwungen sein, das zu akzeptieren, bzw. muß ich lernen, das zu akzeptieren. Aber ich sage mir, wo kein Druck dahinter ist, muß das nicht sein.

Steffen, ich frag' mal direkt: Das männliche Glied ist noch dran?

Steffen: Ja.

Würdest du es denn jemals entfernen lassen?

Steffen: Nein.

Wieso nicht?

Steffen: Weil ich mir sage, daß die Männer immer eine Frau haben können. Frauen gibt es ja genug, aber Transsexuelle und Transvestiten nicht.

Was ist so besonders interessant an Transvestiten oder Transsexuellen, was glaubst du?

Steffen: Auf Tourneen lernt man ja immer Leute kennen, wenn man ins Publikum geht. Es kommen immer auch einige Frauen in die Garderobe und sagen, toll, wie schminkt ihr euch, wie macht ihr eure Fingernägel? In dem Moment dürfen wir nichts verraten, weil einige Schminktips dabei sind, die man selber lernt. Und wenn wir nach der Show in Lokale gehen, um Leute kennenzulernen und vor allen Dingen, die Männer anzumachen, gehen wir meist in Diskotheken, machen ein bißchen die Männer an, ob sie ein Getränk ausgeben. Dann merkt man sowieso, ob sie mitmachen oder nicht, ob sie neugierig sind oder ob sie nur mit Frauen etwas zu tun haben wollen. Wenn ich bei meiner Bekannten bin, die wohnt in der Nähe von Wien, das ist ein kleines Dorf, wo nur verheiratete Leute leben. Aber die sind schlimmer als normale Homosexuelle! Die wollen viel mehr wissen als jeder andere, die sind neugieriger.

Worauf sind die denn besonders neugierig?

Steffen: Im Gesicht sieht man aus wie eine Frau, und das ist schon mal das Reizvolle. Und dann wollen sie sowieso wissen, wie das im Bett ist.

Das Make-up muß also nicht ab wie bei Klaus, sondern draufbleiben?

Steffen: Die Schminke muß schon draufbleiben, denn mit einem normalen Mann würden die ja sowieso nicht ins Bett gehen. In dem Moment sehen sie zuerst die Frau, und jetzt wollen sie die andere Seite kennenlernen. Daß ich vom Geschlecht her ein Mann bin, wissen die ja. Da kommt jetzt die Neugierde, denn sie können ja sowieso nicht mit einer Frau machen, was sie mit einem Mann machen können.

Das heißt also, die würden gar nicht wollen, daß du das Make-up abmachst?

Steffen: Ich hab' das mal probiert, also abgeschminkt und so, aber dann wollen die Leute nichts mehr, weil die mit Männern nicht ins Bett gehen. Denn ohne Schminke seh' ich ja aus wie ein Mann, aber wenn du Schminke drauf hast und andere Haare, ist das ein ganz anderes Bild, als würdest du als Mann vor ihnen stehen. Wenn man im Hotel ist, dann merken die Leute, weil man ein ganz anderes Auftreten hat, daß man Künstler ist, und die denken dann, das kann nur die Travestiegruppe sein. Und da sitzen die dann so bei ihrem Frühstück und rätseln, wer war das und wer war das. Ich hab' eine Kollegin, die ist genauso schlank wie ich, und in dem Moment wissen die sowieso nicht, wer ist wer gewesen. Bei den etwas kräftigeren Kollegen kann es nur die eine sein, das ist ganz normal.

Wie kam denn das, daß ihr beide gestern zusammen zum Einkaufen gegangen seid, du das erste Mal als Frau gekleidet öffentlich an der Seite von Klaus?

Steffen: Ich hab' gestern berufliche Wege erledigt und bin als Frau gegangen, weil die mich nicht anders kennen. Für die Namensänderung war ich auf der Behörde. Und auch bei der Gewerbebehörde. Dann bin ich wiedergekommen, wir hatten jemanden eingeladen, und es fehlten noch Sachen. Und ich sagte, ich komm' mit, weil er nicht wußte, was ich speziell haben wollte.

Nun steht ja in deinem Paß »Steffen«, und nicht Mary oder Steffi. Wie kommt das, daß die dich auf der Behörde als Frau kennen?

Steffen: Voriges Jahr ist mein Ausweis weggekommen, und ich habe mir einen neuen Ausweis machen lassen, da ist ein Frauenbild drin.

Obwohl ein Männername daneben steht, ist ein Frauenbild drin?

Steffen: Richtig.

Und das ging so einfach?

Steffen: Ja, in dem Moment kann man ja auch bei Gericht die Namensänderung beantragen. Da gibt es zwar einige Schwierigkeiten: Man muß zu mehreren Ärzten, die das begutachten. Du mußt ein ganzes Jahr mindestens als Frau leben. Du mußt auch beweisen können, daß du als Frau lebst. Wenn das erwiesen ist, dann wird auch die Namensänderung durchgeführt.

Das ist die kleine Lösung vom Transsexuellengesetz. Strebst du die an?

Steffen: Die Namensänderung, ja!

Dann könntest du noch als Mann rumlaufen, aber deine offizielle Identität wäre Frau.

Steffen: Wenn die Namensänderung jetzt durch wäre, dann müßte ich als Frau zur Behörde gehen. Zu Hause kann ich mich als Mann aufführen, bloß wenn ich irgendwo hingeh', dann muß ich als Frau gehen. Das ist wieder die andere Seite.

Und trotzdem möchtest du auch ganz offiziell einen Frauennamen haben?

Steffen: Für die Behörden, ja!

Hast du dir schon einen Namen ausgesucht?

Steffen: Ich hab' mir schon die ganze Zeit überlegt, wie mein Name sein soll, aber zu dem richtigen Entschluß bin ich noch nicht gekommen.

Und was steht so zur Auswahl?

Steffen: Dominique, dann hatte ich Claudia, und zur Zeit bin ich bei dem Namen »Steffi« gelandet! Die meisten im Freundeskreis kennen mich ja als Steffi.

Klaus, wie siehst du das denn, wenn Steffi auch laut Paß eine Frau geworden ist?

Klaus: Da bin ich ganz locker, das muß Steffi entscheiden, und wenn sie der Auffassung ist, sie kann damit leben – bitteschön, dann soll sie es tun. Was das mit mir zu tun hat? Ich sag' mir, das ist nur eine Namensänderung, trotzdem bleibt ja die Person bestehen. Der Name ist ja, wenn man so will, Schall und Rauch.

Sollten wir von *ihr* oder *ihm* sprechen? Ich merke, daß ich da immer mehr durcheinandergerate.

Steffen: Ich würd' sagen, das ist *ihre* Sache. Bloß wenn ich jetzt z. B. über die Grenze fahr', gibt es schon wieder einige Schwierigkeiten, weil ich über die Grenze als Frau fahren muß. Und wenn ich so als Frau unterwegs bin, sagen wir mal von Deutschland nach Wien, fährt man doch so elf bis zwölf Stunden und muß sich abschminken und wieder neu schminken, das ist schon einiger Aufwand.

Das heißt, es wäre unpraktischer, jeden Tag als Frau rumzulaufen?

Steffen: Wenn ich unterwegs bin, ja. Dann müßte ich mir zwei Pässe machen lassen, also noch einen, in dem ich als Mann drin bin.

Jetzt frag' ich dich noch mal, Klaus, seid ihr eigentlich verliebt?

Klaus: Ich würde es so bezeichnen, ja. Doch, sind wir, jedenfalls von meiner Seite aus, ich kann ja schlecht für Steffi sprechen.

Und du, Steffi?

Steffen: Ja. Als ich Klaus kennengelernt hatte, hab' ich gedacht, oh Gott, was ist denn das für ein junger Spund? Im Park siehst du ja sowieso nicht, wie alt jemand ist. Er war wie ein Achtzehnjähriger gekleidet, und ich hab' ihm den Vorschlag gemacht, zu mir nach Hause zu fahren. Und als er mir sein Alter gesagt hat, hab' ich gedacht, oh Gott...

Wenn Steffi das wahrmacht, was er sich im Moment alles überlegt, dann könnte das ja auch für eure Beziehung eine ganze Menge bedeuten. Ob das dann immer noch so wäre, daß das Make-up erst abgemacht wird, bevor es zum Sex geht?

Klaus: Da seh' ich kein Problem. Ich sag' mir, er kann ja tagsüber oder wenn er nachts unterwegs ist, in Frauenkleidern gehn. Aber im Privatbereich, im Schlafzimmer, da muß schon das Make-up runter.

Nun bist du ja ein Homosexueller, der der Lederszene zugeneigt ist. Angenommen, ihr würdet auf eine Lederparty gehen, könnte Steffi da auch mitgehen oder müßte sie sich an bestimmte Bekleidungsvorschriften halten?

Klaus: Ich war immer schon so eingestellt, daß jeder damit zurechtkommen muß, worauf er steht. Ich komm' aus der Lederszene und hab' auch gewisse Praktiken, vor allen Dingen im sexuellen Bereich. Aber ich richte mich immer nach der Person, und dann schmink' ich mir eben gewisse Sachen ab, denn es soll ja Spaß bringen für beide und nicht nur für einen. Und in der Lederszene muß er sich eben anpassen. Wenn die Leute ihn dann dumm angucken, muß er damit zurechtkommen, das ist sein Problem. Wenn er allerdings dumm angemacht wird, dann würde ich mich natürlich gegebenenfalls einmischen, aber zuerst muß er sich damit selbst auseinandersetzen. Es gibt gewisse Normen in der Lederszene, die fest sind, wie bei Transvestiten oder Transsexuellen. Es reicht auch, wenn er in Jeans und Lederjacke oder auch nur in Jeans ausgeht, aber eben nicht in bürgerlichen Klamotten, Faltenhose oder was weiß ich. Und ich sag' mir, warum auch nicht, denn die Lederszene ist nun mal eine ganz andere Welt als die bürgerliche oder transsexuelle. Jeder hat seine Spielregeln, und die sollte man schon einhalten, wenn man nicht ganz so doof dasitzen will.

Steffi, wie sind deine Erfahrungen mit der Lederszene?

Steffen: Eigentlich habe ich da keine Probleme. Im *Tom's* bin ich schon zweimal aufgetreten mit meiner Gruppe und auch auf der *Cap San Diego*, und dort wurden wir überhaupt nicht angemacht, sondern im Gegenteil, wir haben sehr viel Kontakt gefunden.

Nur ist es etwas anderes, wenn man angerufen wird, ob man da einen Auftritt machen soll, als wenn man ganz normal an der Kasse steht und ins Lokal will.

Steffen: Ich bin auch sonst schon im *Tom's* als Frau Gast gewesen und hab' damit noch nie Probleme gehabt. Allerdings hatte ich schon mal im *Crisco* ein blödes Gefühl, weil da nur die Freier saßen, die was von den Strichern wollten. Ich hab' schon bei der Veranstaltung gemerkt, daß sie sich überhaupt nicht dafür interessierten, die wollten von einem Knaben einen Striptease sehen und sonst nichts. In Stricherlokalen ist das schon was anderes als in anderen Lokalen.

Nun frag' ich mal deinen Exfreund, der hier mit im Raum sitzt, dazu. Frank, du warst mal mit Klaus befreundet. Jetzt ist er mit einem Travestie-Künstler zusammen, wie findest denn du das?

Frank: Wenn ich ehrlich sein soll, mir ist das egal, das muß jeder selbst wissen, mit wem er verkehrt oder wen er als Freund hat. Für mich war das zwar kein Schock, aber Klaus kam gestern zu mir runter und sagte, Steffen kommt dann und dann wieder, aber erschrick dich nicht, und ich sagte, wieso denn? Darauf Klaus: Steffi kommt in Weiberklamotten! Ich war erst einmal sprachlos, ich wußte nicht, was ich sagen sollte. Jedenfalls kam er nachher, und ich mußte ein paarmal hingucken, ob er es wirklich war! Als Frau sah er eigentlich ganz gut aus und hat mir auch gefallen.

Besser als als Mann?

Frank: Ja.

Das wäre ja fast ein Argument dafür, immer als Frau rumzulaufen. Aber das hört sich ja alles sehr liberal an. Wie kommt das?

Frank: Ich bin eigentlich den Umgang mit Transvestiten gewöhnt. In Schwerin haben wir auch drei, vier Stück, mit denen habe ich eigentlich viel verkehrt.

Gibt es einen Unterschied im Umgang mit Transvestiten zwischen Ost- und Westdeutschland?

Steffen: Da gibt es schon einen Unterschied, denn in Ostdeutschland, wo ich gelebt hab', war die Szene ganz anders, da haben die Schwulen mehr zusammengehalten, da gab es keine Intrigenspiele, während das in Hamburg anders war. Es gibt hier sehr viele Intrigen. Im Osten war es egal, ob das Lesben waren. Die waren in einer Schwulenkneipe alle willkommen. In dem Lokal hier, in dem ich verkehre, wenn da eine Frau reinkommen würde, da würd' schon mancher sagen: Eh! Was will denn die hier?

Also lieber alle durcheinander: Heteros in Transvestitenläden, Transvestiten in Schwulendiskos, Lesben in Schwulenkneipen usw.?

Klaus: Ja, dann hat man auch eher die Wahl, kann ich es akzeptieren, kann ich es nicht akzeptieren? Wenn alles getrennt ist, dann schiebt man eine

gewisse Schublade immer wieder auf und interessiert sich für die anderen Schubladen nicht, oder man behält seine Vorurteile über die anderen Schubladen. Und wenn man in eine Diskothek geht, die gemischt ist, ist man ja gezwungen, sich mit der Sache auseinanderzusetzen.

Was ist eigentlich das Besondere an der Travestie?

Steffen: Die Leute müssen im Publikum sitzen und rätseln: Ist das jetzt ein Mann, oder ist das eine Frau? Die Figur und die Kostüme, die Perücken und alles drum und dran, das muß was Besonderes sein. Man darf auch nicht immer in den gleichen Kostümen kommen. Die Leute wollen ja öfter was Neues sehen.

Das heißt, Travestie lebt im Grunde davon, daß ich die anderen verunsichere und die nie genau wissen, ob das nun ein Mann oder eine Frau ist.

Steffen: Genau! Sonst braucht man keine Travestie zu machen. Wenn ich auf die Bühne gehe ohne Lampenfieber, dann kann ich meine Travestie an den Nagel hängen, denn dann geh' ich auf die Bühne und leier' mein Lied runter, und das ist nicht der Sinn der Sache. Bei jeder Veranstaltung hab' ich mehr Lampenfieber, und wenn das noch da ist, dann ist das auch gut, denn Lampenfieber gehört dazu. Sonst brauch' ich nicht mehr auf die Bühne zu gehen. Genau das verlang' ich auch von meinen Leuten, denn das Publikum ist immer anspruchsvoller, und für das Geld, das die bezahlen, wollen die auch was sehen.

FACHLEUTE

DR. VOLKER HALLWASS

Praktischer Arzt

»Ob wir es mit einer Lustfrage, einer Leidens- oder einer Identifikationsfrage zu tun haben – das sind halt die Punkte.«

Dr. Hallwaß, Sie sind praktischer Arzt und damit erste Anlaufstelle für viele Patienten. Auf welche Art und Weise kommen Sie mit Transsexuellen hier im Rahmen Ihrer Praxis in Kontakt?

Ich hatte schon vor sechzehn Jahren, als ich meine Praxis eröffnete, die ersten Transsexuellen hier. Zur Zeit habe ich pro Quartal bis zu siebzig, und die Zahl nimmt zu. Auch die Zahl derjenigen, die zu Anfang glauben, sie seien transsexuell, und bei denen wir im Laufe unserer Konsultationen dann feststellen, daß sie es doch nicht sind. In den letzten Jahren nimmt interessanterweise die Quote der Frau-zu-Mann-Transsexuellen zu. Zur Zeit sind dies bei mir circa dreißig Prozent der Transsexuellen.

Wie erklären Sie sich diese Entwicklung?

Zunächst ist es sicher so, daß wir früher eine Gesetzgebung hatten, die dieser Situation überhaupt keine Rechnung trug. In so einer Situation war es praktisch sozialer Selbstmord, sich zu offenbaren. Das hat sich später durch das neue Transsexuellengesetz geändert, das zumindest in dieser Hinsicht eine Verbesserung gebracht hat. Die Quote der Frau-zu-Mann-Transsexuellen ist sehr viel schwerer zu erklären. Ich habe öfter gehört, daß sich viele von denen lange Zeit als lesbisch eingeordnet haben und in dieser vermeintlichen Rolle zwar nicht glücklich waren, aber keine andere, bessere Erklärung hatten. Erst seitdem man auch über dieses Phänomen spricht und auch Frau-zu-Mann-Transsexuelle in der Öffentlichkeit auftauchen, entsteht bei einzelnen Frauen das Bewußtsein, daß es wohl tatsächlich noch etwas anderes als das Lesbische gibt.

In welcher Phase kommen die Frau-zu-Mann-Transsexuellen zu Ihnen?

Ich hab' durchaus Situationen, wo jemand kommt und sagt: Bisher lebe ich lesbisch, und das ist nicht meine Sache. Ich bin mir nicht sicher, ob ich transsexuell bin oder nicht. Können wir das mal gemeinsam aufarbeiten? Die Mehrzahl der Patienten, die mit diesen Fragen kommt, sind natürlich Leute, die ganz gezielt deswegen kommen. Die meisten kommen auf Empfehlung bestimmter Fachkollegen. Die zweite Gruppe kommt über Selbsthilfegruppen an mich. Und die allerkleinste Gruppe bilden diejenigen, die einfach durch Zufall bei mir gelandet sind.

Kommen die Transsexuellen zu Ihnen nur wegen der Gutachten?

Nein, das ist ja nur ein Aspekt. Ein Anliegen ist, daß einer kommt und die Frage hat, was bin ich denn nun? Und wenn jemand sagt: Ich bin transsexuell, dann möchte ich mich erst mal überzeugen lassen. Ich kann nicht einfach bei jemandem, der sagt: Jetzt bin ich transsexuell, die Hormonspritze rausholen und ihn auf irgendeinen Weg schieben, das funktioniert genau umgekehrt. Ich bemühe mich zunächst, die Erkenntnis zu bekommen, ob hier Transsexualität vorliegt oder nicht. Dann geht es um die Frage der Hormonbehandlung, mit der man interessanterweise auch diagnostische Hilfen hat. Denn gerade unter der Hormonbehandlung klärt es sich spätestens, ob die Sicht der Transsexualität stimmt oder nicht.

Das hört sich ja fast so an, als sollte man die Hormonbehandlung am besten gleich zu Beginn der Konsultationen empfehlen, um möglichst schnell zum Kern der Sache zu kommen.

Nein, nicht zwingend. Hormone sind ja ein relativ weitgreifender Eingriff. Allerdings kann man die Hormonbehandlung als diagnostische Hilfe dazunehmen. Man muß zu der Ansicht kommen, daß es wohl Transsexualität ist, man sich aber alle Wege offenhält. Sie wissen, es gibt keinen Laborwert, mit dem wir prüfen können, ob jemand transsexuell ist oder nicht. Es bleibt also nur herauszuarbeiten, wie der Mensch sich identifiziert und wie wir ihm helfen können, ein möglichst glückliches Leben zu erreichen. Transsexualität ist ja immer ein Leidensweg.

Nach welchen Kriterien gehen Sie denn dabei vor? Wie lassen Sie sich überzeugen, daß dieser Mensch vor Ihnen transsexuell ist?

Das Einfache ist das Gespräch, das Komplizierte ist das konflikthafte Gespräch, da bohrt man in der Vergangenheit, arbeitet den roten Faden heraus, an dem man erkennen kann, wo die Identifizierung liegt. Transsexualität ist ja eine Frage der Identifikation, und diese Identifikation muß herausgearbeitet werden. Man muß herausfinden, ob es eine vorübergehende Sicht ist, vielleicht eine Problematik der Lust – man könnte ja z.B. Wäschefetischist sein. Oder ist es ganz schlicht und ergreifend dieser immense Leidensdruck, zu wissen, ich bin sozusagen das andere Geschlecht? Dann kann man es auch herausarbeiten, und das dauert unterschiedlich lange, manchmal Wochen, manchmal Jahre. Ich gehöre nicht zu denen, die imstande sind, das in zwei Sitzungen festzustellen.

Welche Fragen stellen Sie Ihren transsexuellen Patienten?

Ich würde sie fragen, wie sie auf die Idee kommen und seit wann sie diese Idee haben. Ob ihnen eigentlich mal aufgefallen ist, daß hinter dem Wort auch Sexualität, Trans-Sexualität, steckt, und was ihre Empfindung, Erfahrung und Erwartung der Sexualität ist. Man muß auch ganz intensiv in die Biographie einsteigen, daraus ergeben sich halt viele Fragen. Dazu gehört bei mir üblicherweise etwas ganz Banales, damit ich auch ein kleines Grundgerüst habe. Ich frage z.B.: Wie alt bist du? Und dann kommt irgendein Alter. Und dann sage ich: Gut, bevor wir das Thema in der Gesamtschau haben, gibt es bei mir eine Biographie, pro Lebensjahr drei Seiten, und dann fangen wir mal an zu arbeiten. Und dann passiert etwas ganz Interessantes. Die Geschichten, die die Leute schreiben, sind ein phantastisches Arbeitsmaterial. An diesen Geschichten erkennen Sie, was sie bewegt und was sie verdrängen, und enorm viele Punkte, an denen Sie analysierend nachfragen können. An diesen Geschichten erkennen Sie den roten Faden und den Bruch. Und diese Geschichten helfen auch den Schreibenden, sich über manches klarzuwerden. Ob wir es mit einer Lustfrage, einer Leidens- oder einer Identifikationsfrage zu tun haben — das sind halt die Punkte, die man herausarbeitet.

Was machen Sie überhaupt mit Transsexuellen, die zu Ihnen in Ihre Praxis kommen?

Es werden hormonelle Behandlungen gemacht, es werden intensivste explorierende oder therapierende Gespräche geführt, über alle Aspekte, die in Frage kommen. Das fängt schon bei banalen Sachen an, wenn jemand kommt und ein paar allzu bunte Federn trägt, daß ich die Frage stelle, was jetzt eigentlich gemeint ist. Ob wir beim Zirkus gelandet sind oder ob wir es noch mit Transsexualität zu tun haben. Das Kernproblem von Transsexualität ist ja, daß ein ganz normales, in die Gesellschaft integriertes Leben angestrebt wird. Wenn das nicht passiert, dann haben wir etwas falsch gemacht. Und dazu kommen Gutachten in den Fällen, in denen dafür Aufträge durch das Gericht kommen. Das ist das Spektrum der Leistung. Was ich nicht mache, das kann ich auch sagen. Ich forciere niemanden in eine Operation, könnte beinahe sagen, ich weigere mich, hier in besonderer Weise hilfreich oder unterstützend zu sein. Diesen Schritt kann nur jemand gehen, der aus Leidensdruck die Schritte alle allein macht.

Ist es Ihnen schon passiert, daß Sie den Eindruck hatten, jemandem würde es guttun, sich nicht operieren zu lassen, und er hat es trotzdem getan?

Ich habe einmal die Situation erlebt, wo ich noch abgeraten hätte, aber das Geschehen ohne mich in Gang gesetzt worden ist.

Haben Sie diese Person anschließend wiedergesehen?

Ja, ich sehe sie immer noch.

Und was hat sich nach der Operation denn nun dargestellt: War das ein guter Schritt?

Ja, in diesem speziellen Fall waren meine Befürchtungen falsch, ich hätte da noch länger gezögert.

Mit welchen Zeiträumen rechnen Sie denn, über den sich die klärenden Gespräche hinziehen sollten?

Ich sag' mal, der Durchschnitt liegt bei mir in der Größenordnung eines Jahres.

Was ist das Minimum und was das Maximum an Zeit im Rahmen Ihrer Praxis?

Erst mal muß ich sagen, es gibt bei mir auch Transsexuelle, die nicht operiert sind. Das heißt, man sollte jetzt nicht die Frage stellen, wie lange geht das Geschehen bis zur Operation, weil die Frage auch beinhaltet, ob Transsexualität zwingenderweise mit Operation zu tun hat. Ich kann Ihnen eigentlich aus meiner gegenwärtigen Erfahrung sagen, daß ich Patienten habe, die in ihrer sozialen Wirklichkeit leben und sich darauf eingerichtet haben, die alte Rolle weiterzuspielen. Wenn sie in bestimmten Berufen sind, Familie haben, mit der sie zwar nur noch eine Wohngemeinschaft bilden, aber für die sie eine soziale Verantwortung haben, ist es möglich, daß sich diese Menschen entscheiden, diesen letzten Schritt nicht zu gehen. Da nehme ich lieber den Leidensdruck in Kauf, daß ich ein zweigespaltenes Leben führe. Das muß man akzeptieren. Die prinzipielle Frage ist, ob nur ein Mensch transsexuell ist, der sich auch operieren läßt. Transsexualität hat viele Gesichter und viele Erscheinungsformen und nicht nur die Erscheinungsform der pflichtgemäßen Operation. Transsexualität geht sicherlich auch in dem Rahmen, daß jemand sein Leben auf zwei verschiedene Bereiche aufteilt, den sozial akzeptierten konventionellen Bereich und den, wo er seine Transsexualität lebt, weil er so spät zu der Erkenntnis gekommen ist, wer er ist oder was er ist. Und die dritte Variante sind diejenigen, die den »vollen« Weg gehen. Da haben wir ein Problem mit der Gesetzgebung, denn das Gesetz trägt eigentlich in Wirklichkeit nur zwei Gruppen, zwei Möglichkeiten Rechnung. Ausführlich begutachtet und therapiert zur Namensänderung und die Operation zur Personenstandsänderung.

Wenn Transsexualität so viele Gesichter hat, welche davon sind Ihnen denn in Ihrer Praxis begegnet?

Einmal die Maximallösung, das heißt transsexuell, operiert, voll integriert, glücklich in der jeweils anderen Rolle. Ich hab' ein Beispiel: Ein Kraftfahrzeugschlosser kommt nach circa anderthalb Jahren wieder zu mir, verabschiedet sich, sagt: War eine schöne, gute, wichtige Zeit, wollt' mich nur verabschieden, den letzten Kleinkram, mal so 'ne Hormonspritze, das macht mein Hausarzt jetzt. Übrigens, ich heirate demnächst meinen Kollegen aus derselben Schlosserwerkstatt. Ich bin jetzt Kraftfahrzeugschlosser*in*, er ist Kraftfahrzeugschlosser, und wir sind glücklich. Das ist die eine Variante. Die zweite Variante ist die derjenigen, die ich übrigens auch noch als gute Maximallösungen sehe: Sie sind den gesamten Weg gegangen, finden sich aber nicht in der klassisch-bürgerlichen heterosexuellen Rolle wieder, sondern in der gleichgeschlechtlichen.

Würden Sie sagen, daß es häufig bei Mann-zu-Frau-Transsexuellen der Fall ist, daß sie später eine Beziehung zu einer anderen Frau, wahrscheinlich einer biologischen Frau, aufnehmen?

Wenn ich das aus meinem Bereich, soweit ich ihn wirklich übersehe, sagen kann, ist die Mehrzahl – ich sag' mal achtzig bis fünfundachtzig Prozent – später auf Gleichgeschlechtliche orientiert. Eine ernsthafte Erklärung dafür habe ich bisher nicht gefunden. Aber ich denke mir, daß es damit zu tun hat, auch endlich dort angekommen zu sein, wo die eigene Sehnsucht ist.

Wenn Transsexualität eine Tatsache ist, die sich über Jahre hinweg in das Bewußtsein der Betroffenen vorarbeitet: Wieso müssen Transsexuelle Sie dann noch überzeugen, wenn Sie sie doch schon ernst nehmen?

Wenn ich eine Hormonbehandlung mache, dann habe ich ja einen verantwortlichen menschlichen und ärztlichen Standpunkt. Manchmal ist das gar nicht so einfach auseinanderzuhalten und geradezu haarsträubend, wenn man das rein ärztlich sieht. Denn auch da gibt es sehr viele Ethikfragen. Vom Prinzip her bedeutet es ganz vereinfacht, ich muß wirklich guten Herzens und ruhig schlafen können. Ohne das Gefühl, etwas vernachlässigt zu haben oder jemandem geschadet zu haben.

Welche ärztliche Ethik würde denn da eine Rolle spielen und welche menschliche Ethik?

Na, dann stellen Sie sich doch mal die Frage andersherum. Weswegen hat es früher kein Transsexuellengesetz gegeben, und weswegen hat es früher keine Ärzte und sonstigen Gutachter und Berater gegeben, die die Regierung dazu gebracht haben, ein Transsexuellengesetz zu machen? Das heißt, Sie haben eine sich ständig wandelnde ethische Betrachtung, entsprechend wird aus der ärztlichen Sicht etwas befürwortet oder abgelehnt. Ich sage einfach mal das Stichwort »Sterbehilfe«. Es gibt ja viele Ethikfragen, die sehr unterschiedlich vor historischen oder sonstigen Hintergründen gesehen werden, die sich plötzlich ins Gegenteil verkehren – in dem Augenblick, in dem sie aus ärztlichen ethischen Gesichtspunkten betrachtet werden.

Welche ärztlich-ethischen Grundsätze sehen Sie im Kontakt mit Transsexuellen, und welche persönlichen, menschlich-ethischen Grundsätze müssen damit vielleicht sogar zusammenkommen, damit Sie »guten Gewissens » diesen Menschen Hormone geben können?

Schlicht und ergreifend könnte man mit der WHO sagen: »Gesund an Körper und Seele.« Damit haben wir einen relativ umfassenden Gesundheitsbegriff. Wenn einer von der Seele her leidet und nicht gesund ist, auch vielleicht somatische Beschwerden hat, dann haben wir es in diesem Sinne mit einem unterstützungs- und therapiebedürftigen Krankheitsbild zu tun. Wobei das Interessante ist, daß dann ja die Gesundheit hergestellt wird. Aus dem Leidenden hat sich in seiner Alltäglichkeit ein Gesundender entwickelt.

Das ist ja die große Frage, ob jemand, der nicht mehr leidet, damit automatisch gleich gesund ist.

Nein, die Frage ist, wie definieren wir es. Aus ärztlicher Sicht ist es eben eine andere Frage. Transsexuelle haben nun mal schlicht und ergreifend später einen Bedarf an Hormonen oder vielleicht gelegentlich auch Beratungsbedarf. Der Weg, den ein transsexueller Mensch geht, soll ja auf eine Verbesserung der gesamten Situation hinzielen. Wir begleiten beratend zu der Erkenntnis, transsexuell zu sein. Wir helfen auf diesem oder jenem Wege bis da und da hin und so weit, wie jemand mitgehen will. Denn es heißt nicht, du bist transsexuell und mußt dich nun operieren lassen. Es geht um den Punkt, an dem man den größtmöglichen leidensfreien Zustand erreicht, und das ist nicht unbedingt immer der Glückszustand.

In welcher Phase kommen die Transsexuellen in der Regel zu Ihnen?

Ich hab' naturgemäß eine größere Anzahl von denjenigen, die entweder vor der Operation stehen, oder von denjenigen, die ihren Endpunkt ereicht haben und sagen: Ich geh' bis zu diesem Punkt, aber operieren lasse ich mich nicht, und die Personenstandsänderung mache ich nicht. Die dann sozusagen in ihrer Erhaltungstherapie bleiben. Das heißt, irgendwann sind sie in der Situation, daß sie sich mit ihrer Hormongabe wieder bei ihrem Doktor oder Gynäkologen um die Ecke melden. Aber das sollte auch der normale Weg sein, denn Transsexualität bedeutet nicht, daß jemand ein Leben lang transsexuell ist.

Sondern?

Daß er bei seinem Ziel ankommt und dann auch das ist, was er ist. Kassentechnisch muß es allerdings immer Transsexualität sein, aufgrund der Tatsache, mit welchen Leistungen oder Medikamenten man arbeitet.

Sie haben vorhin die drei Begriffe »Lustfrage«, »Leidensfrage« und »Identitätsfrage« in den Raum gestellt. Was wären denn die dazugehörigen drei Fragen bzw. Antworten?

Es gibt ja die Frage von Transsexualität als Identitätsfrage, wo das falsche Geschlechtsorgan als entsprechend nicht vorhanden oder störend empfunden wird. Und daß Sexualität nicht mehr stattfindet. Die Frage der Lust können wir einfach mal anders festmachen: Wie ist es mit jemandem, der als Mann sexuell aktiv sein möchte und auch als Mann hoch sexuell aktiv ist, der aber Frauenkleider liebt? Dann haben wir es nicht mit Transsexualität zu tun, sondern vielleicht mit einer Frage des Fetischismus. Sie haben also eine ganze Menge Schattierungen bis zur reinen bzw. für mich sehr deutlich erkennbaren Transsexualität.

Würden Sie aus Ihrer Erfahrung sagen, daß Transvestitismus nur gelegentlich oder eher häufiger eine Vorstufe von Transsexualität ist, oder würden Sie das ganz und gar ausschließen?

Ganz und gar ausschließen kann ich es nicht, weil zumindest eine meiner, ich hätte heute beinahe gesagt, »Lieblingstransen« eine ist, bei der ich früher lange Zeit diesen Eindruck hatte. Die aber nach vielen Jahren die »Superfrau« rausgekriegt hat. Irgendwann kam sie an und sagte: Ich hab' jetzt meinen OP-Termin gemacht, ich halt' das nicht mehr aus. Und es hat sich auch hinterher herausgestellt, daß das richtig war. Es schließt sich also nicht aus. Es ist sicherlich ein geringer Prozentsatz derjenigen, die von der transvestitischen Einschätzung dann doch den ganzen Weg machen. Ich meine nicht, daß sich jemand von einem Pol zum anderen bewegt. Sie werden z. B. aus mir selbst durch jahrelange Sitzungen keine Frau machen können. Aber wenn ich jemanden habe, wo wir gemeinsam zu der Einschätzung kommen, daß er vielleicht doch nicht ganz transsexuell ist, bedeutet es nicht, daß wir den ins Transsexuelle hineintherapieren, sondern nur, daß wir ihn vorher falsch verstanden haben.

Wie häufig kommen denn z. B. psychotische Patienten zu Ihnen, die meinen, sie seien transsexuell?

Das ist sehr schwierig, weil man sich da in den Bereich der psychiatrischen Definition begibt. Die Frage ist ja auch, ist das der krankhafte Zustand – zu wissen, ich bin im falschen Körper –, oder ist der falsche Körper der krankhafte Zustand?

Gibt es denn Ihrer Ansicht nach überhaupt das Phänomen, daß innerhalb einer Psychose jemand fälschlicherweise meint, er sei transsexuell?

Ich kenne die Situation Transsexualität *plus* Psychose, aber ich möchte nicht Transsexualität *als* Psychose in dem Sinne diskutieren. Das sind auch die Fälle, wo ich äußerste Beklemmungen habe. Weil das natürlich dann auch bedeutet, daß man in dem Augenblick verschiedene Therapien und Ansätze sinnvollerweise sein lassen sollte, weil man es dann ja im Zweifelsfall mit jemandem zu tun hat, der über sich nicht selber entscheiden kann.

Diese Therapien und Diagnosen, von denen Sie sprechen, wären das z. B. Hormonspritzen, die Sie da besser lassen, um eben keinen Zustand der Irreparabilität zu erzeugen?

Ja, zum Beispiel. Es ist ja sehr schwierig, mit jemandem etwas zu machen, wenn man sich nicht mit ihm über alle Konsequenzen, Folgen und Hintergründe verständigen kann. Aber dann ist es natürlich auch so, daß ich mich noch mit einem psychiatrischen Kollegen ins Einvernehmen setze, weil ja auch das wieder eine Entscheidung ist, die im Zweifelsfall gegen den Patienten ist.

Was muß denn nun in ein Gutachten rein?

Gutachtertätigkeit ist relativ deutlich definiert. Es steht ja im Gesetz, was das Gesetz wissen will. Der Gutachter ist eigentlich ein sachverständiger Zeuge. Das Gericht will einen Zeugen, der vielleicht auch medizinisch was versteht und dem Gericht bescheinigt, daß dieser Mensch sich in der zwanghaften Situation befindet, dem anderen Geschlecht zugehörig zu fühlen. Die zweite Frage ist, ob sich diese Situation wieder ändern wird. Das ist die eigentlich wichtigere Frage, denn die heißt: Lieber Zeuge, Sachverständiger, du sollst dich so intensiv mit dem Menschen beschäftigt haben, daß du eine Einschätzung abgeben kannst, ob dieser Mensch sich aus dieser Situation wieder anders orientiert oder nicht. Das ist es im wesentlichen. Und aus der personenstandsrechtlichen Änderung heraus ergibt sich dann nur noch die Frage, ob diese Person dauerhaft zeugungs- bzw. gebärunfähig ist. Also: Ehemaliger Mann darf nicht mehr als Mann Kinder kriegen können, ehemalige Frau darf nicht mehr als Frau Kinder kriegen können. Das will das

Gesetz so. Ich habe eine Patientin, die nach dem Recht eines ausländischen Staates per Definition zur Frau erklärt worden und personenstandsrechtlich im Ausland Frau geworden ist, ohne Operation. Diese, per Paß und Definition, Frau mit männlichem Körper hat in Deutschland einen deutschen Mann geheiratet. Da können wir uns die Frage stellen: Wofür brauchen wir eigentlich ganz bestimmte Gesetze?

Was war das längste Gutachten, das Sie gemacht haben, und was war das kürzeste?

Ich sag' mal, zwischen fünf und zweiunddreißig Seiten. Nein, das kürzeste war sicherlich auch schon mal kürzer, das ist eine Frage, wie weit die Angelegenheit schon vorgeklärt ist. Im Endeffekt geht es nicht um den Text. Ich muß jederzeit damit rechnen, daß der Richter sagt, jetzt trab mal an und erläutere das. Rein theoretisch kann ich ein Gutachten von einer Seite machen.

Was ist denn Ihre ganz persönliche Einstellung zu diesem Thema?

Wenn ich abends nach Hause gehe und wirklich ein gutes Gefühl habe, jemandem geholfen zu haben, dann ist das schon relativ wichtig. Und wenn man das auch noch längere Zeit durchhält, dann ist das sehr wichtig. Es gibt ja auch viele Kollegen, die unter der Last dieser Berufsausübung irgendwann einmal sehr nachdenklich oder depressiv, jedenfalls nicht gerade glücklich werden. Ich habe mir eigentlich sehr gut Freude am Beruf erhalten, und zwar dadurch, daß ich einige Bereiche mache, die ich nur mache, weil ich denke, es ist gut, zu helfen.

Sind transsexuelle Patienten dankbarere Patienten?

Ich sag' es anders. Vielleicht merken sie besser, ob man sich wirklich mit ihnen beschäftigt oder nicht. Ich empfinde die Arbeit als sehr viel normaler als vielleicht jemand, der mit Transsexuellen nichts zu tun hat. Es ist eher für mich erstaunlich zu sehen, daß es noch Menschen gibt, die überhaupt Probleme haben im Umgang mit Transsexuellen. Es ist eher ein Problem der Gesellschaft als ein Problem der Tatsache.

DR. GERHARD TÖNNIS
Neurologe und Psychiater

»Der Begriff Transsexualität ist das Schlimmste überhaupt in diesem Zusammenhang, weil es nichts mit Sexualität zu tun hat.«

Ich bin Neurologe und Psychiater und hab' mich nach langem Hin und Her entschieden, Sozialpsychiater zu werden. Deshalb bin ich vor etwa zwölf Jahren in diese Gegend gegangen, weil es hier sehr viele soziale Fälle gibt.

Auf welche Weise haben Sie hier im Rahmen Ihrer Praxis Kontakt mit Transsexuellen?

Am Anfang kamen transsexuelle Patienten aus ganz Deutschland, weil es hier ein Auffangbecken für transsexuelle Patienten gibt, denn auf der Reeperbahn wurden sie akzeptiert. Sie kamen nicht wegen des Gutachtens, sondern erst mal als Patienten, weil sie sich nicht wohlfühlten. Manche wußten auch noch gar nicht, daß sie transsexuell sind, sie hatten Depressionen und zwei oder drei Suizidversuche gemacht. Und die hab' ich als Psychiater behandelt und versucht, ihre Probleme zu verstehen.

Was z.B. haben Sie an Problematiken erkannt?

Es ist sicher eine riesige Problematik zu entdecken, im falschen Körper zu leben, mit dem ganzen sozialen Umfeld nicht zurechtkommen und dort nicht akzeptiert zu werden. Nachdem ich diese Patienten ein oder zwei Jahre behandelt hatte, kam natürlich die Frage des Gutachtens, was für mich eine völlig neue Situation war. Ich hatte mich gerade hineingedacht, was überhaupt ein Transsexueller ist und wie ich transsexuellen Patienten helfen kann. Dann kam das Gutachten, da mußte ich Stellung beziehen. Und das war für mich, der ich eigentlich Psychiater und Psychotherapeut bin, erst mal eine totale Überforderung. Ich habe mir gesagt, na gut, wenn ich die jetzt zwei Jahre behandelt habe, dann muß ich irgendwie Stellung beziehen, handelt es sich wirklich um eine Frau oder einen Mann da vor mir. Ich hab' immer Wert darauf gelegt, nicht verwaschen zu antworten, sondern ja oder nein zu sagen.

Und woher kamen Ihre transsexuellen Patienten?

Zuerst kamen die, die in Hamburg lebten, aber ursprünglich aus ganz Deutschland kamen, und die nach St.Pauli gekommen waren, weil sie hier akzeptiert wurden und auch die Möglichkeit hatten, zunächst in Bars zu arbeiten, um Geld zu verdienen — was sie eigentlich gar nicht wollten. Aber nur da gab's die Möglichkeit, Geld zu verdienen.

Heißt das, daß Sie in Ihrer Praxis vor allem die »Rotlichttransen« — sag' ich jetzt mal etwas salopp — als Patienten hatten?

Nein, nur am Anfang, das waren aber nicht die berühmten Rotlichttransen, sondern Leute, die dort gelandet waren. Das waren eigentlich die ärmeren von denen, die da gar nicht landen wollten und damit auch nicht groß beruflich Karriere gemacht haben. Es kamen übrigens relativ wenig Transvestiten.

Hatten Sie überwiegend Mann-zu-Frau-Transsexuelle in Ihrer Praxis?

Nein. Am Anfang zwar sehr viel mehr, aber das war überall am Anfang so. Das waren ja die ersten Transsexuellen,die man entdeckte. Heute habe ich die gleichen Prozentzahlen, relativ gesehen, wie auch andere Praxen. Heute kommen zwar immer noch viel weniger Frau-zu-Mann-Transsexuelle als umgekehrt, aber insgesamt sind es sehr viel mehr geworden. Im Rahmen meiner Praxis sind vielleicht fünfzehn bis zwanzig Prozent der transsexuellen Patienten Frau-zu-Mann-Transsexuelle.

Ist das ein Verhältnis, das sich auch in der Gesellschaft so wiederfindet? Die Schätzungen gehen ja sehr weit auseinander.

Nach dem, was ich so aus der Literatur kenne und von anderen Kollegen höre, ist das repräsentativ.

Wie viele transsexuelle Patienten und Patientinnen haben Sie im Rahmen Ihrer Praxis behandelt?

Ich habe das neulich mal überschlagen. Ich denke, es sind vielleicht drei- bis vierhundert.

Was wären Ihre vorläufigen Statements, die Sie zu dem Thema abgeben könnten? Was würden Sie z.B. über die Ursachen von Transsexualität sagen?

Da stellen Sie die schwierigste Frage, die es überhaupt gibt. Es gibt jahrelange Diskussionen, die in aller Welt geführt werden: Was ist Transsexualität und wo kommt sie her? Und: Wie behandeln wir sie? Das ist ja das allerwichtigste. Feststellen mußten wir anfangs, es *gibt* Transsexualität, und zwar schon sehr viel länger, als wir es wissen. Die gab's schon in Rom und Griechenland. Die Frage war nur, wie gehen wir damit um. Und dann ist vom Gesetzgeber und auch von den Psychoanalytikern her vorgegeben worden, erst mal einen psychotherapeutischen Versuch zu machen, um eine Aussöhnung mit dem existierenden Geschlecht zu erreichen. Es gab viele bekannte Psychotherapeuten, die sich in ihrer Praxis mit transsexuellen Patienten beschäftigt hatten. Letztlich spielt da natürlich auch die Angst der Psychotherapeuten selber mit rein, mit dem Problem umzugehen. Heute ist man der Meinung, daß es eine ursächliche Psychotherapie, daß ein transsexueller Patient hinterher nicht mehr transsexuell empfindet, nicht gibt. Das Höchste, was wir erreichen könnten, wär' vielleicht, einem Patienten die Möglichkeit zu geben, weitgehend als Frau bzw. Mann zu leben, ohne Operation. Das wäre ja im wahrsten Sinne des Wortes transsexuell. *Trans*-sexuell, anders leben als sein. Ich hatte mal eine Patientin, die hat es schön ausgedrückt: Ich möchte die Operation nicht, denn ich bin eine echte Transsexuelle.

Wobei ich den Begriff Trans-Sexualität immer etwas irritierend finde, eigentlich geht es ja mehr um Trans-Identität.

Ja. Der Begriff Transsexualität ist das Schlimmste überhaupt in diesem Zusammenhang, weil es nichts mit Sexualität zu tun hat. Das ist es, was die Bevölkerung gern daraus macht.

Wo fängt für Sie Transsexualität eigentlich an? Da schon, wo ein Junge den Rock seiner Schwester anzieht?

Der Anfang ist sehr schwer festzustellen. Ich versuch' immer, mit meinen Patienten herauszukriegen: Wann habt ihr's eigentlich zum erstenmal gemerkt, wann ist es euch klargeworden? Jeder Junge zieht mal den Rock der Schwester an, das gehört zur normalen sexuellen Entwicklung dazu. Bei transsexuellen Patienten geschieht es eher ruckartig. Irgendwann wird ihnen klar, ich *bin* Frau oder ich *bin* Mann. Und bis dahin war es ein langer Weg des Unwohlfühlens, des ständigen Zweifels an sich selbst, mit vielen depressiven Phasen und kindlichen Depressionen, die wir sonst nicht so häufig finden. Wenn Sie den Lebensweg von vielen, den primär Transsexuellen betrachten, dann zieht sich das wie ein roter Faden durch das Leben.

Über die Begriffe primäre und sekundäre Transsexualität streitet man sich ja. Wie benutzen Sie denn den Begriff?

Gar nicht. Ich hab' ihn zwar gerade eben benutzt, aber damit mein' ich eigentlich die Transsexuellen, die vor mir sitzen und sagen: Ich bin immer Frau gewesen. Anders als bei einem Fünfundfünfzigjährigen, der zu mir kommt, verheiratet ist, Kinder und einen Vollbart hat und plötzlich feststellt, daß es ihm seit zehn oder fünfzehn Jahren schlecht geht, weil er nicht wußte, was mit ihm los ist.

Also eher eine Frage, die sich mit dem Zeitpunkt des Coming-outs beantwortet?

Nicht des Coming-outs, sondern des Selbstklarwerdens darüber. Dieser Patient, den ich meine, wußte nicht, daß es Transsexualität gibt, obwohl er ein hochintellektueller Mann ist.

Wie würden Sie jemanden behandeln, der zu Ihnen in die Praxis kommt und sagt, ich hab' Magengeschwüre, und das hat etwas damit zu tun, daß ich transsexuell bin?

Ich würde erst mal versuchen, in mehreren Gesprächen herauszufinden: Wie war die Kindheit? Ich will nicht psychoanalytisch tätig sein, sondern einfach im Gespräch herausfinden, wie ist der Patient, der mir da gegenübersitzt, wie ist der großgeworden, wie war der Einfluß von Großmutter, Eltern oder Geschwistern, in was für eine familiäre Situation wurde dieses Kind hineingeboren, wie war dann die spätere Entwicklung, wie war die Entwicklung in der Pubertät. Das ist eigentlich nur wichtig, um mein Gegenüber kennenzulernen und dabei ganz gezielt auf meine eigenen Gefühle und Empfindungen zu achten: Was sitzt mir da eigentlich gegenüber? Ist das ein Mann, oder ist das eine Frau?

Es ist für einen Psychotherapeuten eigentlich auch ein bewährter Aufhänger, über die Familiengeschichte zu reden.

Natürlich, ganz bestimmt liegt da ein Einfluß. Mir haben auch schon Patienten gesagt, daß sie das Gefühl gehabt haben, der Vater hätte sie anders behandelt, wenn sie Mädchen gewesen wären. Oder: Ich bin großgeworden mit Mutter, Tante und Großmutter, da mein Vater tot war, und diese Frauen haben mich als Frau erzogen und auch so empfunden.

Wie würde es denn nun weitergehen, nachdem Sie einen ersten Eindruck von dem Patienten gewonnen hätten?

Das, was ich mache, ist gar nicht das Schwierige. Die Transsexuellen machen von sich aus etwas. Die leben ja ihr Leben, kommen einmal in vierzehn Tagen zu mir zum Gespräch und erzählen dann, was sie in diesen vierzehn Tagen erlebt haben. Normalerweise ist es so, daß sie nach einem langen Irrweg festgestellt haben, daß sie transsexuell sind. Und dann kommen sie zu mir, um zu erfahren: Stimmt es oder stimmt es nicht? Und sind ganz schnell bei der Fragestellung: Schreiben Sie mir ein Gutachten oder nicht? Und sie lassen ganz häufig, was ich gut verstehen kann, gar nicht den therapeutischen Ansatz zu, in Gesprächen eine Identität mit dem existierenden Geschlecht herzustellen. Der Weg bis dahin war so schwer, daß sie eigentlich überhaupt keine Diskussion mehr wollen. Da sitzt mir ein Patient gegenüber und sagt: Was wollen Sie eigentlich von mir? *Sie* können doch nicht entscheiden, ob ich Frau bin!

Mal etwas provokativ gefragt: Wäre es im Zuge der Gesundheitsreform nicht sogar notwendig, doch genauer der Frage nachzugehen, ob man nicht auch mit dem biologischen Geschlecht zurechtkommen kann? Transformationsoperationen kosten schließlich sehr viel.

Ich müßte sicher an die Kosten und die Gesundheitsreform denken, aber ich denke in allererster Linie an den, der mir gegenübersitzt. In unserem Beruf sind wir verpflichtet, jedem die bestmögliche Behandlung zukommen zu lassen, damit er möglichst frei wird von seinem Leiden.

Nun könnte man aber sagen, daß eine Operation eigentlich erst am Ende eines Behandlungsplanes, auch von seiten des Arztes, steht.

Ja, der erste Punkt ist natürlich immer der, daß ich die Operation ganz hinten anstelle. Zuerst versuche ich, die Operation zu umgehen, indem ich sage: »Erst mal sollten Sie versuchen, als Frau in der Gesellschaft zu leben, aber anatomisch Mann zu bleiben. Man muß sich doch klar darüber sein, eine echte Frau werden Sie durch die Operation nicht. Sonst kommt hinterher die ganz große Depression.« Ich will ihnen nicht die Hoffnung zerstören, denn nur durch diese Hoffnung, irgendwann mal Frau zu werden, leben transsexuelle Patienten. An der Hoffnung muß man arbeiten, mit der Hoffnung muß man umgehen lernen. Die Begleitung eines transsexuellen Patienten ist das wichtigste für mich. Ich bitte auch meine transsexuellen Patienten, nach der Namensänderung, nach der Operation in Behandlung zu bleiben.

Sie müssen nicht bei mir bleiben, sie können auch zu einem anderen Psychiater gehen, denn dann kommen häufig ganz schwere existentielle psychische Nöte, wenn sie nach der Operation feststellen, daß sie eigentlich nicht Frau geworden sind, sondern daß sie dann vielleicht, wie Sie das in Ihrem Buch nennen, das dritte Geschlecht sind.

Was haben in dieser Hinsicht operierte Transsexuelle Ihnen gegenüber geäußert?

Daß sie empfinden, daß sie keine Frauen geworden sind. Daß sie aber immer noch nicht die Hoffnung aufgeben, es einmal zu werden, obwohl es da gar keine weiteren Möglichkeiten gibt, und so jagt dann eine Operation die andere. Sie fangen dann an, sich mit Silikon Unterspritzungen zu machen, um die Körperform zu verändern, den Kehlkopf zu operieren, lange logopädische Behandlungen zu machen, die Wangenform zu operieren und den Busen zu unterspritzen. Es geht also immer weiter.

Aber noch mal zurück zur Anfangssituation bei Ihnen in der Praxis. Was passiert nach dem ersten Kennenlernen?

Dann kommt der nächste Schritt, daß der Patient von sich aus anfängt, den Alltagstest zu leben, daß er dann plötzlich nach dem fünften Gespräch tatsächlich als Frau kommt. Und dann ist es meine Aufgabe, so einen Patienten im Alltagstest zu begleiten. Da gibt es große Schwierigkeiten in der Öffentlichkeit, z. B. auf U-Bahnhöfen, wo sie angepöbelt werden. Und dann werden sie im beruflichen Umfeld abgelehnt, verlieren ihre Freunde, werden gekündigt usw. Da kommen tausend Dinge auf sie zu, die sie erst mal bewältigen müssen.

Läuft dieser Alltagstest parallel zum Beginn der Begutachtungstätigkeit?

Nein, eigentlich nicht. Der Patient kommt aber immer hierher und sagt: Ich will so schnell wie möglich mein Gutachten! Insofern läuft es parallel.

Was begutachten Sie während des Alltagstestes?

Ich glaube, da mache ich noch so weiter, wie ich angefangen habe. Ich denke noch nicht ans Gutachten, sondern mehr daran, ob man die Operation vielleicht verhindern kann. Weil ich sie ja letztlich vermeiden möchte und sie keine Lösung ist. Ich kann ja nicht meine Unterschrift unter etwas setzen und denken, damit mache ich jemanden vom Mann zur Frau und glücklich. Das wären ja von meiner Seite Allmachtsphantasien.

Ist dann jedes Gutachten, daß Sie letztendlich doch unterschreiben, ein Kampf gegen Sie selbst?

Ja. Manchmal ringe ich sehr lange, das kommt auf das Gutachten an. Ich habe Gutachten, die kann ich nach vier oder sechs Wochen schreiben. Da ist mir vom ersten Tag an klar, das ist eine Frau. Ich erinnere mich an eine Amerikanerin, die kam hier rein, wir haben fünf Sätze geredet, und mir war klar, das ist eine Frau. Aber es gibt andere Patienten, bei denen ich sehr lange ringe. Weil ich sehe, daß sie unglücklich werden.

Was überzeugt Sie denn so schnell, daß Sie z. B. nach einem fünften Gespräch schon ja sagen?

Meine Empfindung, wer mir da gerade gegenübersitzt. Es gibt keine objektiven Kriterien.

Haben Sie schon mal ein Gutachten verweigert?

Nein. Ich habe dann das Gutachten nicht geschrieben. Das waren alles Fälle, wo der Patient das Gutachten selber zahlen mußte. Ich habe für das Gutachten ganz viele Gespräche geführt, meist über ein oder zwei Jahre, bis ich dann sagte: Wenn Sie jetzt von mir verlangen, daß ich ein Gutachten schreibe, wird es von meiner Seite aus negativ ausfallen müssen. Wenn Sie trotzdem daran festhalten wollen, muß ich Sie bitten, sich einen anderen Gutachter zu suchen. Denn ich schreibe nicht ein Gutachten, Sie zahlen tausendzweihundert oder achthundert Mark, und dann steht »Nein« drin.

Und wie ist die Reaktion der Patienten darauf?

Dieser Patient hat erst gesagt: Dann bring' ich mich um. Nach weiteren Gesprächen hat er gesagt: Vielleicht versuche ich doch, als Mann zu leben. Ich hab' ihn dann aber nie wiedergesehen. Ich weiß nicht, was letztlich aus ihm geworden ist. In den meisten Fällen sind diese Patienten dann woanders hingegangen und haben da ihr Gutachten gekriegt.

Stellen Sie Unterschiede bei der Begutachtung von Mann-zu-Frau bzw. Frau-zu-Mann-Transsexuellen fest?

Eigentlich nein. Für mich sind die Gutachten schwerer bei Frau-zu-Mann-Transsexuellen. Ich hab' mir häufig überlegt, woran das eigentlich liegt, daß ich da mehr zögere. Ich zögere einfach, weil die Operationstechniken noch lange nicht so sind, daß man operativ eine annähernd zufriedenstellende Angleichung an das männliche Geschlecht erreichen kann. Ich hab' das Gefühl, daß da die Hoffnung bös enttäuscht wird. Auch wenn letztlich für meine Begutachtung nicht der Operationserfolg wichtig ist.

Stellen Sie bei sich Unterschiede fest, daß Sie zu einer Form von Transsexualität einen schnelleren oder leichteren Zugang haben?

Mir fällt es leichter bei Mann-zu-Frau-Transsexuellen. Da könnte man z. B. fragen: Wie gehe ich selber mit meinen weiblichen Anteilen um? Kann ich das eher akzeptieren? Vielleicht hab' ich noch nicht darüber nachgedacht, warum es mir leichter fällt. Sicher auch deshalb, weil ich mich sehr viel mehr mit Mann-zu-Frau-Transsexualität beschäftigt habe, weil ich das Problem besser kenne und weil ich darüber sehr viel mehr geschrieben habe.

Würden Sie sagen, daß es etwas Typisches für Mann-zu-Frau- bzw. Frau-zu-Mann-Transsexuelle gibt, oder würden Sie sagen, es gibt keine gravierenden Unterschiede?

Die Unterschiede sind die, daß der Druck, unter dem eine Mann-zu-Frau-Transsexuelle in meine Praxis kommt, sehr viel stärker ist, und auch, daß der Druck, der von diesen Transsexuellen auf mich ausgeübt wird, sehr viel größer ist.

Haben Sie eine Idee, warum das so ist?

Ich stell' mir immer vor, daß eine Frau in der männlichen Rolle akzeptierter leben kann als umgekehrt. Wenn ein zwei Meter großer Mann mit Schuhgröße sechsundvierzig auf die Straße tritt, und Namensänderung und Operation noch nicht hat, empfindet er sich ja auch selber als verkleideten Mann. Die Dinge, die ihm auf der Straße passieren – wenn z.B über ihn gelacht wird oder einer sagt: Das ist ja ein Kerl! –, verletzen ihn sehr viel mehr. Es ist ihm dann eine große Hilfe, wenn er sagen kann: Guck dir doch mal meinen Paß an, ich bin eine Frau. Während es für eine Frau einfacher ist, in einer männlichen Rolle aufzutreten. Da lacht keiner.

Frauen können sich vielleicht besser anpassen als Männer und deshalb schneller ein neues Rollenmuster adaptieren.

Ja. Eine Frau kann sich schneller in der Rolle zurechtfinden. Eine Frau trägt genauso Jeans wie ein Mann. Aber ein Mann im Rock ist schon was Seltenes. Die Frau hat ja auch dafür gekämpft, daß sie anziehen kann, was sie will. Und das ist bei Männern nicht so.

Wie sieht denn nun so ein typisches Gutachten von Ihnen aus? Was steht alles drin, und wie bauen Sie es auf?

Ich schildere erst mal meinen persönlichen Eindruck: Wie der Patient in meine Praxis gekommen ist, wie ich ihn empfunden habe und auch, wie die Kleidung war, die Gestik, die Mimik, die Ausstrahlung. Ich versuche dem Richter zu vermitteln, daß mir eine Frau gegenübersaß. Wenn das Gutachten dann positiv ist, kommt die ganze Familienanamnese, die psychosexuelle Entwicklung, eine Beschreibung des Alltagstestes, um ihm klarzumachen, daß dieser Mensch das schon schaffen wird. Und dann kommt der eigentlich wichtige Punkt, die Abgrenzung gegenüber anderen Krankheitsbildern, die mit einer solchen Symptomatik einhergehen können. Theoretisch könnte es sich ja um einen Schizophrenen handeln, der sich als Frau empfindet. Oder es kann eine verkappte Homosexualität sein. Ich schreibe dann z. B., daß sich dafür keine Anhaltspunkte ergeben haben. Ich hab' jetzt gerade einen Patienten, bei dem ich wie der Zweitgutachter der Meinung bin, daß der nur in die Frauenrolle schlüpft, weil er meint, daß er nur als Frau die Männer erreichen kann, die er als Mann sonst nicht erreicht. Das ist ihm natürlich nicht bewußt. Da könnte eine verkappte Homosexualität vorliegen oder Transvestitismus. Das wäre eine Katastrophe, wenn solche Leute operiert werden würden.

Wie lange sind Ihre Gutachten im Schnitt?

Ganz verschieden. Von acht Seiten bis zwanzig Seiten.

Wovon hängt es ab, daß es immerhin zu so einer großen Differenz kommt?

Von der Schwierigkeit. Bei der Amerikanerin z. B. war es ganz eindeutig, da schreib' ich ganz wenig. Ich muß es ja nur demjenigen, der mein Gutachten liest, erklären und belegen. Und wenn's schwierig ist, brauch' ich mehr Zeit und mehr Sätze. Es muß hieb- und stichfest sein, denn der Richter hat immer das Recht zu sagen: Das glaub' ich nicht.

Wie reagieren die Richter auf Ihre Gutachten?

Ich hab' nie ein Feedback gekriegt. Schade, aber sie sind immer anerkannt worden. Es gibt ja nur ganz wenige Ärzte, die mit dem Problem Transsexualität überhaupt umgehen können, und ich könnte mir vorstellen, daß die Richter auch nicht damit umgehen können. Der Richter muß letztendlich entscheiden, ob das ein Mann oder eine Frau ist. Ich denke, sie sind ganz froh, wenn da einer geschrieben hat: Ja, das ist so. Eigentlich müßte man nur schreiben: Ich habe den Patienten soundso lange behandelt, habe soundso viele Gespräche mit ihm geführt und bin zu dem Schluß gekommen, daß es sich um Transsexualität handelt. Das wär' eigentlich ausreichend. Ein zweites Gutachten nach der Operation zur Namensänderung halte ich für überflüssig.

Welche Gutachten schreiben Sie denn?

Beide. Zum Gutachten selbst würde ich gern mit meinen Transsexuellen in die Diskussion kommen. Es ist natürlich schwierig, von ihnen zu verlangen, daß sie auch denjenigen akzeptieren, der das Gutachten schreiben muß. Das kann man eigentlich nicht verlangen. Aber daß ein transsexueller Patient vielleicht versucht zu verstehen, wie schwierig es für mich ist, so ein Gutachten zu schreiben und meine Unterschrift darunter zu setzen, wäre für mich ein ganz wichtiger Punkt.

Würden Sie sagen, daß sich transsexuelle Patienten deutlich von anderen Patienten unterscheiden?

Ja. Erstens sind es keine Patienten, ich nenne sie nur im Gespräch jetzt so. Zweitens unterscheiden sie sich dadurch, daß sie nach ihrem langen Weg jetzt diese Sache durchdrücken und gern übermorgen als Frau leben und anerkannt sein wollen. Sie setzen mich dann unter einen ungeheuren Druck. Es ist mir passiert, daß hier vor der Tür, bei laufender Praxis, eine Patientin mit fünf anderen ein Sit-in gemacht und gesagt hat, sie geht nicht eher raus, bis ich das Gutachten geschrieben habe. Solche Dinge habe ich mehrfach erlebt. Ich habe auch schon einen Patienten erlebt, der mir mit Suizid gedroht hat, wenn das Gutachten nicht innerhalb einer Woche fertig ist.

Was machen Sie dann? Das ist ja immerhin eine Kraftprobe, die weit über das Arzt-Patienten-Verhältnis hinausgeht!

Ja. Bei dem Sit-in habe ich massiv geräumt, das war mir zuviel. Bei dem Patienten, der mit Suizid drohte, konnte ich das verstehen. Da habe ich mich nachts hingesetzt und geschrieben.

Was passiert eigentlich, wenn die Patienten operiert sind und wieder zu Ihnen kommen? Welche Anliegen werden dann formuliert?

Da versuchen wir gemeinsam zu bearbeiten, als Frau mit einer völlig veränderten Rolle in dem neuen Leben zurechtzukommen. Als Beispiel nenn' ich eine Frau, die – als sie nach der Narkose aufwachte – für eine Woche ganz glücklich war und das Empfinden hatte: Ich lebe jetzt im Frauenland. Bis nach einer Woche die Depression kam und sie feststellte, daß sie nun im Niemandsland lebte, also weder Frau noch Mann war. Und dann brauchen sie jemanden, und man muß gemeinsam versuchen, eine neue Lebensform für sie zu finden. Nicht als Frau, sondern als operierte Frau, als – wie der Gesetzgeber sagt – angepaßte Frau.

Haben Sie auch schon erlebt, daß Patienten sich wieder zurückoperieren lassen wollen?

Nein. Ich habe erlebt, daß sich bei einem Patienten der Körper schon sehr in Richtung Frau entwickelt hatte. Er hatte relativ große Brüste bekommen und wollte in die Männerrolle zurück. Und das war dann sehr schwierig. Die zweite Sache, die ich erlebt habe, war ein Patient, der von einem anderen Gutachter als Transsexueller anerkannt worden war. Er hatte beide Gutachten und hat es dann doch nicht gemacht, weil er den Schritt nicht gehen konnte. Er hatte das Gefühl, mit der Frauenrolle nicht zurechtzukommen. Und jetzt, nach zehn Jahren, kommt er zu mir und sagt: Ich hab' versucht, wieder in der Männerrolle zu leben, aber ich kann es nicht. Und jetzt möchte er den Rollenwechsel vollziehen.

Hätte er nicht als Transvestit leben können?

Das will kein Transsexueller. Transvestit und Transsexueller, das ist ein Riesenunterschied. Ein Transvestit ist ja *Mann.* Und das ist jetzt meine ganz persönliche Auffassung: Ein Transvestit zeichnet ja das ironische Bild der Frau. Wenn Sie einen Transvestiten auf der Straße sehen, mit langen Augenwimpern, einem riesigen Busen, wallenden Haaren, hier eine goldene, da eine rote Schleife – das ist ja eine Überzeichnung. Ein Transvestit macht sich, ohne es zu wissen natürlich, über die Frauen lustig. Und das würde nie ein Transsexueller tun. Der Transsexuelle ist doch die biedere, ganz normale Frau. Transvestiten sind ja fast immer Homosexuelle. Und mit Homosexualität wollen Transsexuelle nichts zu tun haben. Wenn ich früher manchmal einen Transsexuellen gefragt habe: Haben Sie denn mal versucht, als Homosexueller zu leben, dann kam eine schroffe Abwehr: Alles würd' ich in meinem Leben tun, aber das nicht.

Wobei viele, die ich interviewt habe, genau damit auch ihre Erfahrung gemacht haben.

Weil sie mal gedacht haben, vielleicht bin ich homosexuell. Und dann haben sie versucht, als Homosexueller zu leben, aber sehr schnell festgestellt, daß das nicht das ist, was sie wollen.

Ist Ihnen persönlich etwas ganz besonders wichtig in der Arbeit mit Transsexuellen?

Persönlich ist mir wichtig, daß ich die Transsexuellen begleiten möchte in ihrer Findung, ob sie wirklich transsexuell sind, im Alltagstest und vor allem hinterher. Und sehr wichtig ist mir, daran zu arbeiten, daß Transsexuelle in der Gesellschaft akzeptiert werden wie andere Menschen auch.

IRIS DONAUBAUER

Beratungsstelle für Menschen mit Geschlechtsidentitätsproblemen (BfTS)

»Die geistig und finanziell höherstehenden Transsexuellen verschwinden sofort wieder in der Masse.«

Iris, du bist Mitbegründerin der »ersten europäischen Beratungsstelle für Transsexuelle (BfTS)«, die mit öffentlichen Geldern gefördert wird. Die offizielle Ausschreibung des Kürzels BfTS heißt ja »Beratungsstelle für Menschen mit Geschlechtsidentitätsproblemen«. Wie kommt dies zustande?

Das Grundprinzip der Beratungsstelle ist, für alle Menschen mit Geschlechtsidentitätsproblemen Hilfestellung zu geben. Das sind ja nicht nur Transsexuelle, auch nicht nur Transvestiten, sondern da gehören auch die Intersexuellen, die Paranoiden, Schizophrenen, feminin-maskulinen und maskulin-femininen Homosexuellen dazu, sprich: »kesse Väter und Tunten«. Der Arbeitstitel, den wir damals für die Behörde abgegeben haben, war eben »Beratungsstelle für Menschen mit Geschlechtsidentitätsproblemen«, auch um das Wort Sexualität rauszubekommen. Da das nicht auf einen Briefkopf paßt, haben wir damals nach einem Kürzel gesucht, das möglichst nahe an dies herankommt, und da die Hauptklientel Transsexuelle sind, haben wir uns für »Beratungsstelle für Transsexuelle« entschieden, und daraus ist dann eben das Kürzel BfTS entstanden.

Wieso habt ihr gerade den Begriff »Geschlechtsidentität*probleme*« zur Erläuterung gewählt?

Weil es das eher trifft. Unser inneres Fühlen weicht ja von dem äußeren Erscheinungsbild ab, d. h., wir denken anders, wir empfinden anders, wir fühlen anders, als der Körper zeigt. Tiefergehend kommen allerdings viele Fragezeichen, ob der Körper nicht doch der biologischen, medizinischen Identität entspricht, aber das weiß man noch nicht so genau. Wichtig ist auf jeden Fall klarzumachen, daß wir gegenüber dem allgemeinen Erwartungsbild eine andere Identitätsvorstellung haben, und deswegen »Geschlechtsidentität«.

Wie viele Geschlechtsidentitäten gibt es denn deiner Meinung nach?

Es gibt keine klare Abgrenzung: Wo fängt das eine an, und wo hört das andere auf? Gerade bei Transvestitismus und Transsexualität sind so viele Zwischenstufen und Schattierungen da, man kann das einfach nicht hart voneinander abgrenzen. Wo soll man dann z. B. einen Pseudo-Transsexuellen hinpacken, wo beides in einem Körper drin ist. Und wir haben eine ganze Reihe von Pseudo-Transsexuellen, die zwar gesellschaftlich der Transsexualität zuzurechnen sind, aber im sexuellen Empfinden eigentlich Transvestiten sind. Die passen nirgends rein.

Mit welchen Menschen habt ihr es denn tagtäglich in eurer Beratungsstelle am meisten zu tun?

Mit denen, die die größte Problematik haben. Und das sind die Transsexuellen. Wir haben natürlich auch eine Reihe von Transvestiten hier. Aber die kommen mit ganz anderen Wünschen an uns heran. Die suchen Räume, wo sie sich umziehen können, um anschließend spazierenzugehen oder in der Gemeinschaft zu feiern, einkaufen zu gehen oder sonst irgendwas. Weil sie sich zu Hause nicht umziehen können, denn neunzig Prozent machen das still und heimlich. Die Transsexuellen dagegen wollen Tips haben. Wie kann ich das normalisieren, wie kann ich vierundzwanzig Stunden darin leben.

Was können die Intersexuellen, Maskulin-Femininen, Feminin-Maskulinen bei euch erwarten, wenn sie hierhin kommen?

Das ist sehr unterschiedlich. Hauptsächlich kommen sie hier erst mal herein, um sich auszusprechen. Und das ist eine unserer wesentlichen Aufgaben: Wir können zuhören, mit sehr viel Geduld. Das ist wohl das, was sie draußen auch am wenigsten bekommen. Die meisten haben Probleme, weil die Eltern, Freunde und Bekannten mit ihnen gebrochen haben, weil sie durch Zufall aufgeflogen sind oder weil sie selber die Problematik nicht mehr ertragen und sich geoutet haben. Und dann stehen sie allein da und suchen neue Kontakte. Sie rennen dann als erstes zur kirchlichen Seelsorge und kriegen dort die Standardsprüche: Geh beten, lies die Bibel, glaube an Gott, und dann löst sich der Rest!

Das ist ja eine sehr »klassizistische« Vorstellung von der Kirche!

Ja, das ist aber leider der Standardspruch, den die meisten von uns in der Telefonseelsorge zu hören bekommen. Und dann gehen sie zu Gott und der Welt, Pro Familia, da kriegen sie ähnliche Sprüche. Zwar etwas offener, und wenn sie einen guten Mitarbeiter kriegen, dann kriegen sie einen Tip: Geh mal zur BfTS, da kriegt ihr entsprechend Beratung. Dann kommen sie irgendwann hier an, haben in der Regel Ärzte, Beratungsstellen, kirchliche Stellen, viele Freunde und viele Flops hinter sich und sind zuerst sehr unsicher. Die erste Stunde weinen sie sich dann aus, was ihnen so alles im letzten Vierteljahr oder in den letzten zehn Jahren passiert ist, und dann ist der Druck raus. Und im Laufe der ersten Gesprächsstunde kommt dann von uns die Frage: Was erwartet ihr jetzt von uns? Was können wir tun? Und dann werden wir bombardiert mit Wünschen.

Worüber könnt ihr als BfTS dann diese Menschen beraten, die zu euch kommen?

Wir vereinbaren zunächst mal einen Beratungsvertrag, was passiert. Entweder ist das an dem Tag dann zu Ende, wenn sie nur ihren Kummer loswerden oder einen Tip haben wollten, z.B: Wo kann ich hingehen, um Hormone zu bekommen, welchen Chirurgen kann ich besuchen, und wie kann ich die Namensänderung beim Gericht beantragen. Dann ist das abgesättigt. Sie bekommen dann aber auch noch Hinweise zum Stammtisch, wo sie sich treffen können mit anderen Betroffenen und daß sie ein Notruftelefon zur Verfügung haben, wo sie sieben Tage in der Woche anrufen können. Oder wir vereinbaren einen neuen Termin, wo es dann ans Eingemachte geht: Wie komme ich mit sozialen Problemen klar, wie finde ich wieder Arbeit, wie erzähle ich es meinem Arbeitgeber, wie erzähle ich es meiner Familie, wie meinem Ehepartner, wo finde ich Hilfe, zu wem kann ich gehen, wo kann ich hingehen, ohne gleich ausgelacht zu werden, wie kann ich mein Äußeres verändern? Auch Kosmetikberatung ist sehr wichtig, wenn es auf der Straße ums Outen geht.

Wie kommt es denn, daß man in der Öffentlichkeit fast ausschließlich die »Rotlichttransen« sieht, aber z. B. keinen transsexuellen Bundestagsabgeordneten oder eine transsexuelle Professorin?

Ganz einfach. Ich fühle mich heute *ehemals* transsexuell. Ich bin körperlich und gesellschaftlich dem psychischen Geschlecht, dem Wunsch-Geschlecht, so weit angeglichen, daß ich eigentlich mit Transsexualität nichts mehr am Hut hätte, wenn ich nicht eine kleine Schwäche hätte, anderen Transsexuellen helfen zu wollen. Die geistig und finanziell höherstehenden Transsexuellen verschwinden sofort wieder in der Masse und sprechen auch nicht mehr darüber. Sie kommen dann wieder, wenn sie ihre erste Ehekrise oder berufliche Probleme haben oder wenn sie falsch nachbehandelt werden, die Hormone z. B. absetzen und dann Folgeschäden wie Osteoporose haben. Die wenigsten wissen beispielsweise, daß sie ihr Leben lang auch immer Östrogene – als Frau-zu-Mann-Transsexuelle – oder Testosteron – als Mann-zu-Frau-Transsexuelle – neben den anderen Hormonen nehmen müssen.

Du wirkst von deiner ganzen Erscheinung ja relativ normal. Wie kommt das denn bei dir?

Bittere Erfahrung, denn auch ich habe genauso angefangen wie alle anderen. Ich habe das verhältnismäßig schnell dank guter Freunde, die ich neu gefunden hatte – übrigens auch aus dem Rotlichtmilieu –, wieder abgebaut. Richtig zur Frau bin ich durch die Wandlung in den letzten fünf Jahren und viel, viel Eigenarbeit gekommen. Ich hab' die gesamte Fachliteratur gelesen und war gut informiert. In München habe ich die ersten Gehversuche in der Öffentlichkeit gemacht. Und in Berlin habe ich dann den richtigen Seitenwechsel gemacht. Abends nach Dienst habe ich im Berliner Milieu als Frau rumlaufen und leben können. Da hab' ich auch meine ersten Erfahrungen mit Überschminken und Papageienklamotten gemacht: Ich wurde ausgelacht und belästigt. In der Berliner Homo- und Transsexuellenszene hab' ich dann Freunde kennengelernt, die mir gesagt haben: Da Schminke und Rouge weg und diese Klamotten auch. Nimm eher diese Farbe, mach es dezenter.

Wie kamst du dann auf die Idee, hier in Hamburg eine Beratungsstelle aufzubauen?

Nachdem ich dann offiziell sagen mußte, daß ich transsexuell bin, bin ich gekündigt worden, zwar fristgerecht, aber natürlich mit Ausreden. So war ich dreieinhalb Jahre arbeitslos und hab' in dieser Zeit meinen gesetzlichen Seitenwechsel gemacht. Während einer Gutachtensitzung bei Friedemann Pfäfflin im UKE hat er mir einen Zettel von einer Selbsthilfegruppe in die Hand gedrückt. Ich mußte dann erfahren, daß der Informationsstand der Betroffenen in dieser Gruppe absolut desolat war. Da hatte ich durch mein ganzes Literaturstudium mehr auf dem Kasten, und so war ich nach einem Vierteljahr neben der Leiterin – auch eine Mann-zu-Frau-Transsexuelle – die Hauptperson für die fachliche Beratung. Und weil das alles ohne Struktur war und Geld auch nie da war, kam dann auch die Frage in der Gruppe auf, das zu professionalisieren. Und das hab' ich dann mit einigen aus der Gruppe durchgesetzt, daß Satzungen und Anträge gestellt wurden. Ich hab' meine Kontakte in der Behörde dann ausgenutzt, mich durchzufragen: Wie kann man Geld bekommen? Und so landete ich in der Abteilung für Körperbehinderte. Der Beauftragte sagte mir, daß ich da und da Gelder für eine kommerzielle Beratungsstelle beantragen solle. Ich hatte dann ein Gespräch vor Ort mit Sachbearbeitern aus der Reha-Abteilung, wozu ich einige Betroffene mitgenommen hatte. Da wurde dann über die ganze Problematik gesprochen, und so kam das in Gang.

Wieso sind Transsexuelle behördlich in der Abteilung für Körperbehinderung und Rehabilitation angesiedelt?

Weil wir eigentlich schwerbehindert sind, und zwar *sozial*, nicht körperlich. Indem man uns nicht so anerkennt, wie wir uns empfinden.

Wie sind dazu deine Erfahrungen mit anderen Transsexuellen, die hier zu euch in die Beratungsstelle kommen?

Die meisten sind im Schnitt dreieinhalb Jahre arbeitslos, parallel zum Seitenwechsel. Sie werden arbeitslos in dem Moment, wo sie sich outen – es sei denn, sie sind im öffentlichen Dienst angestellt. Aber in der freien Wirtschaft werden fast alle arbeitslos. Und dann haben sie Probleme: So wie sie aussehen zu Beginn der Hormonbehandlung und auch während der persönlichen Wandlung, haben sie auch keine Chance. Sie brauchen dann gezielte Hilfe, um wieder in das Arbeitsleben reinzukommen. Deshalb sollte der Antrag auf Schwerbehinderung *vor der Entlassung* gestellt werden, dann hat auch jede zivile Firma Probleme mit der Kündigung.

Würde jemand bei euch zuerst erfahren, wie der Seitenwechsel praktisch aussieht, bevor die mehr psychologische Fragestellung – will ich überhaupt mit aller Konsequenz in der Rolle des Gegengeschlechts leben? – geklärt wird?

Nein, das läuft parallel. Meistens ist es ja so, daß die drei ersten Fragen, die kommen, sind: Was muß ich tun, zu wem muß ich laufen, wo kriege ich einen Arzt? Und erst dann kommt die Frage: Bin ich tatsächlich transsexuell? Und das sollte eigentlich umgekehrt sein.

Man könnte aber sagen, daß die Menschen, die zu euch kommen, sich schon selbst so weit mit ihrer Transsexualität beschäftigt haben, daß sie einen Schritt in die Öffentlichkeit nun auch in dieser Hinsicht wagen wollen und in ihrer Entscheidung schon sehr weit gekommen sind.

Bevor wir diese Beratungsstelle hatten, war es genau so. Aber seit es die Beratungsstelle gibt, hat sich das gewandelt. Wir bekommen mehr und mehr Leute, die in der Vorphase kommen, die nicht erst zu einem Hausarzt, Psychiater oder Psychologen laufen und hier bei uns ganz klar über ihre Empfindung sprechen.

Berührt das aber nicht einen Bereich – den diagnostischen und therapeutischen –, den ihr nach behördlicher Auflage als Beratungsstelle gar nicht erfüllen dürft?

Nein, nicht ganz. Wir sind die erste Anlaufstelle. Wir sehen dann auch, daß das z. B. ein Mensch mit einer psychotischen Tendenz ist. Dann entwickeln wir mit dem Betroffenen – vorausgesetzt, man kann noch einen Dialog führen – einen Weg, wie er zur Hilfe kommt. Notfalls greife ich dann zum Telefon und rufe einen Kollegen an. Oder ich schicke ihn direkt ins Krankenhaus, wenn es ein Akutfall ist.

Was sind deiner Erfahrung nach die Erkennungszeichen bei Menschen, die tatsächlich transsexuell sind, und bei anderen, die nur »vorgeben«, vielleicht in einem Zustand geistiger und psychischer Verwirrung, transsexuell zu sein?

Ich hab' höchstens Verdachtsmomente und kann erst in langen Gesprächen klären, wie es wirklich ist. Wichtig ist für mich, daß er selber begreift, was er ist. Ich kann die Entscheidung letztendlich nicht fällen, das kann auch kein Therapeut. Wir geben hier nur professionelle Hilfe zur Selbstfindung. Wir wollen nicht Volltherapie machen. Wegtherapieren kann man Intersexualität, Transsexualität sowieso nicht. Wir können höchstens dabei behilflich sein, die Probleme zu reduzieren, die mit der Umwelt verbunden sind.

Die Beratungsstelle BfTS gibt es jetzt seit Januar 1994. Was habt ihr nun in diesem knappen Jahr für Kontakte gehabt?

Bis circa 1.6.94 hatten wir 154 BesucherInnen und 594 Telefonate, davon waren etwa zehn Prozent Erstkontakte. Das andere sind Infogespräche gewesen. Durchschnittlich besuchen uns die Klienten dreimal, wobei einige nur einmal kommen und andere, verteilt über ein Jahr, regelmäßig oder unregelmäßig kommen. Das Verhältnis von Mann-zu-Frau- und Frau-zu-Mann-Transsexuellen ist etwa gleich, Transvestiten kommen circa fünf bis acht Prozent (übrigens zunehmend mehr). Intersexuelle gibt es eine ganze Reihe – das wird in der Regel ganz vernachlässigt, spielt aber bei uns eine ganz große Rolle –, das dürften etwa fünfzehn Prozent sein. Beratung und Information für andere Organisationen machen wir ja auch, das macht etwa dreißig bis vierzig Prozent aus. Das sind z. B. amnesty for women, Krankenpflegeschulen, kirchliche Initiativen und – was immer noch am schwächsten vertreten ist – Ärztefortbildungen. Psychiater, Psychologen, die real in der Klinik unterrichtet wurden. Und auch die Bundeswehr, wo wir vor Bundeswehrärzten Vorträge halten. Wo der Kontakt noch am schlechtesten ist, das ist die Polizei. Das finde ich ganz schlimm, denn die benötigen eigentlich die meiste Information. Die haben tagtäglich mit Transsexuellen im Straßenverkehr, in der Strafverfolgung zu tun. Daß dort der meiste Übergriff stattfindet, weiß ich durch meine Arbeit in der Gefangenenhilfe. Und schließlich machen wir noch Alkohol- und Drogenberatung.

Nach welchen Kriterien wurden die Mitarbeiter der BfTS ausgesucht?

Die Berater *mußten* transsexuell sein, in beide Richtungen. Eine Bedingung war auch noch Schwerbehinderung, in jeder Hinsicht. Bei Ehrenamtlichen ist das allerdings anders, die müssen nicht schwerbehindert sein.

In welchen Bereichen arbeiten diese Ehrenamtlichen?

Die leiten z.B. Gruppen, die Jugendgruppe, Mann-zu-Frau-, Frau-zu-Mann-Gruppe, Kosmetikgruppe usw.

Sind die Ehrenamtlichen auch transsexuell?

Das kommt darauf an. In der Mitbetroffenengruppe, wo Eltern und Partner sind, ist es nicht angebracht, daß da ein Betroffener ist. Das kommt also auf die Gruppe an. Unsere Kosmetik- und Bekleidungsberatung machen auch Biologische, weil die am besten sehen können, wie man »normal« draußen rumläuft. Die können dann auch sehen, was man aus dem oder dem Typen machen kann.

Wie ist es mit der Anonymität in der Beratungsstelle?

Im Terminkalender sind die Beratungsgespräche ausschließlich mit den psychischen Vornamen, dem Wunschnamen, vermerkt. Und daraus können keine Rückschlüsse auf die Daten der Person gezogen werden. Es sei denn, jemand gibt uns seine Telefonnummer oder tritt in den Verein ein.

Wer ist der Trägerverein?

Das ist die Transsexuellen-Gesellschaft Hamburg e.V. Die hat momentan zweiundfünfzig feste Mitglieder, assoziierte Mitglieder gibt es etwa hundert. Wir machen ja keine aggressive Mitgliederwerbung, unsere Mitglieder kommen meistens freiwillig. Es gibt eine Ausnahme bei der Mitgliedschaft: Wenn jemand eine Rechtsberatung braucht, muß er Mitglied sein, weil diese ausschließlich für Vereinsmitglieder gemacht werden darf (§§ 2 und 3 Rechtsberatungsgesetz).

Welche Fragestellungen betrifft dies?

Zum Beispiel das Transsexuellen-Gesetz. Wenn ich im Hinblick auf diesen Antrag beraten würde, dann ist das nach dem Rechtsberatungsgesetz eine Rechtsberatung, und das darf nur ein Rechtsanwalt oder innerhalb eines Vereins ein kompetentes Mitglied des Vereins einem anderen Mitglied im Rahmen des Vereinssziels zukommen lassen. Und da unser Vereinsziel die Transsexualität ist, geht das im Rahmen des Vereins, aber eben auch nur für Mitglieder. Das ist eine juristische Vorgabe, an die wir uns auch halten.

Laut Konzept sind zwei weitere Projekte in Vorbereitung, die Verlagsgesellschaft und das Projekt Berufsqualifizierung durch die Verlagsgesellschaft. Was heißt das konkret?

Der Kern dieser Verlagsgesellschaft ist, Langzeitarbeitslosen und Behinderten Arbeit zu geben. Profis leiten das Ganze und schulen dann andere, die parallel dazu eine sozialpädagogisch-therapeutische Unterstützung bekommen. Das soll mit dem Arbeitsamt zusammen laufen. Außerdem wird da die Zeitschrift »News of Teiresias« hergestellt. Und ich plane eine Betreuungsgesellschaft »Teiresias« und eine Beschäftigungsgesellschaft für soziale Randgruppen, »Carmeon«.

Klingt alles etwas nach einem Groß-Imperium: Alle Benachteiligten in meine Arme! Ich hab' hundert Projekte, da bring ich euch alle unter!

(lacht) Theoretisch schon. Vorausgesetzt, daß ich das Kapital zusammenkriege.

Und welche Zukunftsvisionen gibt es für die bereits bestehende Beratungsstelle?

Die sind flächendeckend für ganz Deutschland und Gesamt-Europa zu realisieren, daß Transsexuelle überall die gleichen Rechte haben. Das ist unser Wunsch. Ich weiß zwar nicht, ob das erreicht werden kann, aber es scheint so zu sein, daß wir viele von diesen Visionen umsetzen können.

PETRA EGGERT
Friseurin und Kosmetikerin

»Ich denke, sie sind nicht glücklich mit einem aufgetakelten Gesicht.«

Ich habe Ihre Anzeige in »News of Teiresias«, einer Zeitschrift von Transsexuellen für Transsexuelle, gelesen. Da heißt es: Ich biete euch Hairstyling, Kosmetik, Beratung usw. an. Wie kommen Sie dazu, einen solchen Spezialservice anzubieten?

Über eine Freundin, die in dem Tanssexuellenverein in Hamburg tätig ist. Ich wußte vorher gar nichts über diese Materie, habe dann aber Einblicke bekommen und festgestellt, daß da sehr große Probleme herrschen. Im Kosmetikbereich hauptsächlich. Daß viele Transsexuelle, die jetzt von Mann auf Frau gehen, doch arge Probleme haben mit ihrem Äußeren. Sie treten, ich sag' jetzt mal überzogen, recht papageienmäßig in die Öffentlichkeit, was sie eigentlich gar nicht wollen. Sie möchten ja nur ganz normal als Frau akzeptiert werden und auch so leben innerhalb der Gesellschaft. Und da gibt es gerade im Anfangsstadium doch sehr viele Schwierigkeiten mit ihrem Äußeren. An mich ist man eigentlich mit der Frage herangetreten, ob ich Interesse hätte, einen Seminarabend zu gestalten. Am Anfang hab' ich gesagt, das weiß ich gar nicht, das ist doch etwas schwierig. Einstieg war dann für mich die Messe »Du und Deine Welt«, wo der Transsexuellen-Verein einen Stand hatte. Da hab' ich das erste Mal einen Mann zur Frau geschminkt und versucht darzustellen, wie mach' ich das, ohne aufzufallen.

Wie fanden Sie es denn als Frau, als dieses Anliegen an Sie herangetragen wurde, Männer zu Frauen zu schminken?

Ich habe keine Probleme damit, weil ich selber durch meinen Beruf seit Jahren mit Homosexualität zu tun hab'. Die meisten männlichen Friseure sind homosexuell. Eigentlich beschäftigt mich mehr das Fachliche, wie setze ich das um, wie kann ich das vermitteln, sich normal zu schminken, nicht aufzufallen, was zu verändern. Sie möchten ja auch gern eine Veränderung sehen, aber nicht so, daß es papageienmäßig aussieht. Und das ist schwierig.

Bereiten Sie sich auf diese Seminare auf eine bestimmte Art und Weise vor?

Sicherlich, ich hab' jetzt auch schon einige Kunden über den Verein, auch durch die Messe. Was für mich ein Versuch ist. Ich mach' mir schon so meine Gedanken darüber. Wie genau im einzelnen, das ist vorher schwer zu sagen, weil jedes Gesicht anders aussieht. Jeder ist eine kleine individuelle Persönlichkeit, und da muß ich doch immer wieder sehen, von Fall zu Fall, wie man da was macht. Angefangen beim Augenbrauenzupfen, um eine weibliche Form da reinzubekommen; die Frisur gehört dann letztendlich auch dazu.

Nun bin ich ja von Beruf beides, ausgebildete Kosmetikerin und Friseurin, und da gibt es einige Probleme, mit denen ich erst mit der Erfahrung lerne, damit umzugehen. Einen Männerhaarschnitt oder männlichen Kopf fraulich zu gestalten, ist gar nicht so einfach. Durch männliche Hormone ist z.B. Glatzenbildung da, die dann möglichst überspielt werden soll. Oder bei der Kosmetik der Männerbart: Einige effilieren ja schon recht fleißig. Bei der hormonellen Behandlung wird der Bartwuchs ja auch weniger, aber es ist immer noch eine ganze Menge da. Wie mach' ich ein Make-up, das zum einen nicht auffällt, aber zum anderen auch verdeckt? Bei Frau-zu-Mann-Transsexuellen geht das dann aber nur im Friseurbereich, weil die von Kosmetik überhaupt nichts wissen wollen.

Wir haben hier gerade ein männliches Beispiel vor Augen, Ihren Lebensgefährten. Dürfen wir Sie mal als Beispiel nehmen?

Freund: Ja.

Frau Eggert, nehmen wir mal an, Ihr Freund würde eines Tages hier hereinkommen und zu Ihnen dann sagen, daß er sich von Mann zu Frau verändern möchte. Was würden Sie dann Ihrem Freund empfehlen?

Ja, erst mal müßten die Haare wachsen. Dieser sehr maskuline Haarschnitt müßte rauswachsen. Allerdings müßte man etwas Geduld aufbringen, weil sie extrem kurz sind. Dieses Problem haben Transsexuelle übrigens häufig, daß sie während ihres »normalen Lebens« sehr maskulin gewesen sind und extrem kurze Haare hatten, und das muß jetzt erst mal alles geformt werden. Ab einer gewissen Länge kann ich dann mit Dauerwellen unterstützen, daß es fraulicher aussieht.

Es gibt ja auch Frauen, die einen Kurzhaarschnitt haben.

Aber das sieht immer noch anders aus, weil die Gesichtszüge schon weiblich sind. Mit etwas längerem Haar wirkt das Ganze fraulicher, dann fühlen sich die Mann-zu-Frau-Transsexuellen auch fraulicher.

Wie wird's dann weitergehen? Nehmen wir doch mal das Gesicht.

Von der Kosmetik her müssen die Augenbrauen in Form gebracht werden, damit sie nicht mehr ganz so voluminös sind. Heute tragen zwar auch Frauen voluminöse Augenbrauen, aber es gibt wieder den fraulicheren Touch, wenn ein Bogen drin ist und sie schmaler sind. Und das würde ich dann mit etwas Make-up unterstützen und ihnen beibringen, wie sie sich ein bißchen schminken, ohne daß es auffällt. Um die Bartstoppeln zu kaschieren, ist eine Grundierung wichtig. Sie darf nicht so übertrieben gemacht werden, sonst wird es immer plastischer hier unten aussehen und erst recht ins Gesicht springen, daß da jemand versucht hat, was wegzuschminken.

Sollte man da eher ein Kompakt-Make-up nehmen oder ein Flüssig-Make-up?

Entscheidend ist die Konsistenz. Ein Kompakt-Make-up ist sehr dick, es ist zwar dazu da, etwas abzudecken, z.B. bei Akne und solchen Fällen, nur andererseits hat es auch den Nachteil, daß es auch sehr aufträgt. Man würde dann hinterher meist ein bißchen schuppig oder pudrig aussehen, das würde man in den Bartstoppeln dann sehr extrem sehen, und das würde noch mehr auffallen. Aus diesem Grund würde ich immer versuchen, ein Fluid-Make-up zu nehmen, eben ein Feuchtigkeits-Make-up, das leichter ist.

Und das wäre ein Make-up, das speziell für Transsexuelle günstig ist?

Ja. Wenn ich das Make-up aufgetragen habe, ist es auch wichtig, daß leicht gepudert wird. Mit einem Transparentpuder, möglichst mit einem Pinsel aufgetragen, weil das besser verteilt und natürlicher aussieht. Und ich würde der Kundin raten, auf jeden Fall Epilation zu machen. Die mach' ich selber nicht, weil das sehr spezifisch ist, sehr schwierig und zeitaufwendig. Das nimmt zwar einen längeren Zeitraum in Anspruch, dann ist aber irgendwann der Bartwuchs immer mehr zurückgedrängt.

Würden Sie für den Übergang auch eine Perücke empfehlen?

Nein. Ich denke, dieser ganze Umschwung kommt ja nicht von jetzt auf heute. Es ist auch ein Lernprozeß für denjenigen selbst. Und ich finde, daß eine Perücke künstlich aussieht und damit sehr markant auffällt. Denn sehr gute Perücken sind immens teuer, und ich denke außerdem, das ist nicht der richtige Weg. Die Wandlung sollte für denjenigen langsam und natürlich sein, nicht auf unnatürliche Art und Weise vor sich gehen. Ich bin eher fürs Dezente. Das ist zwar auch alles Einstellungssache, aber ich denke, sie sind nicht glücklich mit einem aufgetakelten Gesicht. So wollen sie eigentlich nicht herumlaufen. Lidschatten, warum nicht. Einen leichten, dezenten Farbton. Ich würde immer ins Beige-Bräunliche, vielleicht noch bißchen ins Gelblich-Grünliche gehen, aber ich würde immer sehr dezent oder noch mit einem Kajal arbeiten, mit natürlichem Make-up, ganz leichtem Mascara und beim Lippenstift auch eine Farbe benutzen, die dezent ist, nicht so grell. Ich hab' ein ganz tolles Beispiel auf der Messe erlebt. Es kam ein Transsexueller über die Messe, der sich gar nicht seiner Wirkung bewußt war und sich eigentlich noch nie so richtig damit auseinandergesetzt hat. Er kam also am Stand vorbei und war wirklich aufgetakelt wie ein Pfau, mit blonder, langer Walla-Walla-Perücke und pinkfarbenem Mund. Die Wangen waren rosa angemalt und lila die Augen – also ein prägnantes Beispiel, wie's doch eigentlich nicht sein soll. Große männliche Figur, sehr stämmig, ganz kurzer Minirock, schwarze Strümpfe, Pumps so hoch, daß man gar nicht mehr richtig gehen kann. Eine richtige Karikatur. Und der war eigentlich ganz unglücklich damit. Er/sie wußte nur einfach nicht, wie mache ich es anders. Als Mann entwickelt mancher auch nur den Blick dafür, was extrem Frau ist.

Es gibt doch genügend Männer auf dieser Welt, die täglich Frauen wie uns beide sehen und nicht diese Litfaßsäulen-Plakatschönheiten mit viel Make-up und was auch immer, sondern ganz natürliche Frauen. Wie erklären Sie sich, daß Männer sich dann oft für diese grelle, ja fast nuttige Version entschieden haben?

Da bin ich noch nicht so ganz sicher. Das einzige, was ich jetzt auf der Messe durch Gespräche festgestellt habe, ist, daß die eigentlich das Dezente, Leichte gar nicht richtig erkennen, noch gar nicht den Blick dafür haben und ihnen nur ins Auge fällt, was ganz offensichtlich ist. So schminkt sich also eine Frau: Der Lippenstift ist rot, das Rouge ist rot, und Blau haben sie auf den Augen, ganz kraß. Dezente Farben sind natürlich viel schwerer zu sehen und zu erkennen für ein bisher männliches Auge. Der sieht das gar nicht so. Und er nimmt sich dann sozusagen ein Beispiel an diesem Nuttigen, weil man das sehen und umsetzen kann. Das ist bisher meine einzige Erklärung dafür. Sie erkennen irgendwann vor ihrem Inneren: Ich bin eigentlich gar nicht Mann, sondern Frau, und nun soll das ganz plötzlich gehen. Sie versuchen dann, das nach außen hin ganz extrem zu zeigen, und das geht sozusagen voll in die Hosen, denn sie werden dann zum Gespött der Gesellschaft, und das ist eigentlich nicht das, was sie wollen.

Dann könnte man ja sagen, daß sie sich fast die Frau draufmalen wollen.

Ja, genau.

Was sagen Sie denn dazu (an den Lebensgefährten von Frau Eggert gewandt)?

Freund: Der Ursprung liegt ja darin, daß ein Mann selber – um auf das Thema Mannsein zu kommen – die Vorstellung von einer Frau hat, die am Herd steht oder im Haushalt arbeitet und mehr nicht machen darf. Und das Anschauliche ist eigentlich immer nur außen sichtbar gewesen, also bei Frauen, die nicht am Herd stehen, die ein bißchen selbständiger, auch finanziell selbständiger dastehen. Und die haben sich ja ganz anders gestylt. Ob das nun teure Schminke war oder nicht, das spielt ja gar keine Rolle. Es ging darum, daß der Mann die Frau bewundert hat, die sich da hat schminken können. Das Dezente hat die normale Frau von dieser Geschminkten unterschieden. Wenn ich mich jetzt umoperieren lassen würde oder die Vorstellung hätte, eine Frau sein zu müssen, dann würde ich sagen, warum dann nicht auch auffallen wie eine Frau und mich dick und fett schminken? Was natürlich ganz falsch ist. Es geht darum, daß ich auffallen möchte. Verstecktes Auffallen, sag' ich mal. Und in dem Moment, wo man sich das Dezente, Ruhige durch Kosmetik aneignet, kann man aus sich selber heraus eine Frau sein.

Frau Eggert, Sie haben vorhin gesagt, daß jetzt auch schon Transsexuelle zu Ihnen in den Friseursalon kommen. Wie ist denn die Reaktion der anderen Kunden darauf? Ich kann mir vorstellen, daß es da ein paar gibt, die ein bißchen irritiert auf Transsexuelle in Ihrem Friseursalon reagieren.

Ja, das ist völlig richtig. Nur muß ich dazu sagen, daß ich selber versuche, die Terminabsprache so zu legen, daß der Laden nicht unbedingt brechend voll ist. Da guck' ich mir die Termine schon aus, daß es für den jeweiligen Kunden auch nicht so unangenehm wird und Kunden, die hier anwesend sind, da nicht sehr anstößig darauf reagieren. Irgend jemand ist immer hier, es wird natürlich geguckt, klar, irgendwo fällt es trotz alledem immer noch auf. Aber ich denke auch, die Transsexuellen haben sich für diesen Weg entschieden, und diese Konfrontation gehört dann auch dazu.

Dann könnte man einen Friseurbesuch bei Ihnen ja fast als eine Form des Alltagstestes bezeichnen.

Genau.

In welcher Weise äußern sich denn andere Kundinnen über Ihre transsexuellen Kunden?

Gesagt wird dazu nicht viel. Es wird geguckt. Eine Kundin sagte mal: Was ist das denn? Und dann hab' ich das erklärt. Ich weiß nicht, ob es ganz gegessen war, aber es wurde irgendwie runtergeschluckt. Und ansonsten wird geguckt, aber nichts gesagt. Sie trauen sich nicht, was zu sagen oder zu fragen oder sich damit auseinanderzusetzten. Man weiß wohl, daß es das gibt, daß es existiert. Einer Kundin hab' ich von meinem Erlebnis von der Messe erzählt. Und dann sagte sie, so was haben wir in der Familie selber und erzählte dann auch davon, aber das war eine Ausnahme.

Nun noch mal zurück zum Make-up und zum Schminken. Nun gibt es auch für biologische Frauen neben dem Tages-Make-up ein Abend-Make-up. Was würden Sie denn Transsexuellen für Abendtips geben, auch denen in der Übergangsphase, wo das Männliche doch noch sehr sichtbar ist?

Im Prinzip würde ich dann auch empfehlen, ruhig ein bißchen mehr Make-up zu nehmen. Aber auch nicht so überkandidelt; nicht so, daß da jemand aussieht wie ein Transvestit aus dem Pulverfaß, mit angeklebten Wimpern, die bis über die Augenbrauen gehen, das wäre für mich dann schon zuviel. Man kann zwar von den Farben dann ein bißchen mehr nehmen, extremer werden, weil das Abendlicht, beim Tanzen oder wo auch immer, sehr schluckt. Da kann ich auch mit der Frisur ein bißchen mehr machen, vielleicht sogar eine Perücke nehmen, weil das im Abendlicht nicht so auffällt. Aber alles, was dann zu extrem wird, wirkt unnatürlich, fällt sofort ins Auge, und man wird wieder zum Gespött für den Rest der Gesellschaft. Und das finde ich schade, nicht gut.

Nun sind das alles Empfehlungen, die *Sie* Transsexuellen geben. Welche Wünsche haben *die Transsexuellen selber* an Sie?

Eigentlich sagen mir die nichts anderes, als das, was ich denke: Sie möchten wie eine Frau aussehen, also ihr Männliches überschminken, aber nicht als Papagei in der Öffentlichkeit stehen. Das habe ich aus den Gesprächen mit ihnen gelernt. Sie möchten als ganz normale Frauen in der Gesellschaft akzeptiert werden. Und dazu das Äußere dementsprechend verändern.

Gibt es da eigentlich Unterschiede zwischen Mann-zu-Frau-Transsexuellen und biologischen Frauen? Stellen sich die

Transsexuellen ungeschickter an, wenn sie sich selber die Wimpern schminken, als Bio-Frauen, die damit auch wenig Erfahrung haben?

Eine Frau, die anfängt, sich zu schminken, eine ganz normale biologische Frau, ist genauso ungeschickt damit wie ein Transsexueller, der anfängt, sich vom Mann zur Frau zu verändern. Das ist genauso ein Lernprozeß für die Transsexuellen, wie ihn eine normale biologische Frau schon hinter sich hat. Das ist alles erlernbar.

Das heißt, Transsexuelle müssen keine Komplexe haben, wenn sie das erste Mal Puder und Wimperntusche in die Hand nehmen.

Nein, überhaupt nicht. Das ist wirklich nur eine Handhabung mit den Materialien. Und als normale Frau muß ich das genauso lernen wie der Transsexuelle. Da ist kein Unterschied. Was ich noch sehr wichtig finde für Transsexuelle, ist, daß sie auch bei der Kleidung noch mehr Hilfe bekommen. Das ist nun nicht mein Metier, aber teilweise ist es wie mit dem Schminken: extrem und fürchterlich.

(Petra Eggert frisiert Helga auf S. 29)

Ratgeber

Operationsergebnisse von Frau-zu-Mann-Transsexuellen

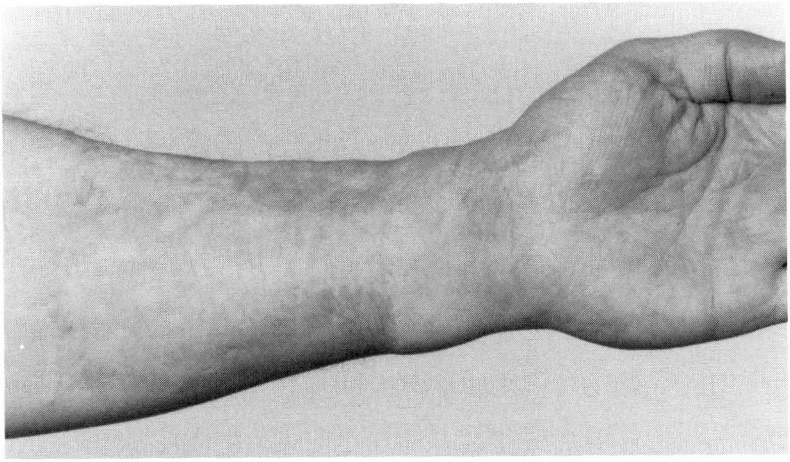

Zustand nach zwei Operationen, Dr. Daverio, September 1988. Zu diesem Zeitpunkt wurde die Harnröhre des Neopenis noch aus Scheidenschleimhaut hergestellt; beide Gewebestrukturen ähneln sich. Bei späteren OP-Verfahren war die Hinzunahme zusätzlichen Gewebes nicht mehr nötig, Harnröhre und Penis wurden durch eine spezielle Rolltechnik aus demselben Hautlappen hergestellt. Ein ca. 7-12 cm langes transplantiertes Stück einer Unterarmarterie dient der Blutversorgung.

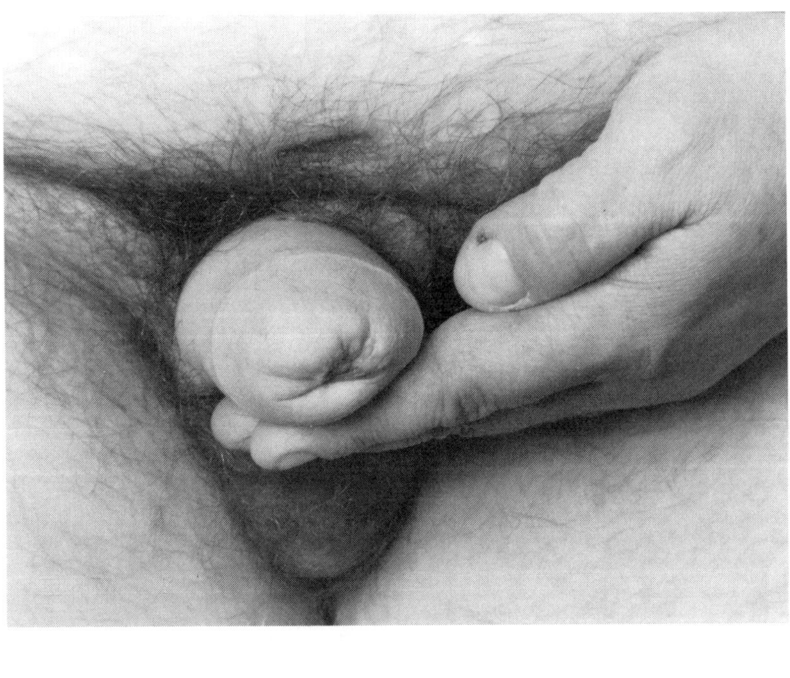

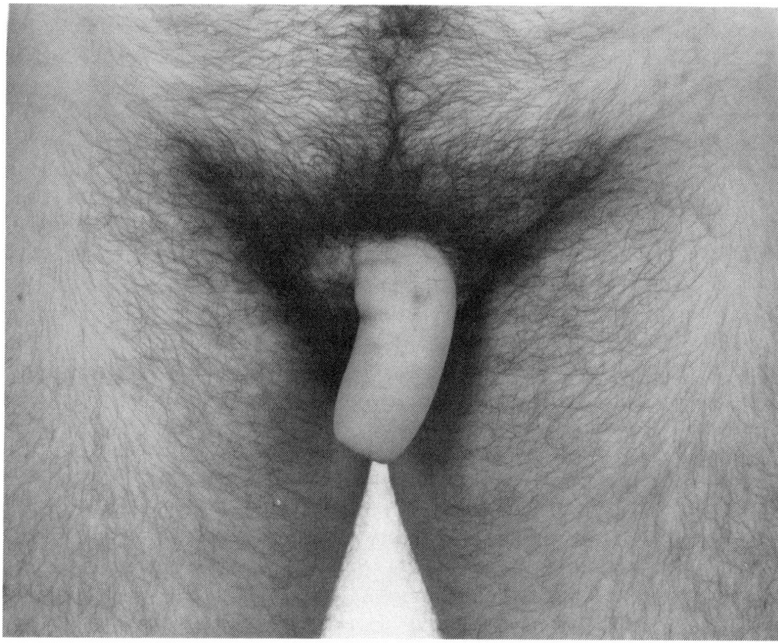

Operation im April 1994 bei Dr. Daverio nach der Methode »Unterarmlappen«. Der Neopenis wird aus dem herausgetrennten Haut- und Gewebelappen des Armes geformt. Bei der noch folgenden, zweiten Operation wird aus den großen Schamlippen der Hodensack gebildet, und es werden Silikonhoden implantiert.

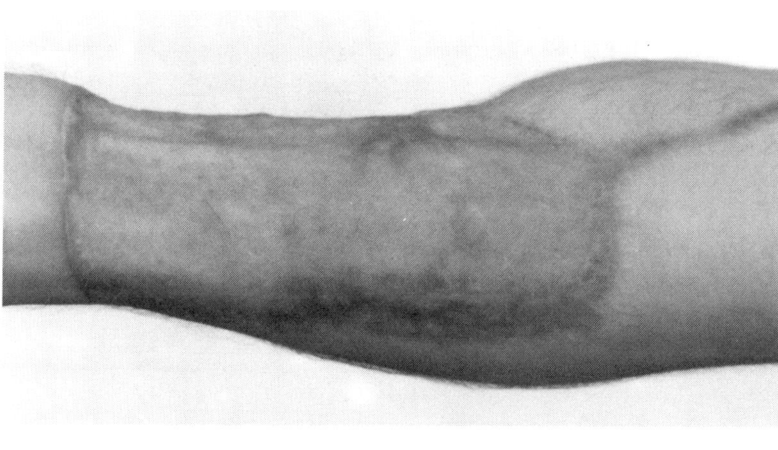

Operationsmethoden

Operateur	Prof. E. Biemer, München	Dr. P. Daverio, Lausanneo	Dr. K. Exner, Frankfurt
Penoid aus welchem Gewebe	Unterarmgewebe, eventuell auch andere Körperstelle	Unterarmgewebe	gerader Bauchmuskel + Leistenhautlappen
Versteifungsimplantat	Knochensplitter	keins oder aufpumpbares Implantat	Silikonstab
Durchstoßungsgefahr	noch nicht vorgekommen	**ja**	gebannt (Dacronüberzug)
Narben wo	**Unterarm + zusätzliches Spendergebiet**	**Unterarm + Brust (statt Brust auch Leiste und/oder waagrecht Unterbauch)**	Leistenbeugen
Narben sichtbar in Badehose	**ja**	**ja**	nein
Beeinträchtigung wo	**Unterarm (Sensibilität)**	**Unterarm (Sensibilität)**	Kraftpotential der Bauchmuskulatur
Beeinträchtigungsstärke	**keine Oberflächensensibilität mehr im Spenderbereich**	**keine Oberflächensensibilität mehr im Spenderbereich**	gering, Auswirkung nur im Leistungssport
Größe des Penoids	**beschränkt**	**beschränkt**	beliebig (normal, eher groß)
Versorgung des Penoids	mikrochirurgischer Gefäßanschluß	mikrochirurgischer Gefäßanschluß	natürliche Versorgung, da beim Umklappen von Bauchmuskel + Leistenlappen die Hauptversorgungsgefäße nicht durchtrennt werden
Sensibilität des Penoids	gering, Schutzsensibilität, zusätzlich klitorale Sensibilität im Penoid	gering, Schutzsensibilität	im Basisdrittel Hautsensibilität der Leistenlappen, sonst Schutzsensibilität
Zeitraum der Sensibilitätsentwicklung	mindestens 1 Jahr	mindestens 1 Jahr	6-24 Monate
Klitorisverlagerung	in Penoidbasis	wird zur Seite geklappt, evtl. Richtung Penoidbasis	in Penoidbasis oder Entfernung nach Wunsch
Harnröhre	Verlängerung bis Penoidspitze	Verlängerung bis Penoidspitze	Vorverlegen der Mündung in die Klitoris unter Penoidbasis oder Verlängerung bis zur Penoidspitze (selten!)
Harnröhrenmaterial	Oberschenkelhaut	kleine Schamlippen + Unterarmhaut	kleine Schamlippen+ Vaginalschleimhaut oder Blasenschleimhaut, Leistenhaut
Mindestanzahl der Sitzungen (Operationen)	5-6: *1.* Mastektomie *2.*Hysterektomie *3.*Harnröhrenverlängerung *4.* Penoidtransplantation *5.* Einrollen des Lappens *6.*Hodenaufbau (siehe auch Text)	2: *1.*Mastektomie, Hysterektomie, Penoidaufbau inclusive Harnröhrenverlängerung, 2.Hodenaufbau,Einsetzen des Implantates	2-3: *1.*Penoidaufbau + innere Geschl.organe, Brust evtl. extra 2. Harnröhrenverlängerung + Hoden
Mindestdauer der Operationen	*4.*: 5-8 Stunden (Transplantation)	*1.*: **9-13 Stunden**	*1.*: 4-5 Stunden, *2.*: 3-4 Stunden
Dauer des Krankenhausaufenthaltes	durchschnittlich mindestens 51 Tage	*1.*: **ca. 14 Tage**	*1.*: 20-30 Tage , *2.*: 14 Tage
Erfahrung des Operateurs (Pen.-Aufbau))	30 Fälle abgeschlossen, 12 im Verfahren	über 53 Patienten	über 100 Patienten
häufige Komplikationen	**Harnröhrenverengungen, Fisteln**	**Harnröhrenverengungen, Fisteln**	**Harnröhrenverengungen, Fisteln bei Verlängerung bis zur Penoidspitze**
Bemerkungen	Seit Aufteilung des Penoidaufbaus in Einzelschritte hat sich die Komplikationsrate erheblich gesenkt.	Eichelimitation möglich; häufige Änderungen der OP-Techniken	OP-Methode mit niedrigster Komplikationsrate, geringer Schiefhang des Penoids wegen seitl. Muskeleinstrahlung

Auszug aus: „Der Penoidaufbau bei Frau-zu Mann-Transsexuellen" von Paul Geist, Gießen. Eine ausführliche Beschreibung der verschiedenen OP-Techniken ist bei der Selbshilfegruppe „Transidentitas", Offenbach, erhältlich. **Nachteile und Risiken sind fettgedruckt.**

EINLEITUNG

Dieser aktuelle Ratgeber soll einen Ein- und Überblick geben für all diejenigen, die ihren individuellen transsexuellen »Fahrplan« vor sich haben. Es ist in unserem Lande nicht verboten, sich gegengeschlechtlich zu kleiden und so in der neuen Rolle zu leben. Das allerdings hat keinerlei offizielle Legitimation zur Folge, so daß man beispielsweise neue Ausweispapiere bekommt oder die in den allermeisten Fällen gewünschte hormonelle oder chirurgische körperliche Angleichung. Es geht hier also vorrangig um die Fakten des offiziellen Seitenwechsels. Ich möchte aufräumen mit all den Halbwahrheiten und Phantastereien und Klischees, die es zu diesem Thema gibt. Ich möchte außerdem auf Mißstände aufmerksam machen, die eine tatsächlich umfassende Wiedereingliederung insbesondere in den Bereichen Recht, Gesellschaft und Arbeitsmarkt bis heute fast unmöglich machen. Da der Ratgeber nur einen allgemeinen Einblick geben kann und gerade dieses Thema Individuallösungen erfordert, scheint eine weitere spezifische Information über einzelne Punkte empfehlenswert. Bei der Strukturierung bin ich von der transsexuellen Realität ausgegangen, in der sich in der ersten Zeit alles um das zentrale Thema Alltagstest dreht. Außerdem habe ich berücksichtigt, daß heutzutage vermutlich in den meisten Fällen die Hormonbehandlung bereits im Laufe des Alltagstests begonnen wird. Viel Spaß beim Lesen. An dieser Stelle möchte ich mich bedanken bei Frau Dr. med. Christiane Spehr (Urologie) und bei Herrn Richter Gelübcke (Amtsgericht Hamburg), daß sie sich die Zeit genommen haben, meine speziellen Fragen zu beantworten.

Das Gröbste gleich vorweg

Es ist alles wesentlich leichter, als man sich das vor dem Seitenwechsel vorstellt. Und wer erst mal angefangen hat, hat bereits etwas Wesentliches geschafft. Es gibt keine Zeitvorgaben: Der Seitenwechsel dauert so lange, wie man selber Zeit hat oder braucht. Du bist weder zu jung noch zu alt. Es ist keine Lebensaufgabe, sondern hat bestenfalls Etappenzielcharakter. Somit solltest du bereits jetzt Ziele haben, die du anschließend erreichen möchtest. Es gibt einige Vorgaben für die Einleitung bestimmter Schritte, aber man hat freie Bahn und kann individuell Prioritäten setzen. So gut und gründlich, wie jeder einzelne Schritt überlegt sein will, um wenigstens das »neue Leben« gut und vernünftig zu begründen – so möchte ich hier ganz deutlich darauf hinweisen, daß man eines nicht vergessen sollte: den Spaß. Den Spaß am Leben und somit auch am manchmal recht lustigen Geschlechtswechsel. Laß dir bloß nicht einreden, du seist krank – das Kranke und manchmal Lebensgefährliche an der Transsexualität ist die Zeit bis zum Coming-out. Aber auf der anderen, der ersehnten Seite angekommen zu sein, ist vermutlich das Schönste, was sich unsereins in diesem Leben vorstellen kann.

Wenn du als »Betroffene« nach der Lektüre dieses Buches nun immer noch der Meinung sein solltest, du schaffst das nicht, du traust dich nicht, dann warte noch ein Weilchen. Warte noch so lange, bis dir »das Wasser bis zum Hals steht«. Dann kannst du das auch – denn ein solcher Seitenwechsel mit allen Konsequenzen verspricht schließlich wesentlich mehr Leben als womöglich der Sprung vom Balkon. Und der ist in nicht wenigen Fällen in dieser Situation die vermeintlich einzige Alternative: Suizidale Tendenzen sind gerade bei transsexuellen Menschen nicht gerade eine Besonderheit.

Der transsexuelle Seitenwechsel in diesem Gesellschaftssystem ist vermutlich eines der härtesten Programme, die sich ein Mensch aussuchen kann. Nur diejenigen, die es tun müssen, werden ihn wählen. Ich bin jetzt mal genauso hart, auch auf die Gefahr hin, daß du dich massiv vor den Kopf gestoßen fühlen könntest: Wenn du für dich noch eine klitzekleine Alternative zum transsexuellen Weg sehen solltest, kümmere dich zunächst darum.

Fragenkatalog

Diesen Fragenkatalog werden die meisten schon seit Jahren mehr oder weniger bewußt mit sich herumtragen. Ich möchte alle diese Fragen aber hier noch einmal nennen, denn es ist wichtig, daß die Antworten gefunden werden, bevor man irreversible Eingriffe in den Körper durchführen läßt. Ich hoffe, daß dieses Buch helfen mag, individuelle Antworten zu finden.

- Was ist, wenn ich merke, daß ich »anders« bin?
- Wo liegen die Ursachen?
- Könnte ich »es« auch weiterhin unterdrücken? Oder kann man »das« therapieren?
- Was sind die Unterschiede zwischen Transvestitismus und Transsexualität? Gibt es vielleicht noch etwas Ähnliches?
- Stufe ich mich eher als Transvestit oder als Transsexuelle(n) ein?
- Wenn ich transsexuell bin – wie weit will ich gehen?
- Bin ich in und mit meinem jetzigen, angeborenen Geschlecht und der dazugehörigen Rolle nicht einig oder empfinde ich wie die andere Seite? Inwieweit bestehen Verbindungen zu Sexualität?
- Sollte ich für den Seitenwechsel einen Ortswechsel vornehmen?
- Wovor habe ich am meisten Angst?
- Welche Zugeständnisse muß ich an meine derzeitige Lebenssituation machen, bezüglich Partnerschaft, Arbeitsplatz, Ehe, Familie, Kinder, soziales Umfeld?
- Wie werde ich in der neuen Rolle standfest?
- Kann ich nach dem Seitenwechsel heiraten?
- Kann ich Kinder zeugen/bekommen?
- Wie lange dauert der gesamte Seitenwechsel?
- Wo kann ich mich persönlich und individuell beraten lassen?
- Hätte ich Unterstützung? Durch wen? Wo kann ich mal mit anderen Transsexuellen sprechen, wo kann ich Transsexuelle treffen?
- Gibt es Selbsthilfegruppen? Tun die was – oder was machen die?
- Wie ist das mit dem neuen Namen? Bekomme ich neue Papiere und wenn ja, welche Papiere und Unterlagen werden geändert?
- Gibt es überhaupt eine gesetzliche Regelung? Gibt es Vorschriften oder Regeln für den Seitenwechsel?
- Was genau bringt die gegengeschlechtliche Hormonbehandlung? Welche Nebenwirkungen gibt es und wer führt die Behandlung durch?
- Was ist vom Hormon-Schwarzmarkt zu halten?
- Gibt es eine psychologische Betreuung? Wo finde ich verständnisvolle ÄrztInnen?
- Wie genau sieht es mit der Operation aus? Welche Risiken gibt es? Und wo könnte ich mich operieren lassen?

- Wer zahlt das eigentlich alles? Gibt es Unterschiede bei den verschiedenen Krankenkassen?
- Was ist, wenn ich Sozialhilfe bekomme?

GRUNDSÄTZLICHES

Definition

Transsexualität ist, im Gegensatz zu Homosexualität und Transvestitismus, keine sexuelle Orientierung, sondern ein Geschlechtsidentitätsproblem. Ein Problem, welches sich mit an Sicherheit grenzender Wahrscheinlichkeit nicht mehr ändert und auch nicht therapieren läßt. Es ist ein Zustand physisch-psychischer Schizophrenie, da man innerlich uneins ist mit sämtlichen Geschlechtsmerkmalen des eigenen Körpers und die durch diese Merkmale aufgezwungene Rolle in unserem Gesellschaftssystem.

Unterschiede Transsexualität, Transvestitismus

Transsexualität ist nicht zu verwechseln mit Transvestitismus. Transvestitismus nennt man ein zeitweilig betriebenes Cross-Dressing (also das Tragen der Kleidung des Gegengeschlechts) vorrangig bei Männern aus rein fetischistisch/erotischen Gründen, also zur sexuellen Stimulanz. Ein Transvestit ist im Gegensatz zu einer Transsexuellen mit den Gegebenheiten seines Körpers grundsätzlich zufrieden. Man kann aber keine allgemeingültige, klare Abgrenzung zum Transvestitismus ziehen, denn es gibt in vielen Fällen wohl recht fließende Grenzen: Viele der Transsexuellen betreiben vor ihrem endgültigen Coming-out jahre- oder jahrzehntelang zumindest zeitweilig mehr oder weniger geheimen Transvestitismus. Und das wohl weniger aus den Beweggründen, die typische Transvestiten auszeichnen, sondern eher aus einer Bequemlichkeit heraus sowie aus Angst vor der eigenen Courage: Lust am Cross-Dressing zieht schließlich nicht zwangsläufig solche immensen Konsequenzen nach sich wie das Erkennen und insbesondere Bekennen eines handfesten Geschlechtsidentitätsproblems. Zudem spielt sich ein transvestitisches Hobby meist mehr im Verborgenen ab, transsexuellen Menschen dagegen wird nichts anderes übrigbleiben, als irgendwann »so« auf die Straße zu gehen. Aufgrund dieser fließenden Grenzen gibt es gewisse Zwischenstufen, wie beispielsweise den Transvestit, der seine männliche Rolle im alltäglichen Leben beibehalten möchte, wegen seiner Ambitionen aber trotzdem gegengeschlechtliche, also weibliche Hormone einnimmt. Die zu beobachtenden Versuche sowohl der Transvestiten als auch der Transsexuellen, eine jeweils klare Abgrenzung zu definieren, rührt daher, daß in den eindeutigen Fällen zwei Lebensformen auftauchen, die sich zwar äußerlich ähneln, grundsätzlich jedoch sehr unterschiedlich sind: Der Transvestit betreibt Fetischismus zur sexuellen Stimulierung, der aus unserer Sicht das ersehnte, ernsthafte Frausein leicht zu einer Parodie verkommen läßt. Die transsexuelle Frau hingegen kleidet und verhält sich weiblich aus einem überzeugten Lebensgefühl heraus, sie strebt die totale Integration in die weibliche Rolle an und wünscht den völligen Wechsel in den sozialen, gesellschaftlichen Part von Weiblichkeit. Nebeneinander gestellt, fällt denn auch prompt jeder Transvestit meist doppelt so schnell auf wie eine durchschnittliche transsexuelle Frau.

Transsexualität als Kompromiß

Es ist eine Verzerrung der Realität, wenn beispielsweise eine Mann-zu-Frau-Transsexuelle behauptet, sie sei Frau. Woher will sie das wissen? Sie konnte es doch bisher – in diesem Leben – noch gar nicht ausprobieren. Auch die öfter zu hörende Behauptung nach dem erfolgten operativen Seitenwechsel, nun aber sei sie eine echte, richtige Frau, kann nicht tatsächlich ernst gemeint sein. Solche Aussagen sind lediglich Spekulationen, übrigens ebenso die Entscheidung zur OP. Eine Mann-zu-Frau-Transsexuelle ist – aufgrund der Merkmale ihres biologischen Körpers bei der Geburt – grundlegend anders sozialisiert und erzogen worden als ein Mädchen. Also weiß sie nicht wirklich, was es bedeutet, Frau zu sein. Da sie zudem weder die Menstruation noch eine Schwangerschaft und Geburt oder eine Abtreibung selbst erlebt, kann sie zwangsläufig keine Frau sein. Denn das alles ist es ja wohl, was Frausein definiert, allein schon deshalb, weil Mannsein dies nicht beinhalten kann. Treffender ist die Aussage, *sich dem anderen Geschlecht als zugehörig zu empfinden* und *als Frau* leben zu wollen. In diesem Wortlaut steht es ja auch im Transsexuellengesetz. Die geschlechtsangleichenden medizinischen Eingriffe sorgen nicht dafür, endgültig und rundum dem anderen Geschlecht anzugehören: Wir ändern unseren Körper, nicht die Umwelt. Wir sind und bleiben in diesem Leben Transsexuelle, also ein lebender Kompromiß.

Transsexualität als Krankheit

Ob das Ganze nun (weiterhin) als eine Behinderung gelten kann, liegt an dir. Der Zustand Transsexualität wird »offiziell« inzwischen als Krankheit, psychische Störung oder mittlere bis schwere Persönlichkeitsstörung geführt. Das Bundessozialgericht hat entschieden, daß Transsexualität als Krankheit in die Reichs-Versicherungs-Ordnung (RVO) fällt. Kurzum: unser kleines Problem ist in der Fachwelt allgemein als Krankheitsbild definiert. Diese begrüßenswerte Entscheidung trägt immerhin dazu bei, daß die Kosten deines Seitenwechsels in den meisten Fällen von der Krankenkasse bezahlt werden müssen. Transsexualität gehört zu den Krankheitsbildern, die medizinisch nicht meßbar sind, etwa durch eine schlichte Blutprobe. Die uns behandelnden Ärzte sind sich dessen bewußt, daß sie mit diesen schweren Eingriffen lediglich eine Erleichterung, nicht aber eine endgültige Beendigung der Krankheit herbeiführen können. Das eindeutig Kranke an der Transsexualität ist die Zeit bis zum Coming-out. Wenn's erst einmal raus ist und der individuelle Seitenwechsel erfolgreich in Angriff genommen und abgearbeitet worden ist, fühlen wir uns meist ganz und gar nicht mehr krank. Vorher hingegen ist uns in den meisten Fällen überhaupt nicht bewußt, daß unsere geheime Transsexualität als Auslöser beispielsweise für einen bunten Strauß anderer psychosomatischer Krankheiten, Süchte oder sonstiger Verwirrungen gelten darf.

Die möglichen Ursachen

Über die Entstehung oder die Ursachen der Transsexualität ist sich die Wissenschaft bis heute noch nicht so recht einig. Grob gerastert gibt es zwei Thesen, nämlich die »primäre« und die »sekundäre« Transsexualität. Die Ursache der *primären Transsexualität* soll eine genetische Veranlagung sein. Dafür gibt es jedoch weltweit offenbar keinen einzigen materiellen Beweis. Ich werde hier eine nähere Behandlung dieser These komplett außer acht lassen: Wenn es so ist, daß eine genetische

Veranlagung bis heute wissenschaftlich nicht zu beweisen ist, dürfte es im Zuge der Begutachtung auch so gut wie unmöglich sein, die Behauptung, man sei primär transsexuell, in irgendeiner Weise zu untermauern. Zudem ist es für das weitere Leben eines Betroffenen auch nicht relevant und ändert auch nichts an dem transsexuellen Ergebnis. Ich bekomme Probleme bei der Behauptung mancher Transsexueller, immer schon, also von der Geburt an, die biologische Geschlechtsrolle abgelehnt und sich rundum in Verhaltensweisen zwischen Vertretern des biologischen Gegengeschlechts aufgehalten und komplett integriert zu haben. Zudem ist eine Störung der Geschlechtsidentität im Kindesalter nicht zwangsläufig der Nährboden für eine Transsexualität. Wer als transsexueller Mensch von sich behauptet, er sei primär transsexuell, kann unter Umständen etwas schneller an die Gutachten kommen, mehr nicht. Es dürfte niemanden geben, der sich bis zu seiner eigenen Geburt zurückerinnern kann. Die These der sogenannten ***sekundären Transsexualität*** hingegen erscheint also wesentlich lebensnaher: »Sekundär Transsexuelle« sind Menschen, die bereits in frühester Kindheit geradezu traumatischen Erfahrungen mit jeglichen Formen von Gewalt ausgesetzt waren. Man darf demnach davon ausgehen, daß Transsexuelle nicht geboren, sondern gemacht werden. Vielleicht ist ein erstes traumatisches Erlebnis auch »nur« der Grundstein, die Bildung einer entsprechenden Veranlagung. Darauf folgend mögen dann in den kommenden Lebensjahren weitere (traumatische) Erlebnisse auf diese Veranlagung wie »Dünger« wirken, die in ihrer Summe den Auslöser für einen konkreten Geschlechtswechsel darstellen. Wenn auch alle Ursachenforschung und eigene Erklärungsversuche bis heute nicht endgültig gesichert zu sein scheinen, so muß der Faktor Gewalt aber doch ein zentraler Punkt sein.

Therapie

Medizinischen Eingriffen geht eine üblicherweise rund ein Jahr dauernde Testphase namens Alltagstest mit begleitender Psychotherapie voraus. Im Zuge der notwendigen regelmäßigen therapeutischen Gespräche beziehungsweise der Begutachtung innerhalb des Prozesses des Seitenwechsels wird dann die eigene Kindheit auf- und abgearbeitet. Das hat nicht zum Ergebnis, daß die Transsexualität etwa wegtherapiert werden könnte nach dem Motto, durch Erkennen der Ursache die Wirkung eliminieren zu können, dürfte aber vermutlich in nicht wenigen Fällen zu einer erneuten Standortbestimmung innerhalb des zukünftigen Lebens führen. Wer seine Transsexualität erst einmal angepackt hat, will sie ja in den meisten Fällen auch gar nicht mehr loswerden.

Nachdem in der Vergangenheit erfolglos versucht wurde, mit teilweise drastischen Mitteln bei transsexuellen Menschen eine »Normalität« erzwingen zu wollen, hat man anschließend versucht, Transsexualität durch diverse Therapieformen in den Griff zu bekommen. Weil auch diese Versuche fruchtlos verliefen, kam man dann endlich zu dem Ergebnis, durch hormonelle und chirurgische Eingriffe körperliche Angleichungen vorzunehmen. Die Umsetzung dieses Gedankens funktioniert auch tatsächlich in gewissen Grenzen, wobei die Mann-zu-Frau-Transsexuellen allerdings wesentlich besser wegkommen als die Frau-zu-Mann-Transsexuellen: Für den Chirurgen ist es deutlich einfacher, eine künstliche Vagina zu schaffen als einen künstlichen, voll funktionsfähigen Penis. Letzteres scheint fast unmöglich.

Eine begleitende, also helfende Therapie, beginnend mit dem Alltagstest, in manchen Fällen auch nach der Operation noch, ist in den meisten Fällen sehr hilfreich. Dabei sollte genau überlegt werden, welche Form der Therapie man bevorzugt. Therapie soll begleiten, klären, helfen, aber nicht Gehirnwäsche sein. Mein Tip: übernimm einen Teil deiner begleitenden Therapie selber, beispielsweise schreibe Tagebuch. Das hilft.

DAS COMING-OUT

Nein, du bist nicht zu alt. Für einen transsexuellen Seitenwechsel ist man weder zu jung noch zu alt. Das wird dir spätestens dann klar, wenn du tatsächlich erkannt hast, daß du einen »Geschlechtswechsel« nur und ausschließlich für dich machst. Die einzige Grenze nach unten setzt das Transsexuellengesetz, welches die Volljährigkeit als Voraussetzung definiert. Auch das aber ist nicht das letzte Wort, denn es gibt sehr junge Transsexuelle, die Verständnis und Hilfe von ihren Eltern bekommen. Die einzige Grenze nach oben setzt dein Gesundheitszustand respektive dein Grabstein.

Und nun fahren wir mal los. Zunächst lösen wir die Fahrkarte der Coming-out-Klasse. Coming-out bedeutet Herauskommen, bedeutet das Bekennen und zukünftige Leben des »Anderssein«. Daran führt kein Weg vorbei. Abgesehen von der Zeit, in der du »dein größtes Geheimnis« ständig mit dir herumgetragen hast, dürfte das Coming-out noch vor dem Alltagstest, der zumeist damit eingeleitet wird, zum größten Problem an der Transsexualität gehören. Das bedeutet, wenn du das hinter dir hast, sieht die Welt schon ganz anders aus. Ich kann dir versichern, daß – insgesamt gesehen – das Coming-out und die ersten Monate im Alltagstest tatsächlich das einzig wirklich Schwere an dem gesamten Vorhaben sind und alles, was danach kommt, im Vergleich dazu fast ein Selbstläufer ist.

Es gibt im Grunde nur zwei Möglichkeiten, und beide »Fahrkarten« dieses ersten Streckenabschnitts beinhalten natürlich auch die Option auf die Rückfahrt, wenn sie denn irgendwann doch nötig sein sollte. Einerseits gibt es das bis ins letzte Detail durchdachte und geplante, vorsichtige Coming-out in für das Umfeld vermeintlich leichtverdaulichen Häppchen, aber gelebte Transsexualität basiert im wesentlichen auf einem letzten Versuch Überlebenswillen. Die zweite Möglichkeit klingt also vielleicht etwas härter, ist aber in vielerlei Hinsicht auch ehrlicher: das »Crash-Coming-out«, das Bekennen von heute auf morgen, ohne Rücksicht auf eventuelle Verluste. Eine dritte Möglichkeit wäre, zunächst mal gar nichts zu sagen und heimlich, still und leise auf ein möglichst wenig auffälliges »Hinüberschwimmen« zu hoffen.

Egal, wie du es anfängst, du wirst höchstwahrscheinlich in der ersten Zeit satte Verluste verbuchen müssen. Verluste, die in unserem Falle meist sowieso nicht ganz zu vermeiden sind. Da man sich selbst – im Zuge des letzten Versuchs, zu überleben – aber nun nicht gern als Verlust verbucht, nimmt man lieber in Kauf, was da kommen mag, ohne sich jedoch vorher in den meisten Fällen so recht bewußt zu sein, was da dann tatsächlich auf einen zukommen kann: Im Freundeskreis könnte sich spätestens jetzt die Spreu vom Weizen trennen. Es ist auch möglich, daß du plötzlich gar keine Freunde mehr hast. Einsamkeit ist eine der gemeinsten Nebenwirkungen der Transsexualität und in vielen Fällen anzutreffen.

Suche den Grund für diese eventuell eintretenden Verlassenheitsgefühle aber nicht ausschließlich bei deinen Freunden oder der ach so großen Intoleranz des Umfelds: Unsereins sollte sich einfach eingestehen, in der Wechselphase manchmal eine schrille bis schwierige Persönlichkeit zu sein. Rechne damit, daß du auch auf eine ernsthafte Partnerschaft vermutlich verzichten mußt und etwaige Versuche vielleicht nicht allzu lange halten. Diese Punkte werden in der euphorischen Coming-out-Phase meist und gern übersehen, drohen aber zu einem späteren Zeitpunkt, wenn du vielleicht den größten Teil deines »Programmwechsels« bereits hinter dir hast, mit aller Macht über deine neue Welt hereinzubrechen.

Als Mann-zu-Frau-Transsexuelle ist die Chance groß bis sehr groß, daß du vorübergehend deine Arbeit verlierst beziehungsweise in den »Wechseljahren« vermutlich keine neue Arbeitsstelle bekommst. Es soll ja auch einige geben, die aus diesem Grunde auf der Arbeitsstelle zunächst noch in der alten Rolle erscheinen. Bei konsequentem Seitenwechsel ist es jedoch lediglich eine Frage der Zeit, bis die Wirkungen der Hormonbehandlung schlichtweg nicht mehr zu verbergen sind: kleine Brüste mit ewig steifen Brustwarzen, die sich ständig rechts und links der Krawatte durch's Oberhemd drücken, dürften eine Teilzeit-Verheimlichung der Verabschiedung von der Männerwelt so gut wie unmöglich machen.

Ich möchte hier kein Horror-Szenario malen, sondern dir lediglich klarmachen, daß unter Umständen ein wahrlich hoher Preis gezahlt wird. Allerdings stimmt das Preis-Leistungs-Verhältnis trotz alldem, denn du erhältst dafür endlich die Möglichkeit, dich in dir zu Hause zu fühlen. Wenn dir alle Begleiterscheinungen (inzwischen) also relativ egal sind, bist du reif für den Neustart: Lebe wenigstens fortan dein Leben. Und nicht mehr das Leben deiner Nachbarn, Freunde, Bekannten oder Eltern. Oder das deines Arbeitgebers. Je nach Intensität deines Leidensdrucks kann es durchaus vorkommen, daß dir fortan ein Leben als vereinsamte Frau auf dem materiellen Niveau des Sozialhilfe-Regelsatzes erstrebenswerter vorkommen mag, denn als Mann reich zu sterben.

Du mußt wissen, daß alle möglichen Versionen eines transsexuellen Comingouts mehr oder weniger heftig wirken und für Nichtbetroffene ebenso mehr oder weniger schwer nachvollziehbar sind. Insbesondere manche Vertreter des männlichen Geschlechts haben da teilweise große Schwierigkeiten. Da sie mit deinem Problem nicht klar kommen, werden sie vermutlich versuchen, dir einzureden, daß du ja in Wirklichkeit ganz andere, schwerwiegende Probleme hast und aufgrund dieser jetzt keinen anderen Ausweg mehr siehst, als »so etwas Verrücktes zu tun wie eine Geschlechtsumwandlung«. Dieses Argument ist übrigens nicht generell falsch, so was kann vorkommen. Denke genau darüber nach!

Der Einfachheit halber wird man dir vielleicht eine gewisse Verwirrtheit andichten in der stillen Hoffnung, daß diese demnächst wieder verschwindet. Wenn dann gar nichts mehr hilft, was dich von deinem gewählten Weg vielleicht doch noch abbringen könnte, bringen sie gern entweder den eigenen Nachwuchs oder die Natur und selbst Gott ins Spiel. Auch diese Argumente sind keine Argumente, denn es geht um nichts und niemanden anderen als um dich. Und gerade dieses Kleeblatt, also Kinder, die Natur und Gott, wird die wenigsten Schwierigkeiten mit deiner Entscheidung haben.

Kinder und Jugendliche sind eigentlich die einzigen, die aus einem Seitenwechsel keinen Weltuntergang zeichnen wollen und es vergleichsweise schnell und unkompliziert sowie meist ohne Wertung hinnehmen, daß du jetzt eben einfach dein

Geschlecht »wechselst«. Handelt es sich um deinen Nachwuchs, kannst du ebenfalls davon ausgehen, daß von ihnen die kleineren Probleme ausgehen dürften. Allerdings lebt auch dein Kind in seinem sozialen Umfeld, und vermutlich wird es größere Probleme bekommen, deinen Seitenwechsel seinem Umfeld klar zu machen, als sich selbst damit zu arrangieren.

Die Natur kann nichts dagegen haben, ansonsten wäre ein solcher Seitenwechsel, also die Hormonbehandlung sowie die angleichenden Operationen, überhaupt nicht möglich. Die beiden Geschlechter stehen sich biologisch wesentlich näher als sozial. Das wird an der freundlichen Hormonbehandlung überdeutlich: Eine gute Handvoll Spritzen reicht meist aus, um die Grenzen zu verwischen.

Gott kann ebenfalls nichts dagegen haben, und dem Glauben kann es eher zu- als abträglich sein. Zudem gibt es einige Stellen in der Bibel, die durchaus den Schluß zulassen, daß selbst massive Eingriffe in den biologischen Körper in bestimmten Situationen legitimiert sind, wenn es denn nur so möglich ist, mit sich eins zu sein (»selig in das Himmelreich ein zu gehen«), siehe beispielsweise Markus 9, 38-43, 45, 47-48.

Und dann gibt es ja noch die letzten vermutlichen Trümpfe in der Argumentation gegen dein neues Leben: die virtuelle Hölle, in der du nach dem erfolgten Seitenwechsel – alles zutiefst bereuend – blutverschmiert und verstümmelt als gefühl- und geschlechtslose Kreatur bis an dein Lebensende vereinsamt hinvegetierst. Ich kann dich beruhigen, es ist definitiver Quatsch: Wir befinden uns am Ausgang des 20. Jahrhunderts und nicht in einer Computeranimation des Mittelalters. Du darfst allerdings nicht leben lassen, sondern mußt schon selbst leben. Aber das gilt schließlich nicht nur für Transsexuelle.

DIE SITUATION AUF DEM ARBEITSMARKT

Auf dem Arbeitsmarkt scheinen zwei Welten aufeinanderzustoßen. Transsexualität ist offiziell kein Kündigungsgrund. Diese Tatsache allein jedoch kann nicht darüber hinweg täuschen, daß während des Seitenwechsels bis zu fünfundsiebzig Prozent der Mann-zu-Frau-Transsexuellen erwerbslos sind. Die Richtung Frau-zu-Mann hat es hier, zumindest mit sichtbarer Wirkung der Hormonbehandlung, deutlich leichter. Die Gründe liegen an der Sicht der Dinge der Personalchefs – Intoleranz bekommt unsereins am deutlichsten zu spüren, und das ausgerechnet an einem Punkt, wo es ums Existentielle geht. Die »geschlechtliche Nicht-Eindeutigkeit« bekommt hier schnell einen unseriösen, perversen Beigeschmack und prompt wird deine Bewerbung negativ beantwortet – in vielen Fällen erhältst du vielleicht noch nicht mal einen Bescheid. Was bleibt dir aber in der ersten Zeit anderes, als in der Bewerbung bereits auf die Transsexualität hinzuweisen? Schließlich ist in deinen Zeugnissen und Referenzen noch dein alter Name zu lesen. Stellst du dich persönlich vor, muß man in den meisten Fällen gar nicht erst in deine Unterlagen schauen, um zu sehen, was los ist. Aus Arbeitsamtkreisen ist auch – unter der Hand – zu hören, daß Transsexuelle als schwer oder gar nicht vermittelbar gelten. Bist du selbständig oder Beamter oder im öffentlichen Dienst beschäftigt, hast du die größten Chancen, deinen Arbeitsplatz trotz des Seitenwechsels zu behalten. In der freien Wirtschaft hingegen ist es scheinbar reine Glückssache. Bist du in diesem Genre bereits seit Jahrzehnten ein zuverlässiger Mitarbeiter, ist die Chance natürlich größer, daß du deinen Arbeitsplatz trotz deines Seitenwechsels behalten kannst. Allerdings ist auch nicht von der Hand zu weisen, daß viele von uns gerade in der ersten Zeit psychisch manchmal sehr angeschlagen sind und dadurch nicht gerade das darstellen, was sich ein Arbeitgeber als zuverlässigen Mitarbeiter vorstellt.

An der geschilderten Gesamtsituation tragen die Transsexuellen als auch der Gesetzgeber allerdings mit Schuld: Letztlich ist aufgrund ihrer persönlichen Situation die Gefahr groß, daß man schnell den Mut verliert und es aufgibt, sich nach der soundsovielten Absage weiter konsequent um eine vernünftige Arbeitsstelle zu bemühen. Im großen und ganzen ist also der Gesetzgeber gefordert, hier endlich Voraussetzungen zu schaffen, die klare Richtlinien definieren, damit die Bereiche Transsexualität, Krankenkassen und Arbeitsmarkt überhaupt mal kompatibel werden. Dem Staat entstehen immense Kosten, die eindeutig vermeidbar wären. Für die Betroffenen entsteht zusätzlich zum durch Langzeitarbeitslosigkeit typischen »Absacken« eine manchmal unerträgliche Situation, weil sie deutlich auf ihre Hilflosigkeit und die Intoleranz der Gesellschaft aufmerksam gemacht werden. Es ist ja verständlich, wenn Arbeitgeber Transsexuelle im Seitenwechsel nicht gerade in Bereichen einsetzen wollen, in denen Kundenkontakt besteht – sei es als Verkäuferin, im Service oder im Außendienst. Ich habe aber keinerlei Verständnis dafür, daß wir auf dem Arbeitsmarkt wie Aussätzige behandelt werden und der Staat nichts anderes dagegen unternimmt, als uns – auf Staatskosten – im sozialen Netz aufzufangen und somit nicht wenigen Mann-zu-Frau-Transsexuellen den Weg in die Prostitution geradezu aufzwingt.

Naheliegend oder fast schon zwangsläufig ist der Gedanke an eine Umschulung. Da nicht wenige der Transsexuellen in ihrem bisherigen Leben aufgrund dieser »Behinderung« auch das Ausbildungs- und Berufsleben vernachlässigt haben, stehen sie nun mit doppelt schlechten Chancen »am Start«: keine Ausbildung oder zu niedrige berufliche Qualifikationen zusammen mit der Transsexualität sind schlechte Aussichten, sein Geld selbst zu verdienen. Insofern sollte zumindest theoretisch die Transsexualität als Krankheit ausreichen, um in den Genuß einer Reha-Maßnahme aus gesundheitlichen Gründen zu kommen. Aber nein, auch hier wird wieder auf geschlechtliche Eindeutigkeit gebaut: Solange du nicht wenigstens eines der Gutachten oder besser die OP-Indikation vorweisen kannst, ist es überflüssig, überhaupt einen Antrag zu stellen. Du wirst feststellen, daß man dich praktisch zur Operation nötigen will, als Eintrittskarte in die Welt der Akademien. So ist das nun mal: Wer »nicht Mann und nicht Frau ist«, darf auch nichts lernen. Punkt.

DIE SELBSTHILFEGRUPPEN
Möglichkeiten und Kompetenzen

In dieser Phase kann es hilfreich für dich sein, an eine der örtlichen Selbsthilfegruppen heranzukommen. Es ist für »Neue« in der Coming-out-Phase ungleich leichter, sich mit diesem Problem auseinanderzusetzen, wenn man mit Gleichbetroffenen sprechen kann und miterlebt, wie andere Transsexuelle ihr Leben in die Hand nehmen oder vom Leben in die Hand genommen werden. Dadurch lassen sich einige unnötige Fehler vermeiden. Oder du erlebst vielleicht in der Gruppe vermeintlich Transsexuelle, die sich dann doch noch dazu entscheiden, die Rückfahrkarte zu lösen. Vielleicht gibt dir das Anstoß, dies einfach zu tun, nachdem die Endstation erreicht wurde.

Nach einem oder mehreren, manchmal stundenlangen Gesprächen mit einer oder einem anderen Betroffenen sieht man das Szenario auch schon etwas entschärfter.

Viele Menschen in den Gruppen helfen dir als Neue schon deswegen gern und uneigennützig, weil sie eigene Fehler wenigstens anderen ersparen wollen. Und niemand wird anschließend irgendwo erzählen, daß heute *gerade du* mit diesem Problem angekommen bist. Andererseits haben alle in diesen Gruppen dasselbe Problem wie du (gehabt): das bedeutet, du kannst dich da frei äußern und man wird dir zuhören und weiterhelfen.

Je nach Größe, Struktur und Engagement der Gruppe bedeutet das zumindest, daß man dir alle benötigten Anlaufstellen in deiner Stadt oder Region nennt: beispielsweise eine Auswahl möglicher anerkannter Gutachter, Kosmetikerinnen, Fachärzte, die entsprechende Abteilung des zuständigen Amtsgerichts. Und es bedeutet, daß du siehst, wie selbstverständlich »so« gelebt werden kann. Vielfach entwickeln sich private Kontakte. Mehr oder weniger heiße Tips beispielsweise zu den Themen Kosmetik und Kleidung gibt's gratis. Eine funktionierende Gruppe soll auch eine Korrektiv-Funktion haben, dich also wieder halbwegs auf den Teppich holen, wenn du – zuerst aus der alten Geschlechtsrolle heraus – die neue Rolle falsch interpretierst und wieder einmal herumläufst wie ein Clown. Andererseits wird niemand von dir verlangen, daß du schon von Anfang an oder ausschließlich in der neuen Rolle bei den Treffen auftauchst. Wir wissen alle noch um die Schwierigkeiten der Startphase. Man wird dir auch bei der Formulierung verschiedener Antragsschreiben an die unterschiedlichen Fachadressen helfen. In einigen Gruppen haben auch Angehörige Kontakt untereinander. Jede Gruppe verfügt über Adressenlisten der anderen Gruppen, Anlauf- und Beratungsstellen in diesem Land. Im Anhang findest du einige dieser Kontaktadressen.

Kritische Betrachtung

Augenscheinlich sind Selbsthilfegruppen (manche nennen sich inzwischen auch schon gern mal Beratungsstelle) auch aus der Sicht verschiedener Fachleute grundsätzlich eine gerngesehene, begleitende Station auf dem Weg in deine neue, wahre Identität. Allerdings möchte ich hier zu bedenken geben, daß eine Selbsthilfegruppe eine Ansammlung von Menschen ist, die nichts weiter verbindet als ein gemeinsames Problem, an dem man arbeiten möchte. Leider ist es in manchen der Transsexuellengruppen so, daß man dort nicht nur auf die typisch deutsche Vereinsmeierei trifft, sondern erschwerend hinzukommt, daß offenbar nicht wenige Transsexuelle mit einer überdurchschnittlichen Profilneurose gesegnet sind und leider die Selbsthilfeszene als Versuchsfeld mißdeuten, auf dem die bisher nicht stattgefundene Karriere auf Biegen und Brechen nachgeholt werden soll.

Die Tatsache, daß das rat- und hilfesuchende Klientel der Transsexuellen in der Coming-out-Phase nicht nur vollkommen uninformiert ist, sondern aufgrund der vermeintlich exotischen, auch noch deutlich sichtbaren Besonderheit des Krankheitsbildes meist mit einer wilden Mischung aus völliger Unsicherheit, Scham und nicht selten mehr oder weniger kompletter Verwirrtheit ausgestattet ist, führte teilweise zu einer inzwischen gefährlichen Entwicklung: Selbsternannte Hinterhof-Therapeuten, gar vermeintliche »Gutachter« mit jeweils zumindest fragwürdigen fachlichen Kompetenzen turnen durch diese Szene und suchen und finden ihre Opfer. Um nun auf lange Sicht ein möglichst umfangreiches Beschäftigungsfeld zu erhalten, an dem nicht selten auch in irgendeiner Weise verdient wird, sollen die Betroffenen in diesen Fällen möglichst langfristig und eng an die jeweilige Anlaufstelle gebunden und nicht selten komplett involviert werden. Es ist leider keine Seltenheit mehr, daß den Betroffenen dort noch zusätzliche psychische Probleme eingeredet werden, die vermeintliche Notwendigkeit ständiger Betreuung und Therapie suggeriert wird und somit der ganze Geschlechtswechselzauber unter Umständen viele Lebensjahre kostet.

Hilfskarrieren von profilneurotischen Transsexuellen und offenbar große Löcher in der Gesetzeslandschaft in den Bereichen Betreuung und Therapie führen leider immer wieder zu Einbußen bei den Rat- und Hilfesuchenden, insbesondere im informativen, finanziellen und zeitlichen Bereich. Eine gewisse Vorsicht ist also angebracht: Wer sich als »Therapeutin« vorstellt – dieser Begriff ist keine geschützte Berufsbezeichnung –, muß nicht zwangsläufig mehr Kompetenzen in dem Bereich haben als beispielsweise der freundliche Obsthändler um die Ecke. Grundsätzlich möchte ich auch eine gesunde Vorsicht empfehlen bei den großen, eingetragenen Vereinen sowie bei allem, was nach Komplizierung und Pathologisierung deines Problems Transsexualität ausschaut.

Gruppenzwang

Der Begriff Gruppenzwang scheint geradezu aus der Betrachtung des Verhaltens in vielen Transsexuellengruppen entstanden zu sein. Man bekommt manchmal das Gefühl, daß die Ansichten oder die eigenen Erfahrungen der »Leitungen« oder Ansprechpartner Referenzstatus haben und die Mitglieder sowohl der »Leitung« als auch der zahlenmäßig größten Interessengruppe innerhalb der Gruppe manchmal wie die Lemminge in den nächsten Teich hinterherlaufen: Nicht nur die Wahl des Operateurs, sondern gar die Entscheidung zur Operation kann leicht durch das Verhalten in einer Gruppe beeinflußt werden. Das geht so weit, daß die Entscheidung für oder gegen die Operation als Wertung gesehen wird.

Was die »Gruppenleitung« sagt oder für sich tut, ist ihre Sache. Was der größte Teil einer Gruppe tut, muß noch lange nicht das Maß aller Dinge sein. Nimm' dir davon, was du für dich brauchst. Dein Weg zu deinem Ziel ist genauso individuell wie dein Ziel. Das bedeutet, dein Weg im Seitenwechsel hört an dem Punkt auf, den du für dich richtig hältst. Übrigens werden Selbsthilfegruppen nicht geleitet, es kann also nur eine Ansprechpartnerin geben und keine »Leitung«. Selbst wenn du die einzige sein solltest, die sich aus deiner Gruppe nicht operieren lassen will, so ist das für dich hundertprozentig richtig. Auch wenn nicht wenige operierte Transsexuelle plötzlich ziemlich hochnäsig auf alle anderen herabschauen und meinen, nur wer sich operieren lasse, sei auch wirklich transsexuell. Daß damit Intoleranz selbst innerhalb einer Randgruppe lustig weitergeführt wird, fällt unter deren Tisch.

Für schlichtweg gefährlich halte ich die traurige Tatsache, daß viele Transsexuelle nicht bereit sind, eine eventuell verpfuschte oder zumindest nicht supergut gewordene Operation auch zugeben zu können oder zumindest sachlich beschreiben zu wollen. Ich habe in der bundesdeutschen Szene die Erfahrung gemacht, daß fast alle Operationsergebnisse angeblich »perfekt, wunderschön, absolut funktionsfähig« sind, selbst wenn das Gegenteil der Fall ist. Jede und jeder für sich mag auch ein zweit- oder gar drittklassiges Operationsergebnis »ganz toll« und »wunderschön« finden, allerdings ist es Wahnsinn, den absolut uninformierten Neuzugängen in einer Selbsthilfegruppe oder überhaupt Menschen mit transponierter Geschlechtsidentität dasselbe weismachen zu wollen. Dies übrigens scheint nicht generell vorsätzlich oder unbedacht zu geschehen: Ich habe reihenweise beobachtet und auch an mir selbst gespürt, daß Transsexuelle, die sich den Operationen unterziehen, aus irgendwelchen Gründen ein besonderes Gefühl für ihre Ärzte entwickeln. Zudem macht es den Anschein, daß allein schon die Tatsache, daß das alte, verhaßte Geschlecht endlich verschwunden ist, ausreicht, um den Zustand nach den Operationen in den Himmel zu loben.

Zum Thema Selbsthilfe kann man also abschließend zu dem Ergebnis kommen, daß diese Einrichtungen innerhalb ihres Kompetenzbereiches eine durchaus sinnvolle und hilfreiche Einrichtung sind. Allerdings ist eine Selbsthilfegruppe in den allermeisten Fällen eine Ansammlung von Menschen mit demselben Problem, die aber Laien sind in einigen der Fachbereiche, die durch das gemeinsame Problem tangiert werden.

DER ALLTAGSTEST

Definition

Mit dem Coming-out beginnt der Alltagstest, der üblicherweise ein Jahr dauert. Davon steht zwar nichts im Transsexuellengesetz, jedoch wird diese Erfindung von den Gutachtern und Gerichten praktisch immer gefordert. Denn nichts dürfte in einer größeren Katastrophe enden als eine fälschliche Begutachtung oder gar irrtümliche, irreversible hormonelle oder chirurgische Eingriffe. Die einzige Möglichkeit, dies zu verhindern, ist der vorgeschaltete Alltagstest.

Alltagstest bedeutet also die Chance, dich durch das öffentliche Leben hindurch in deine neue Geschlechtsrolle hineinzubegeben. Im Klartext: Du zeigst dich in Kleidung und Verhalten der neuen Rolle entsprechend in deinem Umfeld – rund um die Uhr und überall – testweise »auf dem Weg zur ersehnten Seite«. Genaugenommen wird dieses Jahr absolviert, ohne daß bereits irgendwelche medizinischen Eingriffe vorgenommen werden. Das mag sich knallhart anhören, wenn man selbst davor steht.

Dieser Alltagstest ist natürlich weniger dazu da, um deinem Umfeld zu zeigen, wo es in deinem Leben fortan längs geht. Es geht vielmehr um dich selber. Denn es ist ein himmelweiter Unterschied, ob all die Phantasien und Wünsche, die in unserem Fall ja bis zum Coming-out meist von den eigenen vier Wänden begrenzt werden und von dem tatsächlichen Leben, dem Alltag, vollkommen unbeleckt bleiben oder nicht. Beweise dir selbst, daß es dir absolut ernst ist, die Seite zu wechseln. Überprüfe, ob du den Anforderungen, die dieses Vorhaben stellt, gewachsen bist. Versuche herauszubekommen, ob das Leben auf »der anderen Seite« tatsächlich das ist, was du dir vorstellst. Anders ausgedrückt: Teste die andere Seite im Alltag. Sozusagen als Probe-Abonnement, welches bei Nichtkündigung automatisch verlängert wird bis an dein Lebensende.

Genaugenommen ist es also bereits der Alltagstest, der uns aus der alten Geschlechtsrolle heraushebelt und so den »Weg nach Hause« zeigt. Nach einer mehr oder weniger unsicheren, dafür in den meisten Fällen um so schrilleren Eintrittsphase folgt meist ein Abschnitt, der das unbeschreiblich schöne, sichere, warme Gefühl vermittelt, endlich auf dem richtigen Weg zu sein: Denn du lebst, wie du leben möchtest. Daß du von der Umwelt noch (längst) nicht bereits als dem anderen Geschlecht zugehörig angesehen werden dürftest, wird plötzlich sekundär wichtig. Primär bemerkst du, daß bereits die Freiheit, nach deiner Definition zu leben, eine unglaubliche Befreiung bedeutet. Noch nicht tatsächlich auf der anderen Seite angekommen zu sein heißt – durch den Alltagstest – immerhin schon, nicht mehr der alten Rolle entsprechen zu müssen. Allein das ist wohl in den meisten Fällen schon Gold wert.

Wenn es auch möglich ist, daß du momentan dazu neigst, diesen Alltagstest abzulehnen, so wirst du im Lauf der Zeit bemerken, daß er die beste Erfindung ist, seitdem es Transsexuelle gibt. Mache nicht den Fehler, den Alltagstest als von außen diktiert zu mißdeuten: Alles, was du jetzt tust, erfolgt nicht, um dein Umfeld zu belustigen oder den vom Amtsgericht bestellten Gutachtern zu gefallen, sondern um dich und deine Position in deiner Welt neu zu definieren. Grundlegend neu. Und grundlegende Veränderungen verlangen manchmal unkonventionelle Lösungsansätze.

Wir durchleben während dieser Zeit sozusagen so etwas wie eine zweite Pubertät, allerdings in der Version »Schnellpubertät«: Die »Bios« haben mehrere Jahre, um sich selbst und ihren Stil zu finden und ihren Standort zu definieren, unsereinem bleibt da deutlich weniger Zeit. Zudem sieht man es einer Dreizehnjährigen eher nach als einer Dreißigjährigen, wenn beispielsweise allzu salopp mit der Macht der Farben aus dem Kosmetikregal umgegangen oder als Modeberatung zunächst ein imaginäres Team aus Barbie-Puppe und Madonna zu Rate gezogen wird. Der Alltagstest ist also ein Lebensabschnitt, in dem du dich praktisch ständig beobachten und dich selbst sehr bewußt leben solltest – mithin eine gute Möglichkeit, dich vielleicht endlich mal selbst kennenzulernen. Eine gehörige Portion Selbstironie kann dabei nicht schaden. Vermutlich ab dem Moment, wo dir auffällt, daß du ja noch die Brille trägst, aus der du dein Ziel, die neue Geschlechtsrolle, aus der alten Rolle heraus siehst, wird aus einem möglichen Affenzirkus der Alltagstest. Setz diese alte Brille ab, und dann dürfte sich beispielsweise dein Outfit ändern – und es werden somit gewisse exotische Probleme im Alltag wegfallen, da du sofort weniger auffällst. Etwa zum Ende dieses Jahres bemerkst du, daß du eine neue Brille trägst, nämlich die, mit der du deine ehemalige Geschlechtsrolle siehst, aus der neuen heraus. Und damit hast du gewonnen. Learning by doing: Es liegt also nicht nur zu einem großen Teil an dir, es liegt nur und ausschließlich an dir, was du aus diesem Jahr machst und wie du es überstehst. Und wo du nach diesem Jahr stehst.

Fahrplan

Dieses nun folgende Jahr solltest du außerdem dazu nutzen, um dich über die weiteren nötigen Schritte zu informieren beziehungsweise diese Schritte einzuleiten. Das Setzen der Prioritäten bleibt grundsätzlich dir überlassen, beginne also mit dem, was dir momentan am wichtigsten oder auch einfachsten erscheint. Insgesamt geht es um folgendes: Die fachärztlich kontrollierte Hormonbehandlung mit all ihren netten Wirkungen und den tückischen Nebenwirkungen; die Epilation, also die dauerhafte, aber sehr zeitaufwendige Bartwuchsentfernung auf mechanischem Wege; ein eventuell nötiges Stimmtraining bei einem Logopäden; den Antrag auf Namensänderung; die regelmäßigen Besuche bei zwei Gutachtern; begleitende Therapiegespräche. Und nicht zu vergessen den mittleren Papierkrieg betreffs Kostenübernahme der einzelnen Punkte bei deiner Krankenkasse. Bist du momentan auf Sozialhilfe angewiesen, richte dich in der ersten Zeit auf noch mehr Papierkrieg ein und rechne damit, daß einige Nerven auf der Strecke bleiben. Allerdings kann man sagen, daß sich all das in gewisser Weise lohnen dürfte: es ist durchaus möglich, daß du es – ab einer bestimmten Etappe – als transsexuelle Sozialhilfe-Empfängerin leichter hast als eine privat krankenversicherte Transsexuelle. Dazu später mehr. Wenn du dir bereits halbwegs sicher bist, daß du deinen Seitenwechsel mit den geschlechtsangleichenden Operationen krönen möchtest, kannst du während dieser Zeit zudem als Neue Frau in Kassel beziehungsweise als Neuer Mann in Lausanne in der Schweiz einen Termin ausmachen, um ein entsprechendes Vorgespräch zu führen. Es kann mehrere Monate dauern, bis du in einer Klinik einen solchen Termin bekommst. Es ist schließlich in diesem Fall auch wichtig, daß sich PatientIn und OperateurIn »gegenseitig riechen können« und du zudem Bedenkzeit brauchst, bevor du dich für eine der Techniken entscheidest. Weitere Vorgespräche in anderen Kliniken können interessant sein, allerdings bekommst du gemeinhin nicht viel mehr als zwei oder drei solcher Fahrten von den Krankenkassen ersetzt.

Du siehst, du hast ein volles Programm. Ich möchte dir ans Herz legen, auf jeden Fall die Suche nach zwei bis drei vom zuständigen Amtsgericht anerkannten Gutachtern aufzunehmen sowie schon einmal – wenn du dir sicher bist – beim Amtsgericht den Antrag auf Vornamensänderung einzureichen. Da sich sowohl die Phase der Begutachtung als auch der Amtsschimmel deutlich von der allgemein schnellebigen Zeit unterscheiden, kann das wahrlich nicht schaden. Bist du dir hingegen noch nicht so ganz sicher, was da tatsächlich in dir wühlt, so hast du noch mehr Gründe, dich zunächst um vernünftige Fachärzte zu kümmern, die gegebenenfalls auch als Gutachter fungieren können. Die Sache mit dem Amtsgericht hingegen kannst du dann erst mal in die zweite Reihe verschieben. Hier in Hamburg habe ich zwar noch nichts davon gehört, aber es soll in Deutschland Gutachter geben, die eine Begutachtung ablehnen, wenn bereits mit der Hormonbehandlung begonnen wurde.

Solltest du sofort als erstes auf den Beginn der Hormonbehandlung schielen, sei dir gesagt: Normalerweise werden während dieser einjährigen Phase keine medizinischen Eingriffe vorgenommen. Aber das bedeutet nicht, daß es *grundsätzlich* unmöglich ist, trotzdem schon mit der Hormonbehandlung zu beginnen. Es ist offenbar regional sehr unterschiedlich, in Hamburg beispielsweise hatte ich vom Start weg keine Probleme, bei einem Arzt mit der Hormonbehandlung zu beginnen. Manche Ärzte verlangen eine entsprechende Bescheinigung aus einer der Universitätskliniken (einer Standardanlaufstelle, in der sich die Transsexuellen während dieser Zeit die Klinke in die Hand geben), bevor sie die gegengeschlechtliche Hormonbehandlung beginnen, und verlangen damit, daß du dich ohne jede Stütze aufs einjährige Glatteis-Parkett begibst. Auch solche Ärzte gibt es in Hamburg, um beim regionalen Beispiel zu bleiben. Verständnisvollere Ärzte hingegen sind zu der begrüßenswerten Einsicht gekommen, daß ja beispielsweise auch lange, hohe Treppen nicht ohne Geländer installiert werden. Also geben sie dir die Hormonbehandlung schon, bevor der offizielle Alltagstest nach rund einem Jahr beendet ist, da die Hormonbehandlung – unter anderem – einen ähnlich beruhigenden Effekt von »Sicherheit« bietet wie das Geländer bei langen Treppen. In der entsprechenden Uniklinik landest du voraussichtlich sowieso. Und auch da ist es manchmal nicht schlecht, auf ein »Geländer zum Festhalten« zurückgreifen zu können.

Bekleidung

Nachdem du jahrelang vermutlich entweder nur »in der Fassade herumgelaufen« bist oder in der neuen, ersehnten Rolle lediglich vom Kabelfernsehen am Leben gehalten und vom Pizza-Service ernährt wurdest, geht's nun also »raus aus dem Schrank« und mitten ins Leben. Das ist übrigens unter Umständen auch preiswerter als das bisherige Leben. Ich darf daran erinnern, daß die meisten Mann-zu-Frau-Transsexuellen jahrelang heimlich des öfteren dreistellige Beträge ausgegeben haben für vorzugsweise (vermeintlich) geschlechtseindeutige Textilien – all die hübschen, aber sündhaft teuren Dessous, um sie dann im Zuge der Verwirrungen irgendwann (zum wiederholten Male) komplett in den Müll zu werfen in der letzten Hoffnung, mit diesem Schritt vielleicht doch noch »davon wegzukommen«. Inzwischen haben wir mit dem Coming-out eine vage Standortbestimmung hinter uns, und all diese hübschen Dessous, Pumps, Perücken und Bekleidung in der Art lackierter Ganzkörperkondome und ultrakurzer Miniröcke werden gerade mal wieder durch die Stadtreinigung verklappt. Und nun? Ein netter Zufall, wahrlich. Hüte dich davor, mit all diesem Krempel im Rotlicht-Design auf die Straße zu gehen. Auch wenn es zumindest in der ersten Zeit allzu verlockend sein dürfte, weil man ein solches Tun als Beweis der Befreiung mißdeutet und nicht bemerkt, daß man lediglich mit Klischees jongliert. Laß' es, denn schließlich wollen wir Weiblichkeit nicht zur ultraschrillen Parodie verkommen lassen, sondern möglichst unauffällig-perfekt als Frau leben. Und das wird, schauen wir uns unsere Vorbilder an, also die Bio-Frauen, zumindest im Alltag eben nicht etwa in Netzstrümpfen, Miniröcken im Format breiter Gürtel, High-Heels und einem 256-farbigem Regenbogen im Gesicht zelebriert.

Zudem ist es nun mal leider so, daß du eben mit der biologischen Ausgangsposition »Mann« ins Rennen gehst und das ist selbst mit (aus deiner jetzigen Sicht) sehr weiblichen Textilien nicht zu vertuschen, sondern wird durch diese eher noch hervorgehoben. Das bedeutet, du wirst vom tabugebeutelten Umfeld eindeutig als verkleidet eingestuft und entsprechend taxiert und behandelt: Niemand wird dich ernst nehmen.

Da beide Geschlechter auf die Klassiker Jeans, T-Shirt und Turnschuhe zurückgreifen, kann man diese Art der Bekleidung durchaus als androgyn, also geschlechtslos, bezeichnen. Und eher an dieser Schiene solltest du dich in den ersten Monaten orientieren. Wesentlich effektiver als ein schrilles Glasuritvogel-Outfit sind solche »Kleinigkeiten« wie eine eindeutig weibliche Frisur, vielleicht eine neue Armbanduhr, eine neue Brille oder Schleifen anstatt Schnürsenkel. Als alltagstestnahe, aber doch geschlechtseindeutige Textilien bieten sich eher lange Pullover, Blusen, T-Shirts an in Kombination beispielsweise mit Leggins (nein, nicht unbedingt die metallicfarbenen!). Pumps gibt es durchaus auch mit relativ flachen Absätzen. Die vorgenannten »Longshirts« sowie Textilien mit ähnlich weiten oder langen Schnitten wirst du – bis zur Operation – vermutlich als einen gewissen Standard ansehen müssen: Denn es ist auf Dauer sowohl schmerzhaft als auch gesundheitsschädlich, »dem Ding unten« ständig die Luft abzudrücken. Auch wenn dieses Abdrücken und Wegbinden ein symbolisches Sympathiebekunden sein mag, so möchte ich dir doch eine gewisse »Materialschonung« gerade in dieser Gegend – im Hinblick auf eine mögliche geschlechtsangleichende Operation – dringend ans Herz legen.

Ein regelmäßiger, selbstkritischer Blick in einen der großen Spiegel in deiner Wohnung dürfte – trotz zugestandener Selbstfindungsphase – ganz grobe Schnitzer vermeiden helfen: Die nicht vorhandene Taille wird nicht betont. Vergiß also beispielsweise diese Stretchgürtel. Socken oder ähnliches Füllmaterial in einem ansonsten leeren BH dürften sowohl als solche erkannt werden als auch irgendwann irgendwie verrutschen. Du solltest auch eher auf hochgeschlossene Oberteile zurückgreifen als auf Dekolletés, die auch aufgrund deiner noch nicht vorhandenen Brüste eine Aussicht bieten, die womöglich bis auf deine neuen Schuhe reicht. Den Adamsapfel kannst du beispielsweise mit einem netten Tuch verschleiern, auch weite Rollkragen bieten sich an.

Bist du mit einer Körpergröße von hundertachtzig bis zweihundertzehn Zentimeter gesegnet, zudem mit einem Kreuz in den Frontmaßen deines Kühlschranks sowie hammerharten Händen und Armen wie die von dem netten Gerüstbauer, verzichte grundsätzlich auf Applikationen aus der Abteilung transparente Spitze und neuromantische Rüsche. Es sieht ausschließlich lächerlich aus, auch wenn du beim Betrachten im Spiegel die Augen noch so sehr zusammenkneifst. Tue allen anderen transsexuellen Frauen zumindest den Gefallen und zeige dich so nicht etwa in der Öffentlichkeit, geschweige denn womöglich auch noch in einer Talkshow – damit schadest du nur uns allen.

Eine wahrlich nette Erfahrung ist es, wenn einige der Mädels aus deinem Freundes- und Bekanntenkreis Erbarmen mit dir geschlechtssurfendem Wesen haben und aus diesem Grunde mit dir mal eine Reise durch ihre Kleiderschränke unternehmen. Es dürfte deiner schmalen Kasse auch sehr gelegen kommen, daß im Zuge dieser Reise manchmal ganze Berge Textilien aussortiert werden und du anschließend zum Nulltarif mit einer Auswahl vernünftiger Secondhand-Klamotten den eigenen Kleiderschrank auffüllen kannst. Die Bio-Mädels besitzen schließlich eine wesentlich sicherere Hand beim Aussuchen passender, nicht-schriller Kleidungsstücke.

Gehen wir davon aus, daß du inzwischen auch mal einen freundlichen Friseur konsultiert hast, der dir eine möglichst weibliche Frisur verpaßte. Fingerzeig: verzichte in der ersten Zeit auf Dauerwellen und ähnlich pflegeaufwendige Versionen der Haartracht – du wirst mangels Übung nur zusätzliche Probleme mit deren besonderer Pflege und Bändigung bekommen. Laß dir beim Friseur oder der netten Kosmetikerin eine Behandlung deiner Augenbrauen mit heißem Wachs gefallen. Weiblich getrimmte Augenbrauen allein können schon wahre Wunder wirken!

Kosmetik

Begeben wir uns nun einmal ins Farblabor: Wichtig ist nicht nur zu lernen, wie frau überhaupt mit all den Pinseln, Stiften und Quasten umgeht, ohne sich ein Auge auszustechen, gefordert ist insbesondere ein typgerechtes Make-up. Auf Perücken solltest du nur zurückgreifen, wenn es Fülle und Länge deines Haupthaares denn (zumindest in der ersten Zeit) gar nicht anders zulassen. Eine Perücke oder ein Haarteil ist nur dann gut, wenn man nicht sieht, daß es nicht echt ist. Und solche Modelle glänzen für gewöhnlich auch durch sehr hohe Preise.

Als Einkaufszettel für eine erste Kreuzfahrt durch die Kosmetikabteilung eines Kaufhauses kann gelten: Abdeckstift, Grund-Make-up, Puder, ein Set Lidschatten, Kajalstift, Mascara, Nagellack, Nagellackentferner, Reinigungsmilch, ein mittelgroßer Puderpinsel, eine Pinzette mit abgeflachtem Ende, ein Kosmetikspiegel mit Vergrößerungseffekt, eine vernünftige Nagelfeile, ein bis drei Packungen Kosmetiktücher sowie ein farblich möglichst dezenter Lippenstift inklusive Lipliner. Als »chemischen Spachtel«, um den ganzen Putz auch hin und wieder porentief zu eliminieren, empfiehlt sich dieses Rubbelgel namens Peeling, sozusagen flüssiges Schmirgelpapier. Enthaarungscreme kannst du, je nach Jahreszeit, vorsichtshalber gleich im Dreierpack mitnehmen. Lidschatten solltest du – aufgrund bestehender Farbunsicherheit als »Neue« – grundsätzlich in der Darreichungsform erwerben, in der zwei zueinander passende Farbtöne sowie der dazu passende Highlighter in einer Packung vereint sind. Die Pinzette und der Vergrößerungsspiegel dürften sich in der nächsten Zeit zu den meistbenutzten Werkzeugen deines Haushaltes mausern: Dem üblicherweise vorhandenen Bartschatten kann man vorübergehend an die Wurzeln gehen, indem man jedes einzelne Härchen auszupft. Dadurch verschwinden diese zwar nicht auf Dauer, jedoch wachsen sie nicht mehr schwarz nach, sondern mehr oder weniger farblos. Nun dürftest du, klug eingekauft vorausgesetzt, auf jeden Fall mehr als 150 DM los geworden sein.

Wenn du Glück hast, triffst du einige Bio-Frauen in deinem Freundeskreis, die einerseits über einen ganzen Park Kosmetika verfügen, andererseits auch noch ihre helle Freude daran haben, dich mal zu schminken. Die Mädels sind manchmal so nett und schenken dir ein bis zwei Handvoll dieser bunten Fläschchen und Behälter, so daß du dich in den nächsten vierzehn Tagen getrost mit einem Barhocker vor deinen Badezimmerspiegel setzen kannst, um unzählige Übungsrunden einzulegen. Keine Angst, selbst nach der fünfundzwanzigsten Runde siehst du immer noch nicht gut aus, von Perfektion ganz zu schweigen.

So, nun ab vor den Spiegel: Hauptziel sind die Eliminierung beziehungsweise Vertuschung des Bartschattens sowie die Betonung der Augen und der Lippen, als Ablenkmanöver von deinen männlichen Gesichtszügen. Wenn du Grund-Make-up benutzen möchtest oder aufgrund eines großflächig vorhandenen Bartschattens grundsätzlich nicht auf Make-up verzichten kannst, dann muß das gesamte Gesicht dran glauben. Also vom Haaransatz bis zum Hals. Allerdings solltest du am Hals für einen fließenden Farbverlauf sorgen, ansonsten sieht man hinterher das Ende der künstlichen Schicht. Alltags oder wenn sich der Schatten lediglich rund um den Mund zeichnet, dürfte hingegen der Abdeckstift völlig ausreichen, mehr oder weniger satt auf die kritischen Stellen aufgetragen. Während »der Putz trocknet«, wendest du dich deinen Augen zu: Zuerst trägst du Kajalstift auf, dezent und bloß nicht womöglich rundherum: Lediglich die äußere Hälfte des unteren Augenlides bekommt einen feinen Strich ab. Diesen kannst du gern nach außen in die Lachfalten der Augen auslaufen lassen – eher nach oben als nach unten! Lidschatten ist im Alltag eigentlich überflüssig, aber bitte: der dunklere Ton eher nach außen, der hellere nach innen. Highlighter, wenn überhaupt, oben drauf, also unter die Brauen. Und nun viel Spaß bei den Versuchen, diese drei Farbtöne mit fließenden Übergängen zu versehen. Es kann sein, daß du den Lidschatten leichter auftragen kannst, wenn du beim Grund-Make-up die Augenpartien ausgelassen hast. Zuletzt trägst du Mascara auf.

Und? Der strahlende Blick einer Siegerin? Na also! Glücklicherweise bist du von selbst drauf gekommen, die flüssige Suppe namens Eyeliner von vornherein wegzulassen. Abgesehen davon, daß allein die Handhabung an eine mittlere Katastrophe grenzt, hätte der schwarze Strich auf dem oberen Lid, womöglich tropfend, aus deinem strahlenden Blick den einer Gefangenen gemacht, die aus kleinen, strengen, tiefschwarzen Rändern bestenfalls sehr bescheiden, ehrlich gesagt jedoch unglaublich beknackt aussieht. Zum Abschluß puderst du das gesamte Gesicht, mit Ausnahme der vermutlich quietschbunten Augenpartien, denn nichts sieht unvorteilhafter aus als glänzende Haut. Bevor du allzu satt mit allzu knalligem Lippenstift einen vermeintlich erotischen Kußmund stylen möchtest, empfehle ich die Halbierung dieser Dosis und statt dessen ein vorheriges Nachziehen der Lippenkonturen mit dem Lipliner. Lip gloss, so nett es auch anzusehen ist, erreicht noch nicht mal die Haltbarkeitsdauer einer kranken Eintagsfliege. Mithin ist es bestenfalls dazu geeignet, während eines Rendezvous innerhalb der Phase Begrüßung und einem ersten Glas Sekt deinen Partner oder deine Partnerin zu blenden. Vergiß'es also.

Ortswechel

Du bist nicht der erste transsexuelle Mensch mit der anfänglichen Idee, für diesen Alltagstest zuerst einen Umzug einzuplanen, womöglich ans andere Ende des Landes, allerdings kannst du dir Geld, Zeit und Mühe dafür getrost sparen. Gehe davon aus, daß man auch nach diesem Jahr noch erkennen wird, daß du eben nicht im biologischen Wunschgeschlecht geboren wurdest. Es ist verständlich, daß du dich in gewisser Weise unwohl fühlst bei der Vorstellung, daß deine Freunde und Bekannten und die langjährigen Nachbarn deinen Umwandlungsprozeß hautnah und täglich mitbekommen. Wenn du dir aber nun vorstellst, daß du durch einen solchen Umzug als erstes deinen Heimvorteil verlierst, dürfte deutlich werden, daß du dich in einem solchen Fall doppelt und dreifach auf Glatteis begeben würdest. Die Sicherheit der gewohnten Umgebung würde mit einem solchen Umzug wegfallen, und du kannst nicht ansatzweise einschätzen, wie die neue Stadt und die neuen Nachbarn auf dich und deinen Seitenwechsel reagieren werden. Und sichtbar ist es schließlich für alle, sowohl für deine jetzigen Nachbarn als auch für die am anderen Ende des Landes. Im übrigen fällst du unter Umständen allein deswegen schon auf, weil du ein neuer Nachbar wirst. Und wenn du irgend etwas zur Zeit nicht gebrauchen kannst, dann sind es Faktoren, die für zusätzliche Unsicherheit sorgen.

Übungssache

Allgemein gilt: Konzentriere dich auf dich und dein Vorhaben, möglichst unauffällig die Seite zu wechseln, um möglichst weitgehend und nahtlos in der Welt deines Wunschgeschlechts zu landen. Dazu gibt es eine nette Übung, von der ich dir gleich mehrere Runden empfehle: Setz dich hin und wieder in dein gewohntes Straßencafé und beobachte das Verhalten einiger VertreterInnen des Wunschgeschlechts.

Wenn du einen Bewegungsablauf dein eigen nennst, der eher an Bauer Herrmann erinnert, der über den frisch gepflügten Acker stampft, darfst du dich über die Enttarnung selbst nach zwei Jahren Hormonbehandlung und einer eigenen Kosmetikerin nicht wundern: Bio-Frauen gehen anders, bewegen sich anders, verhalten sich anders als Bio-Männer, und beachte: Frauen »hängen jeden Schritt im Becken auf«, und zwar gehen sie eher auf einem imaginären Strich und nicht auf deinem bisherigen imaginären Schienenstrang. Und das sieht grundlegend anders aus als ein schlichtes Wakkeln mit dem Hintern. Viel Spaß beim Üben! Trägst du einen kurzen oder engen Rock oder ein Kleid, ist es angebracht, dich in grundlegend anderer Manier aus einem Automobil zu schälen. Was hast du eben im Straßencafé gesehen? Genau, zuerst mit den Füßen raus aus dem Auto, mit beiden gleichzeitig, nicht etwa nacheinander, so daß der Verkehrspolizist dir bis sonstwohin gucken könnte und somit aller Wahrscheinlichkeit nach für den Stau des Tages sorgen würde.

Anders herum: Meine Herren (die neuen), es zeichnet wahrlich nicht männliches Verhalten aus, wenn ihr euch neuerdings mit Motorikmustern zeigt, die vermuten lassen, ihr hättet Rasierklingen unter den Armen oder – wie manche Bodybuilder – ein Metronom verschluckt. Zudem bedeutet Mannsein auch nicht, laut rülpsend auf den Tisch zu hauen oder dämlich-vulgäre Witze reißend und wild um euch spuckend durch die Gegend zu rennen. Ebenso glänzt männliche Garderobe durchaus mit einer wesentlich größeren Bandbreite als eure bisherigen Klischeestandards Muscle-Shirts, Springerstiefel, Bomberblouson oder gar Lederkrawatten. Auch wenn einige Herren selbst bei brütender Hitze im hochgeschlossenen Oberhemd, Krawatte und Sakko herumbrüten, so muß das nicht heißen, daß ihr euch – zumindest bei den sommerlichen Gruppentreffen – ebenso quält. Eigentlich ebenso klischeehaft ist die Tatsache, daß ihr mir grundsätzlich zuerst die Beifahrertür aufschließt. Obwohl das ja ein ganz nettes Klischee ist.

Geschlechterdefinition

Heute werden die althergebrachten Geschlechterdefinitionen mehr und mehr verwischt – man denke beispielsweise an die Modewelt und den Arbeitsmarkt. Gerade uns Transsexuellen dürfte diese Entwicklung ja im Prinzip nur recht sein, aber es sind paradoxerweise ausgerechnet Transsexuelle, die an den ursprünglichen, traditionellen Geschlechterdefinitionen und entsprechenden Verhaltensmustern festhalten und sich nicht selten durch diese verwirklichen wollen: einerseits die »neue Frau«, die ihre Lebensaufgabe plötzlich darin sieht, einem männlichen Partner den Haushalt zu führen, während dieser sich im Beruf verwirklicht. Auf der anderen Seite gibt es »neue Männer«, die ihre Partnerin am liebsten ständig auf Händen tragen möchten – und sich auch sonst gern wie ein klassischer Mann verhalten. Manchmal schon vor der großen Operation ... Bei vielen Transsexuellen beider Richtungen sind also teilweise unreflektiert übernommene Verhaltensklischees zu beobachten, deren Grund zwar lediglich aus einer phallokratischen Gehbehinderung resultiert, aber manchmal doch angst machen kann: Schließlich sollte gerade uns Transsexuellen bewußt sein, daß wir aufgrund unserer Prägung die einmalige Chance haben, in den Krieg der Geschlechter beschwichtigend einzuwirken. Das sexistische Verhalten einiger Mann-zu-Frau-Transsexuellen macht feministisches Gedankengut wieder zunichte, indem diese praktisch ihrem Wunschgeschlecht in den Rücken fallen. Anders herum stellt sich die Frage, warum einige Frau-zu-Mann-Transsexuelle durch Übernahme bestimmter phallokratischer Rituale ihr Herkunftsgeschlecht malträtieren.

Präsentation beim Gutachter

Das Beobachten und Einüben gewisser Verhaltens-Standards sowie der handelsüblichen Bekleidungs- und Kosmetikgewohnheiten deines Wunschgeschlechtes ist absolut notwendig. Beim Ignorieren all dieser »Äußerlichkeiten« darfst du dich nicht wundern, wenn du an der Bushaltestelle als Schwuchtel und beim Gutachter generell aufläufst. Also: So begrüßenswert eine *»Ich bin ein Individuum und mache was ich will«*-Einstellung grundsätzlich auch ist, so befinden wir uns hier eben als Individuum zwischen ganz vielen anderen Individuen, und dazu gehören leider auch weniger tolerante Individuen an der Bushaltestelle.

Also die Gutachter. Die sind meist nicht transsexuell (zumindest trauen die sich nicht in den Alltagstest) und so haben sie eben ihre Schwierigkeiten, das trotz ihrer

»Ausbildung und beruflichen Erfahrung mit den besonderen Problemen der Transsexualität« (Originalton Transsexuellengesetz) von Grund auf nachvollziehen zu können. Wenn auch in der ersten Zeit aus Gründen der unauffälligen Anpassung eher ein mehr oder weniger deutliches androgynes Outfit angesagt ist, so gilt für die Besuche bei den freundlichen Gutachtern: anhübschen. Aber in Maßen. Ein absolut übertriebenes Outfit wird keinen Gutachter in der gewünschten Richtung beeinflussen, vielmehr wirst du – als zwei Meter große optische Hure oder als halb so großer Sylvester-Stallone-Verschnitt – dieselben Effekte erreichen wie bei der Bäkkerei-Verkäuferin heute morgen: ein internes schallendes Lachen und somit einem Teil der Chance beraubt, dein Anliegen ernsthaft an den Mann oder die Frau zu bringen. Heute morgen wolltest du nur Brötchen kaufen, beim Gutachter geht es dagegen ums Eingemachte.

Toleranz verlangt Gegenseitigkeit

Auf einige Freizeit-Aktivitäten solltest du in der nächsten Zeit schlichtweg verzichten. Dazu gehören die Besuche in Schwimmbädern, Saunen und Fitneßclubs. Ich habe im Laufe der Selbsthilfearbeit schon davon gehört, daß es einige Unverbesserliche trotzdem ausprobiert haben, sich im Alltagstest ohne sichtbare Wirkungen der Hormonbehandlung und ohne Operation in der neuen Rolle in solche Freizeiteinrichtungen zu wagen.

Einerseits fordern wir ein recht großes Maß an Toleranz vom Umfeld und sehen womöglich in jedem Gegenwind gleich eine massive Diskriminierung. Also sollten wir uns darüber im klaren sein, daß gerade Otto Normalbürger auch seine Grenzen hat. Überschreitest du diese so deutlich, indem du im Badeanzug vor deiner Operation ins nächstbeste Hallenbad gehst, darfst du dich auch über massiven Ärger eigentlich nicht wundern. Bist du bereits in einem Alter, in dem du mit deiner Halbglatze zu kämpfen hast, wirst du einfach nicht umhin kommen, dir eine Perücke zuzulegen und diese auch zu tragen – selbst auf dem Weg zur Bäckerei. Daß es ab und zu einfach nervig ist, sich mit schöner Regelmäßigkeit die Haare von den Beinen zu rasieren, weiß ich selber. Allerdings sollte man im Unterlassungsfall als Beinkleid nicht gerade einen Rock wählen.

Ein umwerfendes Erlebnis von Randgruppenborniertheit ist mir auf einer alljährlichen Großveranstaltung für Transsexuelle widerfahren. Diese Tagung zieht sich über ein Wochenende hin, und der Veranstalterin ist es gelungen, als günstige Übernachtungsmöglichkeit die örtliche Jugendherberge zu gewinnen. Morgens stehen wir also im Waschraum mit dem »W« an der Tür (in welchem auch sonst?), um uns herum eine Handvoll halbnackter Bio-Mädchen im jugendherbergsüblichen Alter. Und was passiert? Eine transsexuelle Frau (nicht operiert, mit kleinen Brüsten, etwa so alt wie alle der anwesenden Mädchen zusammen) entkleidet sich ebenfalls und präsentiert uns allen sowohl stachelige Beine als auch einen wahren Wald als Brustbehaarung. Derart fatale Eigentore, ausgerechnet noch vor sehr toleranten Vertreterinnen der Nichttranssexuellen, werfen uns alle um Jahre zurück, was Akzeptanz, Toleranz und Enttabuisierung angeht! Auffallend ist, daß solche Mitglieder unserer Randgruppe die ersten sind, die bei jedem Kleinkram *Diskriminierung!* schreien. Vergessen wird, daß solche Entgleisungen wie der geschilderte Badezimmerschocker ebenfalls eine Diskriminierung sind – in dem Fall diesen jungen Mädchen gegenüber.

Streetlife

Weil wir uns gerade in Naßzellen bewegen: Da du jetzt als Frau lebst, benutzt du bitte ganz selbstverständlich auch in öffentlichen Gebäuden, Lokalen, Discos und Restaurants die Damentoiletten. Wenn du dich intern auch vollkommen auf Glatteis bewegen solltest, so würdest du doch für erheblich mehr Aufsehen und unter Umständen Ärger sorgen, wenn du in androgyner Kleidung oder gar im Rock auf das Männerklo gehen würdest. Zudem ist es eine wahrlich nette Erfahrung: Auf Damentoiletten findest du weit weniger Gestank vor, du trittst nicht ständig in Pfützen, die Spiegel sind meist nicht zerschlagen, und vor allem sind die Trennwände zwischen den Zellen nicht durchlöchert. Also wirst du weder durch neugierige Blikke noch sonstiges belästigt, was sich gemeinhin durch diese Löcher bohrt.

Verkauf dein Auto. Inzwischen hast du ja auch mit ziemlicher Wahrscheinlichkeit deinen Job verloren und kannst es dir sowieso nicht mehr leisten. Das ist wahrlich begrüßenswert. Ein Alltagstest, den man mit seinem Automobil durchreist, geschützt durch getönte Scheiben, Zentralverriegelung und womöglich Klimaanlage, grenzt an einen mittleren Witz. Ich möchte dich jetzt nachts um ein Uhr an der Bushaltestelle am Hauptbahnhof sehen. In Pumps und Minirock auf den letzten Bus nach Hause wartend. Umringt von sechs Südländern, dich freundlich bis gierig angrinsend und dir Zigaretten anbietend. Dann möchte ich sehen, wie du den Bus besteigst, in dem sich auch eine Horde angetrunkener Teenies befindet, die quer durch den Bus quieken: »Geil, ne Umoperierte!« Am nächsten Tag will ich dich im U-Bahnhof sehen. Taxiert von neunjährigen, aber knallharten Grundschülern, die dich nach der Uhrzeit fragen. Und das natürlich nur, weil sie hören wollen, mit welcher Stimmlage du antwortest. Ich möchte dich mittags um vierzehn Uhr in einer überfüllten S-Bahn sehen, völlig verunsichert, weil in der fast nicht mehr zu ertragenden Hitze des Sommers dein kunstvolles Make-up und Augenstyling zusammen mit weniger süßen Schweißfluten langsam an deinem Gesicht heruntertropft. Es macht Spaß. Sitze nicht dem falschen Gedanken auf, daß man dich in der U-Bahn anschaut, weil du transsexuell bist. Man schaut dich nur deswegen an, weil man dir gegenüber sitzt. Sei ehrlich: Aus welchem Grunde schaust du in der U-Bahn dein Gegenüber an? Ganz einfach, weil es dein Gegenüber ist. Also gestehe den anderen dasselbe zu, ohne gleich ins Schwimmen zu kommen!

Insgesamt darf gelten: Lebe nicht in der Illusion, eines Tages als ein Claudia-Schiffer- oder Sylvester-Stallone-Verschnitt auf der anderen Seite angekommen zu sein. Daß du deine Vergangenheit nicht los wirst, dürfte dir schließlich nicht nur aufgrund deines Aussehens bewußt sein. Arrangiere dich mit der Tatsache, daß du als transsexueller Mensch in diesem Leben ein Kompromiß bleiben wirst. Nutze bewußt den Alltagstest, um dich mit diesem Gedanken anzufreunden, und so wird es klappen. Viel Spaß im neuen Film!

Name verpflichtet

Generell ist es angebracht, von vornherein deinen neuen Namen zu benutzen, und zwar ausschließlich. Egal, um wen oder was es geht. Stelle dich mit Vornamen vor. Melde dich am Telefon damit. Wenn du einen Computer besitzt, baue dir einen Textbaustein für deinen neuen Briefkopf. Unterschreibe alles, was dir in die Finger kommt, mit dem neuen Namen. Nein, unterschreibe nicht plötzlich nur noch mit deinem Nachnamen, wenn du das nicht sonst auch getan hast – das grenzt schon wieder an Selbstveräppelung. Und laß' dich ja nicht verunsichern – wer sich in einem von Amtsgerichts-Gutachtern geforderten transsexuellen Alltagstest befindet, also auf dem Weg durch das öffentliche Leben hindurch in eine neue Geschlechtsrolle, von dem kann niemand verlangen wollen, mit einem »falschen« Namen zu unterschreiben. Und der falsche Name ist der alte, nicht der neue. Von daher vergiß nicht, an der Türklingel das Schild auszuwechseln. Am Briefkasten ist zunächst ein mit dem alten Namen ergänztes Schild angebracht.

Versicherungen, Banken, Verkehrsbetriebe, Postämter, Telefonbuch, Versorgungsbetriebe, Arbeits- und Sozialamt – du wirst vermutlich nirgendwo Schwierigkeiten bekommen, auch schon lange vor der offiziellen Namensänderung deinen neuen Namen dort durchzusetzen. Auch bei den in unserer Szene so gern geschilderten Verkehrskontrollen hatte ich keinerlei Probleme mit den Polizeibeamten. Die interessiert dein Warndreieck, kein anderes. Ich bin absolut sicher: Kein Gericht dieser Welt wird – allein schon aufgrund der Überlastung derselben – tatsächlich eine Klage wegen Urkundenfälschung eröffnen, weil ein transsexueller Mensch vor der offiziellen Namensänderung mit seinem neuen, also dem richtigen Namen unterschrieben hat.

Übrigens darf gelten, daß es wesentlich erleichtend für die ganze Prozedur ist, wenn du dich sofort beim ersten Besuch des Gutachters – auch schon bei der eventuell vorhandenen Sekretärin – nicht mehr mit Thomas vorstellst, obwohl du längst schon beschlossen hast, als Corinna weiterzuleben.

In Härtefällen, also wenn irgend jemand sich wiederholt weigert zu akzeptieren, daß du die Geschlechtsrolle und somit deinen Namen geändert hast, mußt du etwas deutlicher werden. Kündige schriftlich an, daß du nicht bereit bist, deren Ignoranz zu akzeptieren und somit jegliche weitere Post auf den alten Namen ungeöffnet zurückgehen läßt, beispielsweise mit dem ironischen Vermerk »unbekannt verstorben«, und daß du etwaigen Ladungen auf den alten Namen nicht Folge leisten wirst. Das ist vielleicht nicht unbedingt so ganz legal, andererseits bescheinigen uns Fachleute, Transsexuelle seien nötigend. Also dann sei nötigend, wenn es nur so klappt, daß du akzeptiert wirst. Übrigens: Es funktioniert so tatsächlich.

Sexualität vor der Operation

Grundsätzlich ist es gleichgültig, ob du vor dem Seitenwechsel heterosexuelle, homosexuelle oder bisexuelle Ambitionen hattest, da das, wie gesagt, schließlich nicht der Auslöser war, welcher zu deiner jetzigen Situation geführt hat. Aber da es um die Frage der Geschlechtsidentität geht, kann in den meisten Fällen der Bereich Sexualität nicht vollkommen ausgeklammert werden: Nicht wenige der Frau-zu-Mann-Transsexuellen geistern vor ihrem Coming-out jahrelang durch die Lesbenszene, umgekehrt findet man viele der Mann-zu-Frau-Transsexuellen vorher in der Schwulenszene. Das führt sowohl intern als auch extern zu teilweise grundlegenden Mißverständnissen – denn die Betroffenen empfinden dabei meist heterosexuell, unabhängig von den körperlichen Geschlechtsmerkmalen. Nur kann man das zum Beispiel einem biologisch gleichgeschlechtlichen Partner, der dieses Problem nicht hat, so gut wie nicht erklären. In dieser Phase kann man sich sich selbst schon meist nicht erklären. Deshalb mag auch einleuchten, warum wir Transsexuelle nicht von einer Geschlechts*umwandlung*, sondern einer Geschlechts*angleichung* sprechen.

Sowohl der Eintritt in den Alltagstest als auch insbesondere der Beginn der gegengeschlechtlichen Hormonbehandlung dürften zu regelrechten, nicht gekannten Einbrüchen in deinem Sexualleben führen. Der Alltagstest könnte dich zunächst derart in Anspruch nehmen, daß du Sex vernachlässigst. Hast du eine erste, vage Standsicherheit in der neuen Rolle erreicht, kann es natürlich durchaus möglich sein, diese jetzt sofort auch im sexuellen Bereich testen zu wollen. Dies dürfte dich aufgrund deiner Partnerwahl zwangsläufig in Situationen bringen, die dein Umfeld als homosexuell bezeichnen würde. Das kennst du zwar unter Umständen bereits aus der Vergangenheit, wirst es jetzt aber noch wesentlich heftiger von der Hand weisen wollen. Trotzdem wirst du vermutlich Schwierigkeiten bekommen bei dem Versuch, deine Situation deinem Partner tatsächlich erklären zu können. Er wird dir zustimmen – und dich trotzdem als homosexuellen Partner sehen.

Der Beginn der Hormonbehandlung ist dann *das* Phantasialand schlechthin, auch und insbesondere im Bereich der Sexualität: Als Frau-zu-Mann-Transsexueller kann es dir passieren, daß du nach ein paar Spritzen Testosteron des Nachts wie ein junger Tiger durch dein Viertel kreuzt und am liebsten jede attraktive Frau bis auf den nächsten Baum jagen würdest. Dann findest du dich vielleicht in Sexkinos wieder und fährst dort dieses bestimmte Karussell, ohne genau zu wissen, in welchem Karussell du sitzt. Solche Situationen sind tatsächlich vorgekommen, wenn der behandelnde Arzt es versäumt hat, darauf hinzuweisen, daß es sich bei Testosteron um ein triebförderndes Aufputschmittel handelt. Das heißt, dir wird mit den neuen Spritzen eine ungeheure Verantwortung injiziert.

Selbst wenn es sich für dich als transsexuelle Frau noch so paradox anhören mag: Die gegengeschlechtliche Hormonbehandlung drückt zunächst teilweise massiv auf die Libido mit dem Effekt, daß du nicht ansatzweise mehr so viele Sexualkontakte haben könntest wie vorher, übrigens vermißt du dann aber auch nichts. Das eröffnet ganz neue Horizonte. Jetzt mag das unglaublich unwahrscheinlich klingen, aber du vermißt wirklich nichts. Diese Situation bedeutet natürlich nicht, daß du fortan etwa asexuell wirst. Sexualität wird nur teilweise über den Trieb geregelt, ein Großteil spielt sich auch über den Kopf ab. Es kann also der Tag kommen, wo du trotz der fortgeschrittenen Hormonbehandlung und des daraus resultierenden allgemeinen Funktionalitätseinbruchs deines männlichen Geschlechtsorgans ein durchaus befriedigendes Sexualleben lebst, das gerade deshalb reizvoll ist, weil eben nur noch eine eingeschränkte Funktionalität besteht. Schließlich erwarten weder du selbst noch dein Partner die weitere Erfüllung männlicher Leistung. Recht nett ist eins der Standardthemen bei transsexuellen Gruppenabenden, wo sich die »neuen Frauen« immer und immer wieder versichern, daß ja »das Ding unten schon längst und komplett ausgeschaltet« sei. Ich kann das nicht so recht glauben und sehe es heute als offenbar nötigen Teil der Standortbestimmung, also der Selbstfindung. Da Sexualität teilweise auch über den Kopf geregelt wird, wirst du dich als Mann-zu-Frau-Transsexuelle zeitweilig als »asexuelles Wesen« einstufen, und dann wird das auch so kommen. Insbesondere in den Phasen, wo du geradezu allergisch auf alles reagierst, was in irgendeiner Weise mit Männlichkeit zusammenhängt. Befindest du dich hingegen in einer Phase, in der du dich mit dir und deiner Situation »zwischen allen Stühlen« in gewisser Weise arrangiert hast, kann das schon wieder gänzlich anders aussehen.

Im großen und ganzen mögen sich gänzlich neue Horizonte eröffnen, da der »Mischmasch der Geschlechter«, den du in dieser Phase darstellst, für beängstigend viele Männer ungemein reizvoll ist: Durch deine neue Rolle, dein Selbstverständnis, dein Outfit und deine Brüste haben sie so etwas wie eine Legitimation, ihr ansonsten meist konsequent unterdrücktes bi- oder homosexuelles Potential auszukosten. Aber sag's ihnen nicht, es sei denn, du willst den Abend vorzeitig beenden.

Ab einer gewissen Zeit der Hormonbehandlung ist es nicht mehr möglich, mal eben noch ein Kind zu zeugen. Die meisten von uns werden wohl in dieser Phase die Penetration ohnehin verweigern, nicht selten vermutlich schon allein vor dem Gedanken weglaufen wollen. Andere hingegen haben da mit ihrer Partnerin zusammen offenbar weiterhin ihren Spaß. Allerdings besteht die Chance, daß diese gemeinsamen Aktivitäten mit zu den letzten gehören, wo ihr gemeinsam Spaß haben werdet – denn du kannst deiner vielleicht eindeutig heterosexuellen Partnerin nicht verübeln, wenn sie immer weniger Lust auf dich hat, da sie sich – analog mit deiner weiteren Verweiblichung – zunehmend ins lesbische Lager gedrängt fühlen kann.

Sexualität nach der Operation

Nach der oder den geschlechtsangleichenden Operationen ist zunächst mal komplett »Schicht im Schacht«. Das gesteigerte Interesse an deinem »neuen Körper« wird sich mit Sicherheit erst einmal auf die Notwendigkeit peinlich genauer Hygienemaßnahmen und das nötige regelmäßige Bougieren beschränken. Sex fällt schon deshalb flach, weil das Operationsfeld üblicherweise bis zu einer Dauer von mehreren Monaten mehr oder weniger gefühllos, also taub ist und in den meisten Fällen derart angeschwollen ist, daß von einladender Optik keine Rede sein kann. Etwaige erotische Phantasien erhalten »unten« erstmal keine Antwort. Allerdings denke ich, daß auch in dieser völlig neuen Situation eine ganze Menge über den Kopf geregelt wird. Irgendwann kommt der Tag, an dem du bemerkst, daß aus der Pflichtübung Bougieren plötzlich durchaus gefühlvolle Nettigkeiten werden können. Es muß der richtige Weg sein. Einen anderen gibt es schließlich nicht. Nach der zweiten Operation waren diese Nettigkeiten auch ohne Vibrator so stark, daß ich mir fast erlauben möchte zu sagen, der erste Orgasmus ist nur eine Frage der Zeit.

Nach deinen Operationen wirst du gut daran tun, all die »Logik« und die Sicherheit zu vergessen, mit der du deine Sexualität bisher gesehen und gelebt hast. Schließlich fand durch die Operation im wahrsten Sinne des Wortes ein Schnitt statt. Es dürfte als optimal gelten, wenn du versuchst, wirklich alles zu vergessen, was du bisher über deine Sexualität wußtest, und tatsächlich einfach komplett neu anfängst. Gönne dir mehrere Monate Zeit und Ruhe, um deinen »neuen Körper«, die neuen Empfindungen und deine Wünsche zu einer neuen Gesamtheit wachsen zu lassen. Mache dir keinen Streß, indem du beispielsweise ein Vierteljahr nach der Operation bereits mit einem himmelhochjauchzenden Orgasmus rechnest. Die von nicht wenigen Mann-zu-Frau-Transsexuellen praktizierte Prostitution mag – abgesehen von der Tatsache, daß vielen ansonsten lediglich die Sozialhilfe bliebe – vorrangig der Versuch sein, sich selbst die erreichte Weiblichkeit zu beweisen und in ausgerechnet diesem Genre die höchstmögliche erwünschte Resonanz zu erhalten. Generell gilt: Überraschung! Deine neue Standortbestimmung dürfte jedenfalls auch einen sehr großen Einfluß auf dein Sexualleben haben.

Wenn alles stimmig ist – die Entscheidung zum Seitenwechsel, die Ergebnisse der Operationen, dein neues Lebensgefühl, deine Ausstrahlung, eine neue Partnerschaft und alles, was dazu gehört – dann »wirst du kommen. Langsam, aber gewaltig«. Viel Spaß und guten Flug!

DAS AMTLICHE

Einige der grundsätzlichen und die »öffentlich-rechtlichen« Aspekte eines Seitenwechsels wie beispielsweise eine eingehende Begutachtung und die Voraussetzungen für die Namensänderung und die Personenstandsänderung werden in Deutschland mit einem eigenen Gesetz geregelt, dem *»Gesetz zur Änderung der Vornamen und Feststellung der Geschlechtszugehörigkeit in besonderen Fällen (Transsexuellengesetz, TSG)«*. Dieses allerdings scheint bei näherer Betrachtung eher dazu gemacht, unser Problem innerhalb der Behördenwelt zu kanalisieren, als uns zu einer neuen Identität zu verhelfen.

Das TSG wurde vom Deutschen Bundestag am 12. September 1980 verabschiedet. In ihm wird der offizielle Teil deines Plans näher definiert. Bemerkenswerterweise fällt eine – im Vergleich zu manchen Vertretern deines Umfeldes – auf den ersten Blick weitaus größere Toleranz auf: Keine Zeile in diesem Gesetzestext zwingt dich, um in der ersehnten Geschlechtsrolle zu leben, direkt in einen Operationssaal. Du kannst nämlich wählen zwischen der sogenannten *kleinen Lösung* und der *großen Lösung*. Die kleine Lösung beinhaltet die offizielle Änderung der Vornamen ohne geschlechtsangleichende Operation, die große Lösung setzt diese Operationen voraus, und du kannst anschließend deinen Personenstand ändern lassen.

Änderung der Vornamen (kleine Lösung)

Du mußt folgende Voraussetzungen mitbringen, wenn du die Vornamensänderung nach dem Transsexuellengesetz erhalten möchtest: die deutsche Staatsangehörigkeit, die Volljährigkeit sowie den Nachweis, daß du seit mindestens drei Jahren unter dem Zwang stehst, deinen Vorstellungen entsprechend zu leben und mit hoher Wahrscheinlichkeit anzunehmen ist, daß sich das Zugehörigkeitsempfinden zum anderen Geschlecht nicht mehr ändern wird. Wenn du nicht die deutsche Staatsangehörigkeit besitzt, aber als staatenloser oder heimatloser Ausländer deinen gewöhnlichen Aufenthalt oder als Asylberechtigter oder ausländischer Flüchtling deinen Wohnsitz im Geltungsbereich des Grundgesetzes hast, kann die offizielle Namensänderung ebenfalls funktionieren. Dies scheint allerdings mehr oder weniger eine Auslegungssache zu sein.

Bei der Namensänderung bekommst du einen neuen Personalausweis sowie einen neuen Reisepaß (allerdings nur einen sogenannten vorläufigen Reisepaß, was bedeutet, daß dir Reisen in bestimmte östliche Länder unmöglich sind) und, wenn vorhanden, einen Führerschein. Der Eintrag in der Geburtsurkunde wird auf eine nicht durchdachte Version geändert, da ist dann dein neuer Vorname zusammen mit der alten Geschlechtsbezeichnung zu lesen. Da dieses Papier allerdings nicht zu denen gehört, die du ständig mit dir herumträgst oder für eine eventuelle Bewerbung benötigst, ist das auch weniger wichtig. Allerdings bedeutet dies, daß dich ein behördlicher Querkopf ärgern kann, indem er Dienst nach Vorschrift zelebriert und du dann beispielsweise mit »Herrn Gabriele Mustermann« angeschrieben wirst.

Zwischen dem Antrag auf Namensänderung und der Rechtswirksamkeit des Beschlusses vergehen üblicherweise einige Monate. Es kann sich durchaus auch über mehr als ein Jahr hinziehen, bis du endlich deinen neuen Ausweis erhältst. Das ist zwar knallhart am Leben vorbeigedacht, zur Zeit aber wohl leider nicht im Sinne der Betroffenen zu ändern.

Personenstandsänderung (große Lösung)

Nach deiner Operation kannst du alles bis zum Geburtenregister im Standesamt ändern lassen. Das bedeutet, du bekommst eine dementsprechend geänderte Geburtsurkunde. Die Voraussetzungen dafür sind, daß du dauernd fortpflanzungsunfähig sein und dich einem deine äußeren Geschlechtsmerkmale verändernden operativen Eingriff unterzogen haben mußt, durch den eine deutliche Annäherung an das Erscheinungsbild des anderen Geschlechts erreicht worden ist. Negative Begleiterscheinung ist, daß du nicht verheiratet sein darfst, um in den Genuß der Personenstandsänderung zu kommen. Das bedeutet also quasi einen amtlichen Übergriff auf eure – trotz des Seitenwechsels – vielleicht noch funktionierende Liebe: Entweder läßt du dich scheiden, oder du erhältst nicht die Personenstandsänderung. Denn ihr würdet eine gleichgeschlechtliche Ehe führen, und so etwas ist unserem Gesetzgeber nicht geheuer, wie du weißt. Obwohl es ja bereits eine gleichgeschlechtliche Ehe ist, schließlich hättet ihr dann ja beide beispielsweise einen weiblichen Körper. Weder die Vornamensänderung noch die Personenstandsänderung berühren beispielsweise das Rechtsverhältnis zwischen dir und deinen Eltern oder dir und deinem Kind und ebensowenig deine Ansprüche auf Renten oder vergleichbare wiederkehrende Leistungen.

Die Personenstandsänderung ist also nötig, wenn du nach erfolgtem Seitenwechsel nicht nur deinen neuen Namen offiziell führen möchtest, sondern auch die neue Geschlechtsbezeichnung. Die Personenstandsänderung eröffnet dir außerdem die Möglichkeit, in der neuen Rolle eine Ehe einzugehen. Die Personenstandsänderung erhältst du nicht automatisch durch die Tatsache, daß du geschlechtsangleichende Operationen hast durchführen lassen. Du benötigst einen weiteren Satz Gutachten, in dem bestätigt wird, daß mit an Sicherheit grenzender Wahrscheinlichkeit anzunehmen ist, daß sich dein Geschlechtsempfinden zum »neuen« Geschlecht nicht mehr ändern wird. Diese umständliche Regelung haben wir denjenigen zu verdanken, denen erst nach ihrer Operation klar wurde, daß es die falsche Entscheidung war.

Tatsächliche Auswirkungen

Hast du als Frau die Namensänderung und bist operiert, kannst du trotzdem eine Frau heiraten. Wie das? Du bist dann – ohne Personenstandsänderung – offiziell beispielsweise »Herr Gabriele Mustermann«, und aus diesem Grunde ist eine Eheschließung möglich, allerdings wird man dir den weiblichen Namen nach dieser Eheschließung wieder abnehmen. Suche bloß nicht nach Logik – es gibt keine. Interessant wäre in diesem Fall, den rechtskräftigen Namensänderungsbeschluß abzuwarten, mit deiner Liebsten zum Standesamt zu gehen, den Standesbeamten seines Amtes walten zu lassen und sofort anschließend beim Einwohnermeldeamt den Namensänderungsbeschluß gegen deinen neuen weiblichen Ausweis einzutauschen. Wahre Liebe gibt es nur unter Frauen.

Um nun Nägel mit Köpfen zu machen, müßten all deine Papiere und Unterlagen in Abschrift auf deinen neuen Namen geändert werden: die Schulzeugnisse, die Ausbildungsnachweise und etwaige weitere Referenzen, also beispielsweise auch die Zeugnisse ehemaliger Arbeitgeber. Nach meinen Informationen soll es in einigen Regionen – beispielsweise den Großstädten Hamburg und Berlin – möglich sein, daß diese Umschreibung der Papiere bereits im Zuge der kleinen Lösung, also der bloßen Vornamensänderung, getätigt wird. Eine sehr begrüßenswerte Entscheidung: Schließlich bewirbt man sich nicht mit dem Personalausweis, sondern eben mit Zeugnissen.

Mehr als fragwürdig erscheinen auch die Rahmenbedingungen für diese Schriftstück-Metamorphosen: Es gibt keine Behörde oder Institution, die sich für ein generelles, umfassendes Umschreiben verantwortlich fühlt. Hast du in einer Firma in der alten Rolle ein besonders gutes Zeugnis erhalten und diese Firma existiert nicht mehr, steht es in den Sternen, wie du an die neue Version kommst. Der Einfachheit halber wirst du auf die Idee kommen, bei deiner örtlichen Schulbehörde vorstellig zu werden, um all deine Schulzeugnisse umschreiben zu lassen. Um dort dann zu hören (wie in Hamburg geschehen), daß man sich generell weigere, überhaupt Zeugnisse umzuschreiben mit der Begründung, daß zum Zeitpunkt, als du die Zeugnisse erhieltst, ja noch den alten Namen und den ehemaligen Geschlechtsstatus hattest. Das scheint der Stand der Dinge auf offizieller Schiene zu sein.

Allerdings habe ich die Erfahrung gemacht, daß sich »auf Einzelwegen« mehr erreichen läßt: Begib dich also auf eine Reise zu jeder einmal besuchten Schule, zu jedem ehemaligen Arbeitgeber, zu Praktikumsstellen, Akademien, Bundeswehr und sonstigen Institutionen und bitte um Umschreibung. Dies kann eine Menge Geld kosten, was du ja aber sowieso nicht hast. In meinem Fall hat die Umschreibung zumindest bei Schulbescheinigungen auf den neuen Namen ohne Schwierigkeiten geklappt, allerdings bei katholischen Schulen. Wie die staatlichen Schulen sich da verhalten, weiß ich nicht.

Möchtest du zwecks beruflicher Neuorientierung in der neuen Geschlechtsrolle aufgrund dadurch verursachter Arbeitslosigkeit eine Umschulung beantragen, wird man dich unter Umständen nötigen, erst die Operation machen zu lassen. Hast du dich aber dazu entschieden, mit neuen Ausweispapieren, aber ohne Operation in der neuen Rolle zu leben, sinken die Chancen auf die Umschulung zum Teil ganz erheblich. Das bedeutet, sie zwingen dich praktisch in den OP-Saal oder du bist es nicht wert, in den Genuß einer Umschulung zu kommen. Das Bundesverfassungsgericht kippte im Januar 1993 die bis dahin bestehende Altersgrenze von fünfundzwanzig Jahren auch für die kleine Lösung mit der Begründung, daß transsexuelle Menschen in die Operation getrieben würden, weil sie nur so ein Leben in der als von ihnen empfundenen Geschlechtsidentität erreichen könnten. Weiter heißt es in dem Urteil, daß in einer Zeit der ersten Suche nach einem Arbeitsplatz der rechtlichen Absicherung der Namen besondere Bedeutung zukomme. Wenn du nun aber nicht den ersten Arbeitsplatz, sondern eine Umschulung suchst, sieht das offenbar schon wieder ganz anders aus.

Es scheint also, daß diese ganze unlogische Rechtsarie eher dazu da ist, unser Geschlechtswechselverlangen für den Staat zu kanalisieren, als uns zu einer neuen, stimmigen Identität zu verhelfen.

Beantragung
Trotz allem: Wie geht das nun praktisch? Solltest du nicht auf Informationen deiner örtlichen Selbsthilfegruppe zurückgreifen können, die dir alle hiesigen vom Amtsgericht anerkannten Gutachter nennen könnte, ruf zunächst bei der zuständigen Abteilung des Amtsgerichts an (das ist die Abteilung *Vormundschaftsgericht, Standesamtssachen*) und bitte darum, daß man dir die entsprechenden Adressen nennt. Dann mache dich auf in eine »Testrunde« zu den genannten Adressen. Es ist schließlich wichtig, daß das Gespann Gutachter – ProbandIn miteinander auskommt. Wenn du eine »Vorentscheidung« getroffen hast, schreibe an dein zuständiges Amtsgericht einen Brief in folgendem Wortlaut:
Sehr geehrte Damen und Herren,
hiermit beantrage ich die Vornamensänderung nach dem Transsexuellengesetz. Mein zukünftiger Name soll lauten Gabriele. Als Gutachter bitte ich zu bestellen: Frau Dr. med. Müller (Adresse), Herrn Dr. med. Meier (Adresse) bzw. Frau Dr. med. Schulze (Adresse). Eine beglaubigte Kopie meiner Geburtsurkunde lege ich Ihnen bei. Ich beantrage Prozeßkostenbeihilfe.
Mit freundlichen Grüßen, Gabriele Mustermann.*
*Anlage: Kopie der Geburtsurkunde *personenstandsrechtlich: Hans-Hermann*

Es ist ratsam, sich vorher drei Gutachter ausgesucht zu haben, obwohl du nur zwei benötigst. Es kann nämlich sein, daß das zuständige Gericht aufgrund einer Tageslaune einen dieser Gutachter dann plötzlich doch nicht (in deinem Fall) haben will, und dann war die gesamte Arie dort umsonst.

DIE GUTACHTER

Während des laufenden Alltagstestes begibst du dich also mit schöner Regelmäßigkeit zu den beiden Gutachtern. Das müssen Fachleute sein, die laut Transsexuellengesetz »aufgrund ihrer Ausbildung und ihrer beruflichen Erfahrung mit den besonderen Problemen des Transsexualismus ausreichend vertraut sind«. Im Klartext bedeutet das mit großer Wahrscheinlichkeit, daß du in deiner oder der nächstgelegenen größeren Stadt regelmäßig die Abteilung für Sexualforschung in der Universitätsklinik besuchst, außerdem einen weiteren Facharzt, also beispielsweise einen Nervenfacharzt beziehungsweise einen Psychiater. Ausschlaggebend ist, daß diese Fachleute die Bereitschaft erkennen lassen, sich ernsthaft mit deinem speziellen Problem auseinanderzusetzen, ihr jeweils miteinander klarkommt und die beiden Gutachter von deinem zuständigen Amtsgericht anerkannt werden.

Insbesondere, wenn du zu denjenigen transsexuellen Menschen gehörst, die »es eilig haben«, erkläre deinen Standpunkt, deine Wünsche und dein Vorhaben von vornherein. Denn es ist auch schon vorgekommen, daß man durch Wahl falscher Adressen ganze Monate verloren hat. Da zeigt sich dann im zweiten oder dritten Quartal, daß der Arzt mit deinem Problem nicht klarkommt und es dir »wegtherapieren« will, daß die Gutachten beim Gericht nicht anerkannt werden oder ähnliches. Es ist also ganz wichtig, daß du klar formulierst, du möchtest ein Gutachten zur Namensänderung, eventuell eine OP-Indikation beziehungsweise eine begleitende Therapie.

Über die Dauer deiner Besuche läßt sich keine generell gültige Aussage machen, das kann von zwei Besuchen bis zu einer Besuchsfolge, die sich über mehr als ein Jahr erstreckt, dauern. Es muß demzufolge wohl weniger an den Gutachtern liegen (obwohl es in alltagstestgebeutelten Transsexuellenkreisen als Stammtischgespräch beliebt ist, über »die bösen Gutachter« herzufallen), sondern vielmehr an dir selbst, wie lange man dich zu diesen Gesprächsrunden zitiert.

Was passiert da nun genau? Du wirst deine gesamte Lebensgeschichte – am besten mit allen Details und hundertprozentiger Ehrlichkeit – erzählen müssen. Zudem dürfte es heute als Standard gelten, einen mehrseitigen schriftlichen Lebenslauf zu verfassen mit dem Schwerpunkt Transsexualität (oder das, was du dafür hältst). Diesen braucht der Gutachter auch, um all die DIN-A4-Seiten des Gutachtens überhaupt irgendwie zu füllen. Damit fängst du am besten sofort an, das verkürzt die Wartezeit.

Einer der wichtigsten Punkte bei der Begutachtung dürfte die Differentialdiagnostik sein. Es gibt einige Krankheitsbilder, die einem transsexuellen Erscheinungsbild ähneln, grundlegend aber anderer Natur sind. Es gibt auch Menschen, die vor scheinbar nicht anders zu lösenden Problemen stehen und der Meinung sind, diesen mit einem Geschlechtswechsel begegnen zu wollen. Also muß der wahre Grund herausgearbeitet werden, um tragische Fehlentscheidungen zu vermeiden. Eine Grenze ziehen zu wollen zwischen Transvestitismus und Transsexualität ist in manchen Fällen schwierig und kann eine Diagnose schwer machen. Daß du aller Wahrscheinlichkeit nach in den vergangenen Jahren (biologisch) homosexuelle Kontakte hattest, kannst du ruhig zugeben – ein generelles Verleugnen dürfte wesentlich unglaubwürdiger klingen. Laß dich nicht vom Gutachter bedienen nach dem Motto »Erklären Sie mich mir mal«, sondern geh' ihm zur Hand. Aber ehrlich. Vermutlich kann auch der beste Psychiater nicht durch dich hindurchschauen, als seist du aus Glas. Zumindest bei der Frage nach Transvestitismus oder Transsexualität kann man wohl erwarten, daß die Probandin sich eigene Gedanken macht und sowohl sich selbst als auch dem Gutachter gegenüber verdammt ehrlich ist.

Solltest du nach erfolgtem Seitenwechsel inklusive Operation auf die Idee kommen, daß es doch der falsche Weg war (weil du andere Probleme hattest), sei wenigstens so erwachsen und stehe trotzdem dazu. Es war dein Wunsch und deine Entscheidung. Also verzichte darauf – es soll schon vorgekommen sein! –, in diesem Fall Gutachter oder Chirurgen vor den Kadi zu ziehen. Du bist erwachsen und wolltest es so. Niemand ist für dich verantwortlich außer du selbst.

Im Prinzip würde es tatsächlich ausreichen, das gesamte Gutachten auf eine Seite zu schreiben, denn ausschlaggebend sind für das Amtsgericht lediglich die Aussagen, daß »die Antragstellerin seit mindestens drei Jahren unter dem Zwang steht, ihren Vorstellungen entsprechend zu leben« und »daß mit hoher Wahrscheinlichkeit davon auszugehen ist, daß sich das Zugehörigkeitsempfinden zum weiblichen Geschlecht nicht mehr ändern wird«. Die Gutachten werden schließlich lediglich für die Juristen im Amtsgericht ausgefertigt, und da interessiert für gewöhnlich niemand, wie deine Kindheit verlaufen ist oder daß du aufgrund deiner bisher nicht gelebten Transsexualität bestenfalls als armes Irrlicht durchs Leben geschaukelt bist.

Und wie erkennst du gute oder weniger gute Gutachter? Gute Frage. Abgesehen davon, daß sich bald herauskristallisieren dürfte, ob ihr euch gegenseitig riechen könnt oder nicht, mag als sicheres Zeichen gelten können, ob er dich mit der alten oder der neuen Geschlechtsbezeichnung anspricht. Ich selbst hätte jedem Gutachter eine silberne Zitrone verliehen, der mich nicht mit Frau, sondern »Herr« Back angesprochen hätte, und mir postwendend einen anderen gesucht.

Es soll entsprechende Fachleute geben, die bei einer begleitenden Therapie eine Begutachtung ablehnen, da sie der Meinung sind, daß du in den Therapiestunden vielleicht nicht ganz ehrlich bist, weil du mehr am Gutachten interessiert bist als an der Therapie.

Zum Beispiel: Ein Gutachtentext

Um dir nun einmal zu zeigen, wie sich ein solcher Text liest, habe ich dir ein komplett anonymisiertes Gutachten abgedruckt, wobei in diesem Fall bereits eine Operationsindikation enthalten ist:

»In dem Gutachten soll Stellung genommen werden zu den Fragen: 1. Besteht bei der Antragstellerin eine transsexuelle Prägung? 2. Steht die Antragstellerin unter dem Zwang, der empfundenen Zugehörigkeit zum anderen Geschlecht entsprechend zu leben, wenn ja, seit wann? 3. Ist mit hoher Wahrscheinlichkeit anzunehmen, daß sich das Zugehörigkeitsempfinden der Antragstellerin zum anderen Geschlecht nicht mehr ändern wird? Das Gutachten stützt sich auf zahlreiche Gespräche in meiner Praxis vom 25. Juni 1993 bis zum 02. Dezember 1993. Wenn ich in dem folgenden Gutachten von Frau Kröger oder der Probandin spreche, so möchte ich der Entscheidung des Gerichts nicht vorgreifen, sondern lediglich dem existierenden Erscheinungsbild der Probandin Rechnung tragen.

Die Probandin erscheint am 25.06.1993 zum ersten Mal in meiner Praxis. Sie zeigt das Erscheinungsbild einer Frau mit in weiblicher Weise geschnittenen Haaren, in weiblicher Kleidung. Gestik und Bewegung sind für mich als Untersucher ausgesprochen weiblich. Sie kommt mit dem Wunsch in meine Praxis, daß ich ein Gutachten über ihre Geschlechtsidentität erstellen möge.

Zur Vorgeschichte: Die Probandin wurde am 12.01.1959 geboren. Sie hat drei jüngere Geschwister. Sie selbst berichtet, aufgewachsen sei sie in einem behüteten Elternhaus. Den Vater beschreibt sie als teilweise aggressiv und nicht beherrscht, die Mutter sei nicht berufstätig gewesen. Die Probandin wuchs zwischen drei Frauen, der Mutter, der Tante und der Großmutter auf. Sie selbst beschreibt sich als Einzelgängerin. Sie habe nie Interesse an Sport oder jungenhaften Spielen gehabt, sie habe sich mit Malen, Zeichnen, Musik und Lesen beschäftigt. Als traumatisch wird beschrieben, daß die Probandin sich mit ihren drei Geschwistern ein Zimmer teilen mußte. In der 6. Klasse mußte sie das Gymnasium verlassen. Schon in frühester Kindheit faszinierten die Probandin Abbildungen von Frauen in Versandhauskatalogen und Illustrierten. Diese studierte sie ganz genau und wünschte sich dabei immer, typisch weibliche Kleidung und Schmuck zu besitzen. Vor der Pubertät habe sie bei diesen Wünschen nie ein schlechtes Gewissen gehabt. 1972: Zu dieser Zeit sieht die Probandin wie ein Mädchen aus, sie gefällt sich in dieser Rolle sehr gut. Sie trägt lange Haare und kleidet sich weiblich. Zu dieser Zeit schminkt sie sich auch schon die Augen. Teilweise provoziert sie ihre Umwelt mit einem typisch weiblichen Auftreten. Nach Abschluß der Schule wird die Probandin wegen Suchtproblemen nicht zur Bundeswehr eingezogen; sie beginnt 1980 eine Ausbildung im kunstgewerblichen Bereich. Im Anschluß an diese Ausbildung arbeitet sie 2 Jahre als Geselle in dem erlernten Beruf. 1979 hat die Probandin ihre erste Freundin und mit dieser sexuelle Kontakte. Ein Jahr später wird die Freundin der Probandin schwanger. Beide Partner trennen sich aber. Im Anschluß an die Trennung beschreibt die Probandin erste sexuelle Kontakte zu Männern. Sie habe sich hierbei aber nie wohlgefühlt. Homosexuelle Beziehungen, so beschreibt sie selber, haben sie angeekelt. 1982 zieht die Probandin nach Hamburg zurück. In ihr wachsen immer mehr die Gedanken an Transsexualität. Zu dieser Zeit beginnt sie, sich in ihrer Wohnung weiblich zu kleiden. 1985 entsteht wieder ein Kontakt zur früheren Freundin und dem Kind. Im Sommer 1986 ziehen sie zusammen in Hamburg in eine Wohnung. In diese Zeit fällt aber der immer stärker werdende Drang, als Frau leben zu können. Von ihrer Frau, die in der Zwischenzeit eine Therapie wegen Bulimie gemacht hat, wird dieser Druck bemerkt. Es kommt aber selten zu Gesprächen hierüber. In Gedanken wird immer der Seitenwechsel vollzogen, in Träumen beschäftigt sich die Probandin mit hormonell bedingten Veränderungen. Sie träumt von einer geschlechtsangleichenden Operation. Immer wieder versucht sie, Kontakte zu anderen Transsexuellen zu bekommen, was ihr aber nicht gelingt. Im Herbst 1990 wird eine Umschulung begonnen. Die Ehe wird immer mehr zur Katastrophe. Anfang 1992 Trennung von der Ehefrau. Aus psychischen Gründen wird auch die Umschulung abgebrochen. Es kommt immer mehr zu depressiven Phasen mit Suizidgedanken. Da die Probandin während des letzten Ehejahres zu Hause (teilweise) als Frau lebte, wird diese Veränderung auch von der Tochter gesehen und soweit akzeptiert. Im Spätsommer 1992 beginnt die Probandin mit Macht ihren Rollenwechsel, da sie sich klar darüber ist, daß der Seitenwechsel für sie notwendig ist, andererseits bliebe für sie nur die Flucht in den Selbstmord. Zu dieser Zeit bekommt sie Kontakt zu anderen Transsexuellen. Sie beginnt eine Therapie. Zu dieser Zeit nimmt sie Kontakt zu Operateuren auf, die geschlechtsangleichende Operationen durchführen. Der Druck, diese Operation durchführen zu lassen, wird immer größer. Seit Januar 1993 werden weibliche Hormone unter ärztlicher Aufsicht genommen. Die äußeren Körperformen haben sich in Richtung eines weiblichen Körpers verändert. Seit Herbst 1992 lebt die Probandin den Alltagstest und empfindet hierbei keine größeren Schwierigkeiten. Sie beschäftigt sich damit, andere Transsexuelle in Erstgesprächen zu beraten. Innerhalb der Familie und Verwandtschaft wird der Seitenwechsel akzeptiert, gleiches gilt für ihr soziales Umfeld. Die Probandin beschreibt, daß sie sich seit dem Seitenwechsel entspannt und sehr gut fühlt. Frühere somatische Erkrankungen wie Magenbeschwerden, Kopfdruck und Allergien seien nicht mehr aufgetreten. Dies wird mir auch vom Hausarzt bestätigt.

Bei den in meiner Praxis geführten Gesprächen wird für mich überzeugend und deutlich, daß die Probandin seit früher Kindheit unter dem Zwiespalt zwischen Selbsterleben und körperlich männlicher Anlage leidet. Es wird deutlich, daß sie, soweit die Erinnerung zurückreicht, sich als weiblich empfand. Da sie für sich dieses Problem jedoch nicht bearbeiten konnte, versuchte sie, mit weiblichen Partnern zu leben. Hieraus ist auch zu verstehen, daß sie eine Ehe eingegangen ist, um mit Macht ihrer depressiven Lebenssituation zu entfliehen. Die Probandin brauchte sehr lange Zeit, bis sie sich zum Seitenwechsel entschließen konnte. Bei der Untersuchung jetzt haben wir noch zahlreiche biografische Details besprochen, die hier nicht alle im einzelnen aufgeführt werden sollen, die aber absolut für eine transsexuelle Entwicklung sprechen.

Beurteilung: 1. Besteht bei der Antragstellerin eine transsexuelle Prägung? Diese Frage wird bejaht. Der hier vorliegende Verlauf zeigt deutlich, daß die Identitätsproblematik tief verankert ist, so daß die Probandin ihr ganzes Leben in einer Konfliktsituation lebte. Differentialdiagnostische Abgrenzungen gegenüber Homosexualität oder psychiatrischen Erkrankungen, die gelegentlich mit einem transsexuellen Erscheinungsbild einhergehen, haben sich bei der Untersuchung nicht ergeben. 2. Steht die Antragstellerin unter dem Zwang, der empfundenen Zugehörigkeit zum anderen Geschlecht entsprechend zu leben, wenn ja, seit wann? Auch diese Frage wird bejaht. Im einzelnen wird auf die oben gemachten Ausführungen verwiesen. Die zwanghafte Komponente des transsexuellen Verhaltens läßt sich bis in die frühe Kindheit zurückverfolgen. 3. Ist mit hoher Wahrscheinlichkeit anzunehmen, daß sich das Zugehörigkeitsempfinden der Antragstellerin zum anderen Geschlecht nicht mehr ändern wird? Auch diese Frage wird bejaht. Der bisherige Verlauf hat keine Anhaltspunkte für eine gegenteilige Beurteilung ergeben. Zusammenfassend komme ich zu dem Ergebnis, daß bei der Antragstellerin die medizinisch zu beurteilenden Voraussetzungen für eine Vornamensänderung nach dem Transsexuellengesetz gegeben sind. Da die Antragstellerin den Druck, im fremden Körper zu leben, nicht mehr aushalten kann, sie bedingt durch diesen Druck in suizidale Nähe kommt, ist aus nervenfachärztlicher Sicht eine Operationsindikation gegeben.«

Du siehst, daß die Ausdrucksweise »seit drei Jahren unter dem Zwang zu stehen, dem Gefühl entsprechend zu leben«, nicht etwa bedeutet, daß du schon seit drei Jahren in der neuen Rolle leben mußt. Dir dürfte außerdem auffallen, daß deine anfängliche Angst vor der ganzen Gutachterei ziemlich unbegründet war. *Keep cool* und gehe da ganz locker hin. Sieh die Gutachter nicht als »strenge Instanz«, die dir womöglich nur Steine in den Weg legen wollen. Sieh in ihnen besser zwei Fachleute, die dir dabei helfen wollen, aus deiner verhaßten Fassade herauszuklettern – richtige Wahl vorausgesetzt. Und laß dich nicht verunsichern: Fragen nach sexuellen Vorlieben sind überflüssig, denn zwischen sexuellen Orientierungen und unserem kleinen Geschlechtsidentitätsproblem liegen Welten.

FINANZIERUNG

Das Bundessozialgericht in Kassel hat im Jahre 1978 entschieden, daß Transsexualität im Sinne der RVO (Reichs-Versicherungs-Ordnung), also den Leitlinien für das hiesige Krankenkassensystem, als Krankheit anzusehen ist und die Kosten in bestimmten Fällen von den Krankenkassen übernommen werden müssen (Aktenzeichen 3 RK15/86).

Diese Entscheidung ist allerdings alles andere als ein Freifahrschein. Die Krankenkassen haben gewissermaßen ein Eigenleben als Instanz entwickelt und führen sich in jedem Einzelfall und immer wieder als Hüter des verborgenen Schatzes auf. Sie reduzieren diesen gesamten, sehr persönlichen und tiefgreifenden Prozeß auf Formalien, die es ihnen leicht machen sollen, solche Kostenübernahmen negativ zu beantworten. Sie übersehen dabei offenbar, daß es vermutlich nicht billiger ist, mögliche Folgen einer nicht ausgelebten Transsexualität ein Leben lang zu finanzieren. Nicht nur von Betroffenen, sogar aus Chirurgenkreisen ist inzwischen die Vermutung zu hören, daß in den Krankenkassen unter vorgehaltener Hand mit unserer Suizidgefahr kalkuliert wird. Die Kassen beauftragen in manchen Fällen zusätzliche Gutachter. Man könnte also unterstellen, daß die Kassen sich ihrer Schlüsselposition sehr bewußt sind und diese mißbrauchen – weil sie in jedem Einzelfall zu jedem einzelnen Punkt sich immer und immer wieder querlegen. Manchmal selbst dann, wenn bereits zwei Gutachten zur Sicherung der Diagnose vorliegen. Das hat auch auf die Situation Transsexueller im oder außerhalb des Arbeitsmarktes eine ganz deutliche Auswirkung: Hat man momentan einen Punkt erreicht, an dem die jetzige Krankenkasse einzelne Punkte der Kostenübernahme endlich bewilligt hat, liegt der verständliche Gedanke nah, die Situation in diesem Moment nicht so grundlegend ändern zu wollen, daß aufgrund eines Arbeitsvertrages vielleicht eine Veränderung in der Versicherung eintreten könnte. Im Klartext: Man bleibt lieber so lange arbeitslos, bis der Seitenwechsel durch ist, da die Angst besteht, durch einen möglichen Krankenkassenwechsel den gesamten Zirkus wieder von vorn beginnen zu müssen und damit kostbare Zeit verliert. Je nach individueller Situation kann das bedeuten, daß man auf Sozialhilfeniveau abrutscht, dadurch aber beispielsweise die Operationen gesichert sind.

Stelle dich also vorsichtshalber darauf ein, daß deine Krankenkasse die größte Hürde sein kann. Paradoxerweise wirst du, wenn du privat krankenversichert bist, generell die größten Probleme haben und einen enormen Zeitverlust oder ein entsprechend großes Loch im Budget bekommen, obwohl du die höchsten Beiträge zahlst. Bei den gesetzlichen Krankenkassen ist es schon etwas einfacher. Merkwürdigerweise haben Sozialhilfe-EmpfängerInnen vergleichsweise wenig Probleme, eine umfassende Kostenübernahme ihres Seitenwechsels zu erhalten.

Grundsätzlich kann gelten, daß die regelmäßigen Besuche bei den Gutachtern und dem Endokrinologen deiner Kasse gar nicht großartig auffallen, da dafür noch kein ausdrücklicher Kostenübernahmeantrag nötig ist. Heikel, weil auffällig, wird es in den meisten Fällen erst bei den Punkten Epilation und Transformationsoperation(en) sowie einer eventuell nötigen Perücke. Es ist allerdings und verständlicherweise so gut wie sinnlos, beispielsweise die Kostenübernahmezusage für Vorgespräche und Voruntersuchungen zur Operation von der Kasse erhalten zu wollen, bevor nicht wenigstens ein Gutachten zur Vornamensänderung vorliegt.

Bekommst du Sozialhilfe und bist auch über das Sozialamt krankenversichert, kannst du außer den »Standards über Krankenschein« folgende Posten erhalten: Epilation; Stimmtraining; Kosten für Vorgespräche inklusive der entstandenen Fahrtkosten; die geschlechtsangleichenden Operation(en) und eventuell die Brustaufbau-OP, beides jeweils ebenfalls inklusive der entstandenen Fahrtkosten; zudem eine sogenannte *Einmalige Hilfe zur Umstellung der Garderobe auf die des Gegengeschlechts* in Höhe von gut 1000 DM (und somit ab diesem Zeitpunkt den angepaßten Satz des Kleidergeldes). Es soll in manchen Bundesländern sogar möglich sein, eine Kosmetikbeihilfe zu bekommen.

Die Chirurgin in Kassel stellt für das Vorgespräch und die Voruntersuchung einen Betrag in Höhe von 300 DM extra in Rechnung, der nicht in der Gebührenordnung der Klinik enthalten ist und somit normalerweise auch nicht von deiner Krankenkasse übernommen wird. Das Sozialamt wird auch diesen Posten direkt an die Klinik überweisen.

Hast du als anerkannten Gutachter oder Therapeuten einen Diplom-Psychologen gewählt, der nicht in einer Arztpraxis arbeitet, so besteht die Möglichkeit, daß du seine Rechnungen selbst bezahlen mußt, da er nicht über die Krankenkasse abrechnen kann. Ein Gutachten kostet – ohne Prozeßkostenbeihilfe – in Hamburg rund 300 DM.

Erfahrungswerte

Ich hatte bei meinem Sozialamt eine neunmonatige Antrags- und Überzeugungsarie mit vielen Tränen, Wut und Depressionen zu durchstehen, dann (oder damit?) allerdings muß ich wohl überzeugend gewirkt haben: Ursprünglich bekam ich die Order, auf eine entsprechende Einladung hin zu einer weiteren Begutachtung ins zuständige Gesundheitsamt zu gehen. Nachdem diese Einladung aber nicht kam, ging ich zwecks Nachfrage wieder zu meiner zuständigen Sachbearbeiterin und bekam die Antwort, daß das »Gutachterwesen im Gesundheitsamt« bereits positiv entschieden habe – ohne mich überhaupt jemals gesehen zu haben – und daß in meinem Fall sämtliche mit der Transformation entstehende Kosten übernommen werden. Diese Zusage bekam ich wohlgemerkt, bevor ich einen anderen der drei angeforderten Kostenvoranschläge für die geschlechtsangleichende Operation aus verschiedenen Kliniken vorgelegt hatte.

Der »Antrag auf Kostenübernahme der Operation/Indikationsstellung« enthielt denn auch einen derart deutlichen Wortlaut, daß ich – zusammen mit einem Kostenvoranschlag aus den Städtischen Kliniken Kassel – innerhalb von drei Minuten die schriftliche Kostenübernahme-Erklärung ausgehändigt bekam. In dem Antrag auf Kostenübernahme war zum Beispiel zu lesen: *»In der Vergangenheit kam es, bedingt durch das Gefühl, im falschen Körper zu leben, häufig zu depressiven Phasen, in denen jeweils suizidale Tendenzen bestanden. Eine solche suizidale Phase besteht auch jetzt wieder, da die Patientin psychisch nicht mehr in der Lage ist, die Situation im männlichen Körper auszuhalten. Dem Versicherungsträger wird empfohlen, die Zusage zur Kostenübernahme sobald als möglich zu machen, will man nicht riskieren, daß es depressionsbedingt zu einem Suizid kommt. Mit an Sicherheit grenzender Wahrscheinlichkeit ist anzunehmen, daß sich das Zugehörigkeitsempfinden zum anderen Geschlecht nicht mehr ändern wird. Eine Operationsindikation ist wegen bestehender Suizidgefahr unbedingt gegeben.«* Im Kostenvoranschlag stand lediglich, daß die Kosten für eine geschlechtsangleichende Operation nach dem allgemeinen Tagessatz des Hauses abgerechnet werden, dieser Tagessatz zur Zeit 500,93 DM beträgt und der Klinikaufenthalt zwölf bis sechzehn Tage dauere. Die Sachbearbeiterin rechnete hoch, kam auf das Ergebnis 8014,88 DM und dies entlockte ihr ein »Ach, das ist ja preiswert!« in einer ähnlichen Betonung wie bei der Kaufentscheidung einer Konservendose im Supermarkt.

NICHTCHIRURGISCHE ANGLEICHENDE MASSNAHMEN

Epilation

Ein sehr zeitaufwendiges, unangenehmes, teilweise schmerzhaftes Vorhaben ist die dauerhafte Entfernung bestimmter Körperbehaarung. Durch die fortschreitende Hormonbehandlung wirst du bemerken, daß die Bart- und Körperbehaarung zwar zunehmend langsamer wächst, jedoch wird es dadurch ja nicht weniger. Also mußt du dem Haarübel an die Wurzeln gehen.

Abgesehen von den handelsüblichen »Kampfmitteln« Rasierapparat, Enthaarungscreme, Wachs oder all den Depilationsmaschinchen gibt es insbesondere für den Bartwuchs zunächst die Möglichkeit, jedes Härchen zu zupfen: Mit einer Pinzette vor einem Vergrößerungsspiegel ziehst du die Härchen aus. Sie wachsen zwar nach, jedoch meist in einem wesentlich helleren Farbton, und so fällt der »schwarze Schatten« nach einer gewissen Zeit weniger auf. Allerdings kommt es dadurch in manchen Fällen zu Entzündungen. Probier also aus, ob deine Haut das verträgt. Es kann beim Zupfen zudem die Gefahr einer Deformierung des Haarkanals bestehen, die die spätere Epilation wesentlich erschwert.

Bei der klassischen Epilationsmethode wird mit einer möglichst feinen Nadel in jede Haarwurzel gestochen und diese dann per durch die Nadel gejagten Stromstoß verödet. Aber das scheint nicht sofort beim ersten Mal perfekt zu klappen, man handelt Zahlen von »Trefferquoten« zwischen dreißig und siebzig Prozent. Die gesamte Prozedur ist zudem – abhängig von deiner Tagesstimmung – mindestens unangenehm, wenn nicht gar recht schmerzhaft. Außerdem wirst du im Laufe der Behandlung feststellen, daß die Schmerzgrenze je nach Behandlungsfeld unterschiedlich ist, der High-Score wird erreicht in dem Bereich zwischen Nase und Oberlippe. Du mußt an den Stellen, die epiliert werden, einen Zwei-Tage-Wuchs stehen lassen. Es empfiehlt sich also, die jeweiligen Stellen mit einem kleinen Pflaster zu vertuschen.

Aufgrund all dieser Unannehmlichkeiten wurden andere, neue Technologien entwickelt, deren Langzeiteffekt bis heute jedoch relativ unbefriedigend zu sein scheint: Es gibt eine Methode, die per Laserstrahl deinen Haarwurzeln den Garaus machen soll. Wie du dir denken kannst, hat das seinen Preis, und ich habe bis heute noch nicht gehört, daß irgendeine Krankenkasse die Kosten für diese Methode übernommen hätte. Eine andere Variante ist die sogenannte »Bio-Epilation«. Hier wird ein elektrisch leitendes Gel auf die entsprechenden Hautstellen aufgetragen und per Pinzette, die das Haar packt, ein Stromstoß angebracht. All diese Methoden sind bis heute jedoch offenbar nicht imstande, die Haarwurzel tatsächlich zu veröden.

Im Endeffekt wirst du dich also mit der klassischen Methode quälen lassen müssen. Dem Rest deiner Körperbehaarung wirst du fortan durch regelmäßige Rasur, Enthaarungscreme oder sonstwelchen alltäglichen Methoden begegnen.

Sowohl der Bartwuchs als auch die Körperbehaarung wachsen nach den Operationen deutlich langsamer – es gibt Fälle, die kommen mit Rasierklingen und Enthaarungscreme tatsächlich doppelt so lange aus wie vorher. Übrigens verändert sich durch die Hormonbehandlung und die Operationen sowohl Aussehen und Menge deiner Schambehaarung in der gewünschten Richtung. Die an den entsprechenden Stellen dann vollkommen falsch plazierten Haare im »Eingangsbereich« deiner Neovagina werden bei den Operationen – unter Narkose – weggebrannt.

Stimmtraining

Eine weitere Möglichkeit der nichtchirurgischen Angleichung sind für Mann-zu-Frau-Transsexuelle die regelmäßigen Besuche bei einem Logopäden. Dies erscheint ratsam, wenn du über eine Stimmlage verfügst, die Tischplatten vibrieren läßt. Frau-zu-Mann-Transsexuelle müssen sich da naturgemäß keinerlei Gedanken machen, denn der Stimmbruch kommt automatisch in den ersten Monaten der Hormonbehandlung.

In vielen Fällen erscheinen Besuche beim Logopäden aber überflüssig, da langfristig die Hormonbehandlung und die Operationen nach und nach auch die Stimme in gewisser Weise entsprechend beeinflussen. Es ist anstrengend, auch noch ständig das Sprechverhalten zu beobachten, aber es wird dir ein gewisser Spielraum auffallen: Zunächst gewöhne dir das typisch männliche »akustische Poltern« ab. Sprich etwas langsamer, moduliere mehr aus, senke die Stimme nicht zum Ende eines Satzes. Hebe die »Aktionsebene« aus dem Bauch weiter nach oben. Vermutlich landest du nach den ersten Übungsrunden in akustischen Welten, die denen der Walt-Disney-Figuren ähneln, aber auch hier gilt »Learning by doing«.

Von der Möglichkeit einer Stimmband-Operation würde ich definitiv die Finger lassen. Ich kenne zwei Opfer solcher Operationen: Die eine verfügt nun als Dreißigjährige über die Stimmlage einer schüchternen Comicfigur, die andere hört sich an wie eine Mischung aus Kermit und einer Planierraupe. Beides ist wahrlich nicht sonderlich überzeugend und vor allem genausowenig dem weiblichen Geschlecht angeglichen wie vor diesen Operationen. Und genau darum ging es ja vermutlich beiden.

Hormonbehandlung

Der nun folgende Abschnitt unseres Fahrplans darf als farbenfrohe Mischung aus funkensprühender Achterbahn und Geisterbahn gelten. Die gegengeschlechtliche Hormonbehandlung hat geradezu etwas Mystisches, wahrlich Aufregendes an sich – der Beginn und die erste Zeit dieser Behandlung wird dich an deine Pubertät erinnern. In dieser zweiten Pubertät – als solche kann man das ruhig beschreiben – wirst du stellenweise noch viel mehr aus der Bahn geworfen, obwohl oder gerade weil sie vorsätzlich geschieht. Du wirst des öfteren morgens zu deinem Spiegelbild sagen: »Okay – ich kenn' dich nicht, aber ich wasch' dich trotzdem!«

Wie geht das nun? Du begibst dich zu einem Endokrinologen, einem Gynäkologen oder einem anderen mit dieser Lehre vertrauten Arzt. Dort wird dir zunächst Blut abgenommen, um eine ganze Reihe verschiedener Werte festzustellen, unter anderem den jetzigen Stand deines Hormonspiegels. Darauf abgestimmt werden dann die Auswahl des entsprechenden Medikamentes – verabreicht in Tablettenform oder auch intramuskulär injiziert – und auch die Intervalle der Spritzen. Diese Intervalle liegen gemeinhin in einer Größenordnung zwischen zwei und sechs Wochen. Nach der ersten Spritze gehst du nach Hause und wartest auf irgendeine Wirkung. Nach der zweiten und dritten Spritze geschieht vielfach immer noch nichts. Jedenfalls nichts, was du tatsächlich im Spiegel sehen könntest. Nach der zehnten hörst du auf mitzuzählen. Es könnte allerdings sein, daß sich Depressionen einstellen, mit deren Bewältigung du unter Umständen so lange zu tun hast, daß die Wartezeit auf die erwünschten, ersehnten Wirkungen etwas verkürzt werden dürfte. Welche Wirkungen zu welchem Zeitpunkt und in welcher Reihenfolge eintreten werden, läßt sich ebensowenig voraussagen wie das Ausmaß. Im großen und ganzen hat die Hormonbehandlung bei Mann-zu-Frau-Transsexuellen folgende körperlichen Auswirkungen: die Haut wird weicher, die Fettverteilung ändert sich in weiblicher Richtung, die Brüste wachsen, die Libido wird zunächst verringert. Langfristig gesehen wirst du zeugungsunfähig, und dein Geschlechtsorgan schrumpft mit der Zeit. Der Bartwuchs und der Wuchs der Körperbehaarung verlangsamen sich, das Haupthaar hingegen wächst schneller, und es besteht die Möglichkeit, daß deine Geheimratsecken wieder verschwinden. Wenn du inzwischen eine Glatze hast, solltest du allerdings keine Wunderwirkungen erwarten: Die Chance, daß diese durch die Östrogenbehandlung etwa komplett verschwindet, kann man mit null einstufen.

Bei den Frau-zu-Mann-Transsexuellen zeigen sich durch die Substitution männlicher Hormone einige der Merkmale, die die neuen Frauen unbedingt loswerden wollen: Nach einigen Monaten stellen sich Bartwuchs und Stimmbruch ein, die Regel wird unregelmäßig und verabschiedet sich irgendwann. Es stellt sich eine gewisse Triebhaftigkeit ein (*»Du darfst mich Tiger nennen«*), und offenbar wird auch das Aggressionspotential entsprechend beeinflußt.

Zu den Nebenwirkungen: Abgesehen von den bereits erwähnten Depressionen kann es zu Schlappheit und Antriebslosigkeit kommen, vielleicht verschläfst du sogar ganze Tage. Das Thromboserisiko wird erhöht – besonders bei Rauchern – sowie das Brustkrebsrisiko. Insbesondere bei der Darreichungsform Tablette besteht langfristig die Gefahr von Leber- und Nierenschädigungen. Der Wirkstoff in Tablettenform wird vom Körper doppelt so schnell abgebaut wie die Depotspritze. Eine Gewichtszunahme ist ebenfalls möglich, insbesondere nach der Operation, ebenso Haarausfall, Übelkeit oder Kopfschmerzen.

Nach etwa einem Jahr haben die weiblichen Hormone offenbar auch deutliche Auswirkungen auf dein Inneres: Das Denken und Empfinden, demzufolge auch das Handeln werden ebenfalls beeinflußt. Das kann zu einer gänzlich neuen Sicht der Dinge führen – du betrachtest plötzlich tatsächlich mehr von der weiblichen Seite aus die männliche Position, und das dürfte in nicht wenigen Momenten zu tatsächlich grundlegend neuen Ansichten führen.

Wenn du dich zur geschlechtsangleichenden Operation entscheidest, mußt du vorher aus zwei Gründen rund ein Jahr lang bereits in Hormonbehandlung sein: Einerseits bewirken die Hormone eine gewisse »weichspülende Vorarbeit«, andererseits muß beobachtet werden, ob du die Hormonbehandlung überhaupt verträgst. Denn nach der Operation mußt du lebenslang substituiert werden, ansonsten besteht die Gefahr von Hormonausfallserscheinungen: Dein Körper kann durch die Entfernung der Keimdrüsen die benötigten Hormone nicht mehr in ausreichendem Maße produzieren.

In der Zeit, in der deine Operation liegt, kann es zu einem erneuten internen Karussellfahren kommen: Sechs Wochen vor der Operation wird die Hormonbehandlung gestoppt, um das Thromboserisiko während des Klinikaufenthaltes zu verringern. Dann kommt die Operation, welche die Entfernung der Keimdrüsen beinhaltet, an deren Wirkung sich dein Körper ja inzwischen gewöhnt hat. Die erste ersehnte (dann tatsächlich wieder ersehnte) Spritze bekommst du für gewöhnlich erst wieder rund sechs Wochen nach der Operation. Anschließend wird erneut ausgesetzt, denn die nächste Operation steht ja schon auf dem Terminkalender. Nach dieser zweiten OP verstreicht erneut etwas Zeit, bis die regelmäßige Substitution wieder aufgenommen wird. Diese drei Stationen zusammen – immerhin ein halbes Jahr – sorgen für einen immensen Einbruch in der gleichmäßigen Hormonversorgung, was sich prompt und deutlich spürbar auf deinen Gemütszustand und deine Fitneß auswirken kann.

Nicht nur die Operation ist ein irreversibler Eingriff, sondern auch die Hormonbehandlung, jedenfalls ab einem gewissen Zeitpunkt. Um dies hier gleich zu verdeutlichen: Solltest du entgegen deiner aktuellen Planung nach zweijähriger Hormonbehandlung doch wieder »abspringen« wollen, würde dies bedeuten, daß du durch chirurgische Eingriffe versuchen lassen müßtest, den ursprünglichen Zustand wieder halbwegs zu erreichen.

Der Hormonmarkt

Auf dem Markt der passenden Hormonpräparate herrscht zur Zeit eine etwas undurchsichtige Situation. Die Östrogen-Präparate, die unsereins verschrieben bekommt, sind nicht etwa für uns Mann-zu-Frau-Transsexuelle entwickelt worden, sondern für Männer mit einem Prostata-Karzinom. In den »Waschzetteln« steht denn unter der Rubrik »Nebenwirkungen« auch genau das, was bei uns erreicht werden soll, nämlich eine Verweiblichung. Das für Mann-zu-Frau-Transsexuelle augenscheinlich beste Östrogen-Präparat mit dem Handelsnamen Progynon wurde vom Hersteller Schering in der stärkeren Version 100 in Deutschland vom Markt genommen. Einige Ärzte wurden daraufhin vorsichtig, ohne allerdings eine hieb- und stichfeste Begründung nennen zu können, und wichen auf andere Präparate aus. Diese allerdings haben nicht ansatzweise einen so guten, schnellen Verweiblichungseffekt, insbesondere das Brustwachstum läßt sehr zu wünschen übrig. Daher wurde es hier und da üblich, über Importe (beispielsweise aus Griechenland) an diese stärkere Version des Medikaments Progynon heranzukommen.

Ich selbst bin – wie alle anderen aus meinem transsexuellen Bekanntenkreis – nach eineinhalb Jahren Behandlung mit dem Ausweich-Medikament Estradurin T-Sub 80mg mit den körperlichen Wirkungen ziemlich unzufrieden, zumal sich die Nebenwirkungen wie Depressionen bei diesem Präparat in einigen Fällen in geradezu beängstigenden Dimensionen bewegen. Im Klartext: Suche dir einen Arzt, der dich mit Progynon 100 Depot behandelt, und eine Apotheke, die dir das Medikament auf Rezept importiert.

Es erscheint angebracht, auch Gestagene einzunehmen sowie auch Antiandrogene. Diese werden benötigt zur »Eindämmung« der männlichen Hormone, erzielt werden damit zwei wichtige Faktoren: einerseits die Verlangsamung des Wachstums von Körperbehaarung und Bart, andererseits eine deutliche Verbesserung des Brustwachstums (inklusive einer Verweiblichung der Optik deiner Brustwarzen und -höfe). Gerade letzteres ist irre spannend und aufregend. Die Kombination Östrogen, Gestagen, Antiandrogen ist auch postoperativ gültig. Allerdings sind dann logischerweise nicht mehr so hohe Dosierungen der Antiandrogene nötig. Ich selbst habe postoperativ mit der Präparatskombination Progynon 100 Depot und Chlormadinon 2 mg (Jenapharm) allerbeste Erfahrungen gemacht. In jeder Hinsicht.

Hormonschwarzmarkt und Überdosierung

Da sich einige »Geschlechtsverirrte« mit ihrem kleinen Problem nicht zu Ärzten trauen und die Ärzte zudem die gegengeschlechtliche Hormonbehandlung nicht ohne entsprechende Indikation beginnen, hat sich ein Hormonschwarzmarkt entwickelt. Zu diesem Schwarzmarkt fällt mir nicht mehr ein als der gutgemeinte Tip, davon schlichtweg die Finger zu lassen. Es ist wirklich paradox: Gerade Transsexuelle, deren Körper ihnen spätestens mit dem Coming-out Gold wert sein sollte, malträtieren diesen durch wahre Kamikaze-Kommandos, indem sie ihm wahllos und ohne fachliche Kontrollmöglichkeit alles zumuten, was nach Hormonen aussieht. Zudem verfügen die meisten Transsexuellen nicht gerade über dicke Brieftaschen, lassen sich das Kamikaze-Unternehmen aber auch noch richtig Geld kosten, anstatt sich in ärztliche Behandlung zu begeben und damit lediglich Rezeptgebühren zu zahlen.

Mit der Dosierung ist das so eine Sache: Sie muß auf die individuellen Eckdaten deines Körpers abgestimmt sein, sonst sind die Nebenwirkungen größer als die gewünschten Effekte. Zudem ist es ein Märchen, durch möglichst hohe Dosierung schnellere Effekte zu erreichen: Was dein Körper nicht umsetzen kann, scheidet er aus. Und belastet dadurch lebenswichtige Organe wie Nieren und Leber. Es kann auch passieren, daß die Rezeptoren »keine Luft mehr bekommen«, und dann passiert gar nichts in der gewünschten Richtung. Bei der anderen Richtung, also den Frau-zu-Mann-Transsexuellen, dürfte eine Überdosierung von Testosteron dazu führen, daß sie nicht nur Mann werden, sondern womöglich über das Ziel hinausschießen – und somit vermutlich zu Monstern werden.

DIE OPERATION

Die geschlechtsangleichenden Operationen sind endgültig. Diese Operation wird eindeutig als schwerer Eingriff bezeichnet und ist somit alles andere als ein Zuckerschlecken, jedoch auch nicht so schlimm, daß man kaum Überlebenschancen hätte. Vor allem ist es – bei richtiger Wahl des oder der Chirurgen/Chirurgin – einfach nicht wahr, daß man hinterher als gefühlloses, entstelltes Wesen durchs Bett schleicht. Und noch etwas: Es gibt Chirurgen, die es ablehnen könnten, dich zu operieren, wenn sie der Meinung sind, daß du – eben aufgrund bestimmter, auch körperlicher Voraussetzungen – »sowieso nie eine Frau werden wirst«.

Ich möchte hier vorsichtshalber betonen, daß durch diese Operationen nicht erreicht wird, daß du anschließend ein Kind zeugen oder austragen kannst. Die gern zitierte, scheinbar ständig aktualisierte Zeitungsmeldung, in China seien bei einem Zwillingspärchen die gesamten Geschlechtsorgane inklusive Fortpflanzungsmöglichkeit ausgetauscht worden, erscheint sehr fragwürdig: Es wurde nicht mitgeteilt, ob die Patienten diese Operationen überlebt haben, und auch nicht, ob das denn nun tatsächlich funktioniert.

Es gibt keinen Grund für Mann-zu-Frau-Transsexuelle, sich außerhalb Deutschlands nach einem geeigneten Operateur umzuschauen. Abgesehen davon, daß eine angestrebte Operation im Ausland zu noch weit mehr Problemen bei dem Antrag auf Kostenübernahme bei deiner Krankenkasse sorgen dürfte, ist es auch einfach nicht vonnöten: In Kassel gibt es immerhin eine Adresse, wo du mit einem vergleichsweise guten Ergebnis rechnen kannst. Das soll natürlich nicht heißen, daß dort nicht auch mal Komplikationen auftreten können. Auffällig ist, daß sich die Gesamtkosten für die erste Operation dort in Größenordnungen bewegen, die du beispielsweise in einer Stadt in Süddeutschland lediglich für das Chefarzthonorar los wirst.

Frau-zu-Mann-Transsexuellen mit dem Wunsch nach einer Penis-Aufbau-OP hingegen bleibt momentan wohl nichts anderes, als sich so lange mit der jeweiligen Krankenkasse »herumzuschlagen«, bis diese die Operationskosten im Ausland übernimmt – denn als »neuer Mann« hast du praktisch keine Alternative zu dem inzwischen ebenfalls ziemlich bekannten Operateur in Lausanne in der Schweiz.

Innerhalb Deutschlands finden wir einige Adressen, von denen man sagt, sie führen geschlechtsangleichende Operationen Mann-zu-Frau durch. Allerdings muß man aufpassen, ob die Betonung dieser Aussage tatsächlich mehr auf »Angleichung« denn auf »Frau« liegt. Eine Münchner Adresse zum Beispiel baut entweder gar keine funktionierende Klitoris oder kassiert dafür 1800 DM extra. Mit derselben

Logik könntest du ein Auto kaufen und das Lenkrad aus der Zubehörliste ordern. Beispielsweise in Mannheim baut man dir eine Klitoris, allerdings als sogenanntes Frei-Implantat. Das aber ist wohl vergleichbar mit der Topfpflanze, die du in deinen Garten setzt – und zwar im Topf. Das heißt, ein Frei-Implantat ist, von optischen Gesichtspunkten abgesehen, relativ nutzlos. Übrigens soll es Fälle gegeben haben, wo das Ding einfach wieder abgefallen ist. Die Krefelder Technik, die Eichel dort zu lassen, wo sie ist, nämlich am Ende des Penis und diesen im ganzen in den neugebildeten Scheidenkanal zu stülpen, soll nach Aussage des dortigen Operateurs »zu wahnwitzigen Orgasmen führen«. Nach Aussagen von einigen Betroffenen führt es jedoch eher zu mittlerem Wahnsinn, da sie nicht den Höhepunkt erreichen, sondern durch eine Art Überreizung eher im Schmerzbereich landen. Zudem bedeutet diese Technik den Verzicht auf eine Klitoris, und das ist ja nun wirklich extrem dilettantisch.

Aber es gibt in Deutschland für Mann-zu-Frau-Transsexuelle eine Operateurin, die eine wahrlich ausgefeilte Technik entwickelt hat und diese Technik nun einigen Kollegen und Kolleginnen beibringen möchte. Beispielsweise in Augsburg lernt frau das bereits. Bleibt zu hoffen, daß das großflächig klappt, denn diese Technik möchte ich als momentanen Stand der Dinge betiteln:

Du bekommst eine funktionierende Klitoris, die aus einem Teil der bisherigen Eichel (»Glans«) gebaut wird – die Neoklitoris hat sogar diese kleine Vorhaut. Für deine Gefühlswelten sorgen nicht durchtrennte Nervenstränge, die ursprünglichen Nervenstränge und die Blutversorgung werden beibehalten. An der entsprechenden Stelle wird ein Loch in die Haut geschnitten und die Neoklitoris von hinten durch dieses Loch gesetzt und angenäht. Bei dieser Technik hast du hinterher auch keine Scheide in Briefschlitzdimensionen, da die Bauchdecke und die ehemalige Peniswurzel deutlich weiter in den Schritt heruntergezogen werden, so daß anschließend – wie bei einer Bio-Frau – der obere Scheidenpol sichtbar tiefer sitzt als die Peniswurzel des Mannes. Die Harnröhre wird soweit wie möglich gekürzt, so daß sie dem weiblichen Maß entspricht. Der den Harnröhrenstumpf umgebende Restschwellkörper wird durch tiefgreifende Nähte, die gerade die Harnröhre nicht fassen, »zusammengeschnürt«. Die Gefahr einer Harnröhrenverengung ist gering, da dieselbe schräg durchtrennt wird, wodurch eine größere Schnittfläche entsteht, so daß eine Narben-Einengung am Harnröhrenausgang ziemlich unwahrscheinlich erscheint. Der Harnröhrenausgang wird entsprechend verlagert. Aussehen, Tiefe, Weite und Gefühlswelten des neuen Genitals sind verdammt echt. Vorausgesetzt, die Sache mit dem »zusammengeschnürten« Restschwellkörper hält sich in eben diesen zusammengeschnürten Grenzen. Wenn nicht, wird dieser zwischen Harnröhrenausgang und Scheideneingang als kleiner Knubbel sichtbar. In den meisten Fällen läßt sich das offenbar bei der Nachoperation regeln.

Du mußt nicht wie bei den anderen Methoden mit einer ziemlich harten Prothese bougieren, was sehr schmerzhaft sein soll. Statt dessen bekommst du in den ersten Wochen einen sogenannten *Stent* als Platzhalter. Diesen mußt du dir vorstellen wie einen mit Wattelagen gefüllten, länglich geschneiderten Luftballon in entsprechenden Ausmaßen, an dessen äußerem Ende ein kleiner Schlauch ist, der mit einem Ventil versehen ist. Zum Einführen in die Scheide wird mit einer Spritze die Luft herausgezogen, so daß sich der Durchmesser auf ein sympathisches Maß verkleinert. Nach dem Einführen öffnest du das Ventil und der Stent saugt Luft an. Der Stent oder bei

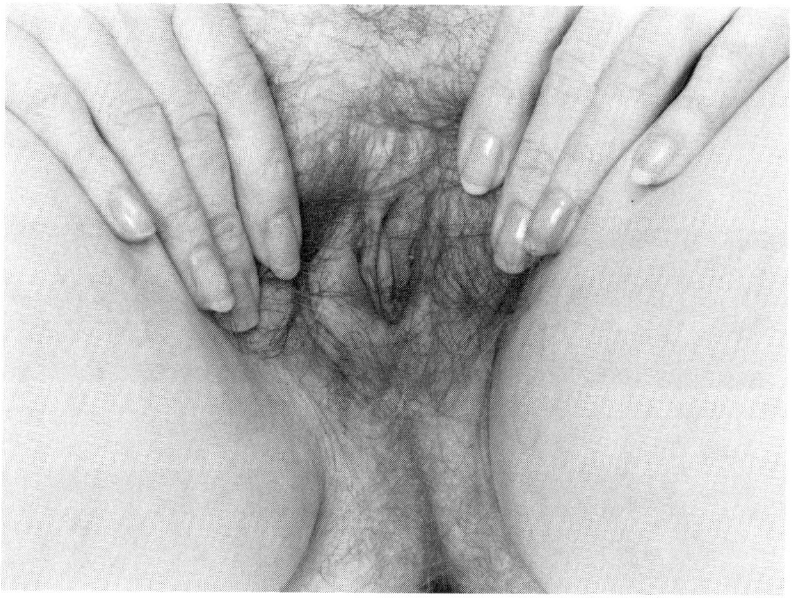

oben: OP-Ergebnis einer Neovagina bei einer älteren Transsexuellen

unten: Neovagina einer jüngeren Transsexuellen

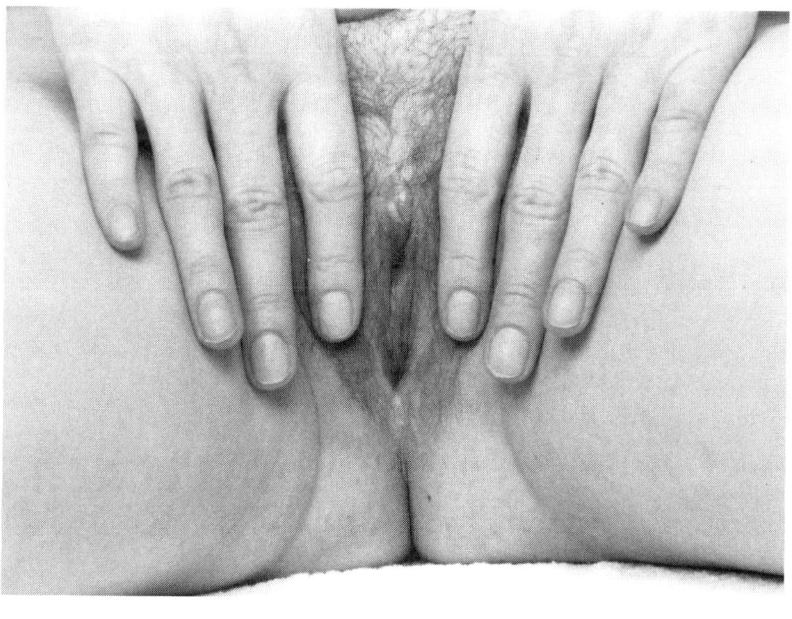

anderen Operationsverfahren die Prothese sorgen dafür, daß du nicht gleich wieder »zuwächst«: Für deinen Körper ist die neugebildete Scheide schlichtweg ein ungewohntes beziehungsweise ein zusätzliches Organ. Von daher besteht die Gefahr der Schrumpfung, solange es nicht reizlos und narbenlos eingeheilt ist. Denn der Scheidenkanal, also ein neuer Hohlraum, ist in eine Gegend »gebohrt« worden, in der vorher kein Hohlraum war. Ergo ist der Körper bestrebt, diesen wieder zu schließen, also zuzudrücken. Das ist die Erklärung sowohl für Stent oder Prothese als auch für das sogenannte Bougieren, welches du in den Wochen nach der Operation täglich tun mußt. Dazu erstehst du im nächstbesten Sexshop einen netten Vibrator und beschäftigst dich entsprechend damit.

Offenbar allen Operationstechniken gleich ist nach der ersten Operation ein relativ starker Knick in der neuen Scheide. Dieser rührt daher, daß der Damm beim Bio-Mann viel länger ausgebildet ist als bei der Bio-Frau. Dieser Knick ist zwar etwas gewöhnungsbedürftig, jedoch läßt es sich damit bis zur Nachoperation durchaus leben, Stent vorausgesetzt. Die ansonsten verwendete Prothese soll da teilweise starke Schmerzen bereiten. Mit Verkürzung des Damms bei der Nachoperation ist dieser Knick dann weitgehend verschwunden.

Es erscheint angebracht, in den Kliniken über deine sexuellen Orientierungen Stillschweigen zu bewahren: Deine lesbische Vorliebe könnte so manche Chirurgen dazu verleiten, sich beim Punkt Tiefe der Scheide keine besondere Mühe zu geben, was im Klartext bedeutet, daß auch bereits nach drei Zentimetern Schluß sein kann. Apropos Tiefe: Es gibt offenbar noch die Möglichkeit einer zweidimensionalen Scheide, also tatsächlich und wortwörtlich nur dem äußerlichen Erscheinungsbild angepaßt. Es mag spezielle, also körperliche, gesundheitliche Gründe geben, die die Bildung einer »dreidimensionalen« Scheide unmöglich machen. Auch wenn du dich gerade in einem Zustand absoluter Asexualität befindest oder große Angst vor diesen schweren Eingriffen hast – ich möchte dich fast schon warnen, diese momentane Standortbestimmung tatsächlich als das letzte Maß aller Dinge zu sehen. Wer weiß, was dir in deinem Leben noch so passiert? Vielleicht wird aus dem momentanen asexuellen Wesen irgendwann eine vor Erotik knisternde Frau. Und dann sitzt du da auf deiner zweidimensionalen Scheide. Knisternd.

Keine Angst und insbesondere bitte keine Wertung, wenn du etwas von einer Zweit- oder Nachoperation hörst: Es hat sich in Chirurgen-Kreisen eingebürgert, in einigen Fällen eine solche korrigierende Nachoperation von vornherein einzuplanen – denn selbst die beste Operateurin ist nicht Mutter Natur, die beim ersten Mal sofort auf Maß schneidern kann. Das bedeutet, man läßt bei der ersten Operation lieber etwas zuviel »Material« stehen, wartet einige Zeit ab, wie sich was zurechtwächst, und bittet dich dann wieder in die Klinik. Das ist allemal besser, als hinterher feststellen zu müssen, daß Material fehlt. Und die paar Wochen oder Monate, die zwischen diesen beiden Operationen liegen, wirst du auch mit einem noch nicht ganz perfekten Ergebnis überstehen.

Wie lange liegst du nun durchschnittlich in der Klinik, und wie lange dauert eine solche Operation? Bei der ersten Operation – komplikationsloser Verlauf vorausgesetzt – kannst du mit gut vierzehn Tagen rechnen, für die zweite Operation vier bis fünf Tage. Die Dauer der Operation ist sowohl von deinen körperlichen Voraussetzungen als auch von der OP-Technik abhängig. Je nach Stand der Dinge und Liebe zum Detail liegt sie zwischen fünf und maximal zwölf Stunden.

Nachdem du den ersten Klinikaufenthalt überstanden hast, bekommst du eine Bescheinigung mit, die du benötigst, um die Personenstandsänderung zu beantragen. Darin steht zum Beispiel folgender Wortlaut:

»*Ärztliche Bescheinigung zur Vorlage beim Amtsgericht. Bei Frau Christin-Susan Back wurde am 06.06.1994 die geschlechtsangleichende Operation Mann zu Frau durchgeführt. In diesem Zusammenhang wurden beide Hoden, Nebenhoden, Samenleiter sowie die Penisschwellkörper total entfernt. Die Eichel wurde zur Klitoris, die Hodenfächer zu Schamlippen umgewandelt. Die Harnröhre wurde auf das weibliche Ausmaß gekürzt, entsprechend verlagert. Die Penisschafthaut diente zur Auskleidung der operativ gebildeten Scheide. Vorsorglich wird bestätigt, daß Frau Back nicht zeugungsfähig ist.*« Zusammen mit dem bereits erwähnten zweiten Satz Gutachten ist das der Eintritt in den Zustand der Personenstandsänderung, wie das auch immer sein mag.

Was kann Dich bei der ersten Mann-zu-Frau-OP erwarten?

In diesem Kapitel berichte ich dir nicht nur von meinen eigenen Erfahrungen, sondern auch von meinen Beobachtungen, die ich in einem »typischen Mädchenvierer« machen konnte, also von drei anderen Frauen, die jeweils ihre Erst-OPs durchlitten, als ich meine Nach-OP hatte.

Am ersten Tag erfolgen HIV-Test, Blutabnahmen, EKG und ähnliches aus dem Grund-Check-Programm. Die drei Tage vor der Operation bekommst du außer Brühe nichts zu essen. Allerdings darfst du zwecks Darmspülung literweise eine Flüssigkeit namens Golytely-Lösung durch dich hindurch schütten. Manche Kliniken bevorzugen auch die noch gemeinere Variante, dir einen Schlauch durch die Nase bis in den Magen zu stecken und da ein entsprechendes Zeug durchzuspülen. Am Abend vor der Operation kann es sein, daß du doch noch einen Fluchtversuch unternimmst. Wenn er dir gelingt, war es die richtige Entscheidung. Solltest du nicht flüchten wollen, nutze die Zeit, dir absolut jedes einzelne Schamhärchen weg zu cremen. Außerdem solltest du dir die Fingernägel kurz schneiden, um nach der Operation nicht den Stent mit deinen Krallen zu beschädigen.

Vom Tag der Operation bekommst du außer der morgendlichen Klinikalltags-Arie und der Fahrt in den OP nichts mehr mit. Nach deinem »Abflug« geht's sozusagen an die Eingeweide. Wenn du aufwachst, ist der Tag rum und du findest dich ziemlich angeschlagen und vermutlich mit starken Rückenschmerzen vollkommen verschlaucht und verkabelt in einer besonderen, vermutlich einmaligen Einsamkeit wieder. Ich zählte sechs oder sieben dieser Kabel und Schläuche, die sich hier und dort aus meinem Körper in verschiedene Gefäße, Behälter und Geräte schraubten. Vollkommen verunsichern dürften dich Schmerzen aus dem Unterleib, die aber ausschließlich vom sogenannten festen Verband herrühren. Das ist allerdings nicht unbedingt langfristig beruhigend, denn du wirst drei oder vier Tage mit diesem festen Verband auf deinen Rückenschmerzen liegen. Dafür entschädigt die nette Szene während des ersten Verbandswechsels, wenn die Chirurgin etwas berührt, was du darniederliegend nicht siehst: »Spüren Sie das?« Und du wirst hoffentlich bejahen und die Antwort bekommen, daß du soeben erstmals deine Klitoris gespürt hast. Zusammen mit einer weiteren Frage und dem Gefühl, daß irgend etwas in dir dicker wird, »das ist der Stent in Ihrer neuen Scheide!«, dürfte diese nette Szene für ein geradezu unbeschreibliches Glücksgefühl sorgen.

Ab dem dritten Tag bekommst du endlich wieder feste Nahrung, die Infusionsarie ist also damit beendet. Spätestens jetzt dürften auch die Schmerzmittel wegfallen sowie der größte Teil des Geschläuchs. Beim nun aktuellen Verbandswechsel wirst du das Ergebnis wohl erstmals sehen können, und dir war ja vorher schon klar, daß es noch sehr geschwollen aussehen muß.

Der Verband wird am siebenten Tag gegen eins deiner mitgebrachten Miederhöschen ausgetauscht, du darfst endlich wieder aufstehen. Zwei Tage später lernst du, den Stent allein einzuführen. Wenn dir dabei zunächst der Gedanke kommen mag, neuerdings über »zwei linke Hände« zu verfügen, ist das nichts Außergewöhnliches. Zudem wird der Urinschlauch, der bis dahin durch deine Bauchdecke geht, abgeklemmt. Dadurch fällt der Unterdruck weg, der den Inhalt deiner Blase automatisch abführte. Du mußt jetzt wieder das Gefühl entdecken, Wasser lassen zu müssen. Insgesamt kannst du nicht ausschließen, daß dein Nervenkostüm immer noch sehr angegriffen ist.

Spätestens am elften Tag werden die Klammern aus dem OP-Feld gezogen. Nach ungefähr der siebzehnten Metallklammer kannst du durchatmen: mehr werden vermutlich nicht in deinem neuen Genital stecken. Außerdem nimmt man dir den inzwischen lästigen Urinbeutel ab. Der abgeklemmte Schlauch verbleibt aber zunächst in der Bauchdecke. Und nun dürfte eine kleine Premiere ins Haus stehen: Das erste Mal als Frau Wasser lassen. Ein irres Gefühl, das kann ich dir sagen. Solltest du dabei über die Toilettenbrille pinkeln oder eins deiner Beine wird dabei naß, mach dir keine Sorgen: das wächst sich in den nächsten Tagen garantiert vernünftig hin. Ohnehin wird dir unter Umständen in dieser Zeit auffallen, daß du ab und zu im OP-Feld etwas asymmetrisch aussiehst. Auch das wird sich geben.

Ungefähr am dreizehnten Tag dürfte es nochmal sehr schmerzhaft werden: Während sie dir die Fäden aus deiner Klitoris ziehen, könnte es sein, daß du die Apokalypse vermutest. Die dauert ein paar Minuten und ist wirklich fürchterlich (hör auf zu zappeln!), aber dann hast du das Härteprogramm auch endgültig überstanden. Nun wird es Zeit, dich auf eine Entdeckungsreise in deinen Körper einzuladen: »Geben Sie mir ein bis zwei Ihrer Finger und nun hinein damit! Es kann nichts kaputtgehen, gehen Sie bis zum Anschlag! Spüren Sie das Ende?« Du spürst noch nichts, was sich wie Ende anfühlt. »Also tiefer, los, Sie müssen bis zum Anschlag! Na, da sehen Sie mal, was das für ein schönes Ding werden wird!« Das Gefühl dieser regelrechten Entdeckungsreise ist wirklich sehr spannend! Nachdem dann noch der Schlauch aus der Bauchdecke gezogen wurde, hast du das Programm geschafft. Herzlichen Glückwunsch. Zwei, drei Tage später wirst du entlassen.

Während der ersten Wochen zu Hause wirst du auf halber Kraft fahren müssen, weil du einfach nicht mehr hast: Nächtliche Schweißausbrüche, das wochenlange Tragen des Stent (der andauernd wieder herausrutschen kann und dieses dich zu mittleren Panikanflügen verleiten dürfte) sowie das ohnehin noch angeschlagene Nervenkostüm sorgen zusammen mit zusätzlichem Bougieren und penibler Einhaltung der angesagten Hygienemaßnahmen nach jedem Gang zur Toilette zu einem vollkommen ausreichenden, kräftezehrenden Programm, das dich während dieser Zeit voll in Anspruch nehmen dürfte.

Die Nachoperation

Drei bis sechs Monate später fährst du wieder in die Klinik, diesmal allerdings nur für ein paar Tage. Die Operation und all das Theater rundum sind vergleichsweise lächerlich im Vergleich zur ersten Operation und vor allem diesmal absolut schmerzfrei. Aus dem bis dato mehr oder weniger »großen schwarzen Loch« wird spätestens jetzt die versprochene »hübsche Scheide« gemacht. In meinem Fall war ich gut drei Stunden später wieder im Krankenzimmer, aufgewacht bin ich bereits im OP-Saal und wollte sofort aufstehen: fast keine Blutflecken, gar keine Schmerzen, Kraft wie vorher. Mithin war mir gar nicht bewußt, daß schon alles gelaufen war. Ich schaute zwischen meine Beine und sah, daß noch nicht mal ein Verband anlag: Lediglich über der Klitoris, mitten auf dem Venushügel, klebte ein kleines Pflaster. Das gesamte OP-Feld war wieder bestückt mit siebzehn Metallklammern. Drei Tage nach der OP wurde ich entlassen, die Klammern sollten nach rund sechs Tagen, also am neunten postoperativen Tag in der hiesigen Universitätsklinik entfernt werden.

»Eine hübsche kleine Muschi«

Fünf Monate nach der ersten Nach-OP und neuneinhalb Wochen nach einer weiteren korrigierenden Operation (inklusive Brustaufbau) wurde also folgendes Ergebnis erreicht: Die äußere Optik kann tatsächlich als echt bezeichnet werden – und zwar auch bei gespreizten Beinen. Eine wahrlich sensible, also funktionsfähige Klitoris in »handelsüblicher« Dimension am üblichen Platz im oberen Labienwinkel, leicht verdeckt durch eine kleine Vorhaut. Der Harnröhrenausgang ist ebenfalls dort, wo er hingehört. Das Wasserlassen funktioniert einwandfrei, ergo auch zielgerichtet. Das heißt, bei vielen anderen OP-Techniken ist die Harnröhre nicht kurz genug oder nicht so ganz am richtigen Platz und dann kann es passieren, daß du eben nicht in die Toilette urinierst, sondern gegenüber die Wand naß wird. Die Labien zeigen übrigens ein gewisses »Eigenleben«: Wie wir wissen, werden sie aus der Haut des Hodensacks geformt. Diese Haut hat die Eigenschaft, sich je nach Temperatur zusammenzuziehen respektive auszudehnen. Da sie aber vermutlich nicht weiß, daß sie inzwischen zu Schamlippen umgewandelt worden ist, konnte sie sich diese Eigenschaft nicht abgewöhnen. Der Scheidenkanal hat normale Dimensionen und der unnatürliche Knick ist tatsächlich weitgehend verschwunden. Die Schambehaarung ist deutlich weniger geworden, die Unterpolsterung des Venushügels kann als gelungen bezeichnet werden und entspricht weitgehend dem »Original«. Frauen ohne vermurkste beidseitige Leisten-OP dürften sich auf einen hübscheren Venushügel freuen. Merkwürdigerweise sind im OP-Feld selbst mit einem Vergrößerungsspiegel – außer einer einzigen im äußeren Bereich – keinerlei Narben zu sehen und auch nicht zu spüren. Die gesamte Arena bis ans Ende des Scheidenkanals ist sensibel. Das Bougieren mit einem Vibrator macht richtig Spaß – vorausgesetzt, ich empfinde es nicht als Pflichtübung. Folgendes scheint geradezu an Zauberei zu grenzen: Die Hautoberfläche im »Eingangsbereich« der Neovagina, also zwischen Klitoris und Scheideneingang, sieht echt aus, also leicht glänzend und rosig.

Aufgrund der bestehenden Gefühlswelten kann ich sagen: Orgasmen sind offenbar nicht auszuschließen, allerdings sollte man keine Wunder erwarten und dieser Premiere durchaus noch Zeit lassen. Bei entsprechender Erregung wird die gesamte Arena inzwischen sehr überzeugend klatschnaß. Dafür verantwortlich ist die im Körper verbliebene Prostata. Das hört sich nun zwar nicht unbedingt weiblich an, aber es ist vollkommen egal: Die Flüssigkeit fühlt sich an wie das Original und schmeckt übrigens auch absolut nicht mehr männlich. Voilà!

Der »Pflegeaufwand« stellt sich folgendermaßen dar: Ich habe für mich beschlossen, ein oder zwei Nächte pro Monat den Stent zu tragen, auch wenn es nach Aussage der Chirurgin nicht mehr nötig sein soll. Dafür bougiere ich aber praktisch gar nicht mehr. Jeden Morgen ist eine Scheidenspülung per Katheter oder Duschstrahl angesagt.

Abgesehen davon, daß mich der vorhandene Rest des Schwellkörpers bei Erregung inzwischen massiv stört, traten keine weiteren Komplikationen auf. Hier muß gesagt werden, daß die individuelle »Ausgangsposition« wichtig ist, denn andere Frauen waren in einem Operationsdurchgang in diesem Hause angeblich fertig und zufrieden.

Ich muß an dieser Stelle einfach mal los werden, daß es ein »etwas« befremdliches Gefühl ist, mein eigenes Geschlecht so detailliert in einem Buch zu beschreiben. Aber nach all den Fantasygemälden in der Szene und den »fachchinesischen« OP-Berichten der Kliniken muß ja mal Klartext gesprochen werden.

Brustaufbau-Operation

Bei ungenügender hormoneller Antwort kannst du eine Brustaufbau-Operation durchführen lassen. Zur Kostenübernahme dieser Operation ist es zweckmäßig, eine entsprechende schriftliche Indikationsstellung deines mit der endokrinologischen Behandlung beschäftigten Arztes einzuholen, postoperativ entsprechend von deinem Gynäkologen. Nach der ersten geschlechtsangleichenden Operation gibt es noch eine andere Möglichkeit der Kostenübernahme für einen Brustaufbau: Es ist möglich, Brustaufbau und Nach-OP in einem Durchgang durchzuziehen. Dazu laß dir von deinem behandelnden Arzt eine entsprechende Krankenhauseinweisung ausstellen, auf der beides vermerkt ist. So oder so, es ist überflüssig zu versuchen, eine Kostenübernahme für Brustimplantate zu beantragen, bevor deine beiden Gutachten vorliegen.

Ich möchte hier deutlich zu bedenken geben, daß Implantate wirklich nur als letzte Chance gesehen werden sollten, einen hübschen Busen zu bekommen. Wenn du die geschlechtsangleichende Operation vorhast, warte diese ab, bevor du dich zu einem plastischen Chirurgen begibst! Und das weniger wegen des Gedankens, daß es die Östrogene und die Gestagene leichter haben mögen, wenn erst einmal die männlichen Keimdrüsen verschwunden sind. Vielmehr, weil sowohl Brüste als auch das neue Geschlecht eben die eindeutigen Geschlechtsmerkmale sind, allerdings mit einem wichtigen Unterschied: Bei der großen Operation wirst du »lediglich umgebaut«, während dir bei einer Brustaufbau-Operation Fremdkörper eingepflanzt werden, deren Risiken zumindest nicht unumstritten sind, und nach Aussage von Fachleuten gibt es bis heute auch keine Langzeiterfahrungen, die für Deutschland als hieb- und stichfest gelten können. Meine Vorgespräche mit verschiedenen FachärztInnen sorgten denn auch für eine gewisse Verwirrung – es war einfach keine klare Linie zu erkennen, denn alle erzählten etwas anderes.

Zusammengefaßt kann ich dir folgendes berichten: Unerfreuliche Nebenwirkungen sind unter anderem, daß der Körper um die Implantate in immerhin 30 Prozent der Fälle eine Hautschicht legt, die sich dann mehr und mehr zusammenzieht. Das hat eine deutlich spürbare Verhärtung zur Folge, der Fachausdruck dafür heißt Kapselfibrose. Und zwar ist diese auch für deine Partnerin oder deinen Partner spürbar. Die gern zitierte Verletzungsgefahr der Implantate kannst du getrost vergessen – es sei denn, du fuchtelst täglich mit einem Florett herum. Zudem liegen die Implantate nicht direkt unter der Haut, sondern unter der Brustmuskulatur. Mit etwas Pech hast du einen relativ breiten Brustkorb, so daß eine unnatürliche Optik noch unterstützt wird: Wie du vielleicht weißt, wachsen die Brüste bei Mann-zu-Frau-Transsexuellen im Vergleich zu den Bio-Frauen in den meisten Fällen leider wesentlich weiter auseinander, das heißt, sie »schielen nach außen«. Der Grund ist das bei Bio-Männern etwas breiter dimensionierte Brustbein. Bei Implantaten wird diese Optik dann unter Umständen auch noch unterstützt, denn der Aufbau der Brustmuskulatur sowie eben die Gestaltung des Brustbeins läßt den Implantaten lediglich die Chance, noch weiter nach außen oder gar nach oben zu verrutschen.

Abgesehen von der Möglichkeit, den Brustaufbau in einem Rutsch mit der Nach-OP durchführen zu lassen, gibt es je nach Art des Verfahrens auch hier grundverschiedene Möglichkeiten: beispielsweise die ambulante Schnellinstallation der Silikonimplantate innerhalb von vier Stunden oder auch einen stationären Aufenthalt in zwei Etappen. Dieses Zwei-Stufen-Verfahren ist natürlich deutlich aufwendiger: Du begibst dich zu einem ersten einwöchigen Aufenthalt in die Klinik, um dir sogenannte »Expander« implantieren zu lassen. Mit diesen mußt du dich dann für rund ein Vierteljahr anfreunden, auch mit der Tatsache, daß du während dieser Zeit mit einer üppigeren Oberweite gesegnet sein wirst, als du ursprünglich eingeplant hattest. Bei der zweiten Operation werden die Expander dann gegen die endgültigen, kleineren Implantate ausgetauscht. Es gibt zwei unterschiedliche Arten: Da sind einmal die durch Panikmache berühmt-berüchtigten Silikonkissen, zum anderen gibt es Implantate mit einer Füllung aus Kochsalzlösung. Diese Füllung ist einerseits weniger gefährlich als Silikon und soll zudem eine echtere Optik bieten. Andererseits fühlen sich Silikonimplantate wesentlich echter an. Kochsalzlösung allerdings verlangt nach Ventilen, über die das Volumen »nachgeregelt« werden kann, denn es verdunstet mit der Zeit. Ich hatte beide Sorten in der Hand und muß sagen, daß die Silikonkissen einen überzeugenderen Eindruck hinterließen: Ganz weich und schwabbelig, im Gegensatz zu den »Wasserbetten mit ungebremstem Wellengang« und – so pur in der Hand liegend – entsprechend deutlichem Glucksen.

Wenn dir die Optik deiner zu kleinen Brustwarzen nicht gefällt, so brauchst du dir keine Gedanken zu machen: Einerseits vergrößert sich der Durchmesser der Warzenhöfe durch die eingesetzten Implantate von selbst, andererseits kann auch hier getrickst werden, die Brustwarzen werden vergrößert, indem man etwas »Material« der Warzenhöfe verwendet. Die dadurch zwangsläufig kleiner werdenden Höfe werden anschließend wieder auftätowiert. Das Tätowieren kostet 200 DM, die nicht von deiner Kasse übernommen werden.

Erfahrungswerte

Ich hatte mich also dazu entschlossen, mir im Rahmen der zweiten Nach-OP einen hübschen Busen machen zu lassen. Der zuständige Arzt in der Kasseler Klinik wirkte vertrauenerweckend, wich keiner Frage aus und zeigte mir verschiedene Implantate. Tausend Implantat-OPs habe er hinter sich und nur eine davon sei daneben gegangen. Gut. Er hatte sich wirklich sehr viel Zeit genommen, und er war eigentlich der erste Arzt dieses Genres, der jede gezielt formulierte Frage ganz klar und deutlich beantwortete. Wir nahmen Maß: Er schlug vor, daß ich pro Seite 220 Gramm bekommen sollte, denn das passe am besten zu meinen Körperproportionen. Als »Pflegeanweisung« zur Verhinderung einer Verkapselung bekam ich die Order, in den ersten sechs Wochen circa sechsmal pro Tag die Brüste so zu massieren, daß die Implantate dabei etwas nach oben und unten »flutschen« können.

Als ich wieder in meinem Bett in unserem Zimmer gelandet war, hatte ich unten keinerlei Schmerzen oder ähnliches, in der Brust spürte ich allerdings durchaus irgend etwas, was zwischen Schmerzen und Muskelkater angesiedelt war. Dämmerung in mir, Bewegungseinschränkung. Nichts war möglich, außer auf dem Rücken zu liegen. Ich bekam zweimal mit, daß es draußen hell war, danach, wenn ich mal wach wurde, war's draußen bereits dunkel. Ich ließ mir einmal ein Schmerzmittel geben. Soviel zum OP-Tag. Am darauffolgenden Tag bin ich bereits wieder aufgestanden. Dieses Aufstehen sah bestimmt etwas ungewöhnlich aus – denn es war mehr eine Mischung aus Herausrollen und Festhalten an dem freundlichen Griff, der über dem Bett hing. Es zog und schmerzte etwas im Bereich Achseln und Brust, in den Warzenhöfen zog es ungemein. Allerdings hielt sich all das doch in erträglichen Grenzen. Im oberen Bereich quer über die Brüste von Achsel zu Achsel zog sich für die nächsten vier Tage ein fester Verband, die Brüste selbst waren nicht verbunden. Es war wirklich wunderhübsch geworden!

Drei Wochen nach der Operation hatte ich das Gefühl, daß ich immer schon einen solchen Busen hatte. Heute, also gut zwei Monate nach diesem Eingriff, sieht es so aus: keinerlei Verhärtung und keine »Wanderung« der Implantate, keine Asymmetrie. Alles ist toll und hübsch geworden. In den Achselfalten verschwinden die jeweils circa drei Zentimeter langen Narben so nach und nach in den Härchen der Achselhöhlen. Das bedeutet also, ich muß mich nicht über die in anderen Häusern praktizierte Technik ärgern, durch die frau lange Narben unterhalb der Brüste hat.

EIN KURZES SCHLUSSWORT

Zum Schluß möchte ich dir etwas ans Herz legen: Sei konsequent, hellwach, aufmerksam, kritisch und absolut kompromißlos. Wenn es sein muß, sei bei den offiziellen Stellen durchaus auch mal nötigend. Mach lieber die Flucht nach vorn, als zur Seite zu springen. Aber gesteh deinem Umfeld auch seine Belastungsgrenzen zu. Versuche, dich und dein Umfeld ständig zu beobachten. Versuche zu klären, warum du so bist und warum dieser Schritt so wichtig für dich war. Ziehe deine Konsequenzen daraus und gestalte dein neues Leben danach. Und wenn du dir darüber im klaren bist, daß du trotz alldem »nur« ein Kompromiß sein wirst, dürfte die Chance von eventuellen »Spätfolgen« relativ gering sein.

Willkommen zu Hause!

ANHANG

1. Definition der Fachbegriffe und des Szene-Jargons

Androcur Handelsname für Hormonpräparat zur Dämpfung der Produktion männlicher Sexualhormone

Bio-Frau, biologische Frau Szene-Jargon für körperliche Ausgangsposition bei der Geburt

Bio-Mann, biologischer Mann Szene-Jargon für körperliche Ausgangsposition bei der Geburt

bougieren Weiten, Dehnen der Neovagina

Bougierstab, Prothese harter Platzhalter in der Neovagina, vergleichbar mit einem Vibrator

BVG Bundesverfassungsgericht

Coming-out das erste klare Bekennen (von z. B. Transsexualität, Transvestitismus, Homosexualität)

Cyproteronacetat Wirkstoff in Androcur

Diane 35 Handelsname für orales kombiniertes Östrogen/Gestagen-Präparat

Differentialdiagnostik Abgrenzung zu Krankheitsbildern mit äußerlich zunächst ähnlichen Anzeichen

DSM R-III Deutsches Statistisches Manual Revision III (Klassifikation psychischer Störungen)

Endokrinologie Lehre über die Hormone

Estradurin T-Sub Handelsname für intramuskulär injiziertes Östrogen-Präparat

Fetischismus Gebrauch toter Objekte als Stimuli sexueller Erregung

Gender *englisch* für soziales Geschlecht, Geschlechtsrolle

Gestagen weibliches Hormon

Glans Eichel

Große Lösung, großgelöst Personenstandsänderung nach TSG, postoperativ möglich

ICD 10 Internationale Klassifikation psychischer Störungen (WHO)

Implantate eingepflanzte Kissen zum Brustaufbau aus Silikon oder Kochsalzlösung

Inkontinenz Unvermögen, Harn zurückzuhalten

Kleine Lösung, kleingelöst Vornamensänderung nach TSG, ohne Operation

Labien Schamlippen

Mammoplastik Brustaufbau durch Implantate

Metamorphose Verwandlung

Neoklitoris künstlich hergestellte Klitoris

Neopenis künstliches männliches Geschlechtsorgan

Neovagina künstliches weibliches Geschlechtsorgan

Östrogen weibliches Hormon

Penoid durch dauerhafte Substituierung männlicher Sexualhormone vergrößerte Klitoris

Presomen Handelsname für orales Östrogen-Präparat

primär transsexuell These: Transsexualität aufgrund genetischer Veranlagung

Progynon Depot Handelsname für intramuskulär injiziertes Östrogen-Präparat

Progynova Handelsname für orales Östrogen-Präparat
Seitenwechsel Szene-Jargon für sozialen »Geschlechtswechsel«
sekundär transsexuell These: Transsexualität aufgrund traumatischer (Gewalt-) Erlebnisse in der Kindheit
Sigmascheide Erweiterung der Tiefe der Neovagina durch Teile des Darms aufgrund fehlenden resp. fehlerhaften Materials
Stent weicher Platzhalter in der Neovagina
Suizid, suizidal Selbstmord, selbstmordgefährdet
Testosteron männliches Sexualhormon
TSG Transsexuellengesetz (*Gesetz zur Änderung der Vornamen und der Feststellung der Geschlechtszugehörigkeit in besonderen Fällen*) vom September 1980

2. Selbsthilfegruppen und Beratungsstellen

Bei Privatadressen haben wir uns auf die Nennung von Telefonnummern und Treffpunkten beschränkt. »Briefkastenadressen« und »Karteileichen« haben wir nicht nur aus Platzgründen weggelassen.

Berlin:
BdT-Geschäftsstelle – Bundesvereinigung der Transsexuellen, Uwe Klaasen, Mindener Straße 15, 10589 Berlin, Tel. (030) 345 36 81.
Sonntags-Club e. V., im *Biz-Café,* Rhinower Straße 8, 10437 Berlin-Prenzlauer Berg, Tel. (030) 208 20 35, 448 21 84, 449 75 90.
Chemnitz:
CheLSi e. V., TS/TV-Treff Sachsen, Rößlerstraße 9, 09113 Chemnitz.
Treffen: 2. und 4. Freitag im Monat, Tel. (nur freitags) (0371) 500 94.
Dresden:
Gerede e. V., TS/TV-Treff Sachsen, Wiener Straße 41, 01219 Dresden.
Treffen: 1. Freitag im Monat, Tel. (0351) 464 02 20.
Düsseldorf:
SHG Düsseldorf, c/o Stefanie Sander, Tel. und Fax (Belgien) (0032) 87 85 28 33.
Erfurt:
TS-Gruppe Erfurt, c/o *AIDS-Hilfe Thüringen e. V.,* Postfach 50, Lagerstraße 24, 99001 Erfurt, Tel. (0361) 731 22 33.
Essen:
TSH Essen, c/o Claudia Peppenhorst, Tel. (0201) 78 68 99. Kontakt über *AWO-Beratungszentrum,* Lützow Straße 32, 45101 Essen, Tel. (0201) 31 20 51.
Frankfurt/Main:
TS-Gruppe Frankfurt am Main, c/o Psychosoziale Praxis Dr. Inoszka Prehm, Postfach 90 07 62, 60447 Frankfurt/Main.
Hamburg:
Amnesty for Women, Louise-Schröder-Straße 31, 22767 Hamburg,
Tel. (040) 38 47 53, Fax (040) 38 57 58, (für Migrantinnen, inkl. Dolmetscherinnen), Christin-Susan Back & Veronika Munk.
Freie Transen Stadt Hamburg, Postfach 700767, 22007 Hamburg. Tel. (040) 656 05 85, Fax (040) 657 15 88. Treffen: freitags ab 19 Uhr *Sovietlokal Gorki Park,* Grindelallee 1.

BfTS Beratungsstelle für Menschen mit Geschlechtsidentitätsproblemen, Spaldingstraße 1 b, 20097 Hamburg, Tel. (040) 23 17 71.

Hannover:

Body & Soul, c/o *Home-Zentrum,* Johannsenstraße 8, 30159 Hannover, Tel. (0511) 66 65 67.

Leipzig:

Pro Familia Sachsen, c/o Prof. Dr. L. Aresin, Tel. (0341) 615 30.

Magdeburg:

TS-SH-Gruppe c/o Christoph, Tel. (0391) 561 46 16, Kontakt über *Kobes,* Klosterhof 1a.

München:

Viva TS e. V., c/o Peter Reidel, Tel. (089) 13 46 81.

Münster/Westfalen:

TSH Münster, c/o *MIKS,* Herwarthstraße 2, 48143 Münster, Tel. (0251) 51 12 63, Fax (0251) 51 85 86.

Neumünster:

TS Neumünster, Alice Stangl, *Infoladen Omega,* Bahnhofstraße 44, 24534 Neumünster, Tel. (04321) 683 87.

Offenbach/Main:

Transidentitas e. V., Postfach 10 10 46, 63010 Offenbach/Main, Tel. (069) 800 10 08.

Saarbrücken:

Lebensberatung für Transsexuelle im Saarland e. V., c/o Dr. Waltraud Schiffels, Tel. (0681) 58 39 12, Fax (0681) 58 41 61.

Stuttgart:

TS Stuttgart, c/o Monica Lusche, Tel. (07143) 335 02, Treffen: mittwochs 19.30 Uhr in *KISS Stuttgart,* Marienstr. 9 (Mitte), Tel. (0711) 640 61 17.

3. Literaturverzeichnis

Anders, Renate: Grenzübertritt. (Frankfurt).

Bilden, Helga: Geschlechtsspezifische Sozialisation. In: K. und D. Ulich (Hg.), Handbuch der Sozialisationsforschung. (Weinheim, Basel 1980).

Bleibtreu-Ehrenberg, Gisela: Transsexualität: Ethnosoziologische und ethnomethodologische Perspektiven eines Problems der Selbstidentifikation. In: R. Gindorf und E. J. Haeberle, Sexualität als sozialer Tatbestand. (Berlin, New York 1986).

Degenhardt, A. und **Traunter, H. M. (Hg.):** Geschlechtstypisches Verhalten. Mann und Frau in psychologischer Sicht. (München 1979).

Desirat, Karin: Die transsexuelle Frau. Beiträge zur Sexualforschung. (Stuttgart 1985).

Duden, Barbara: Geschichte unter der Haut. (Stuttgart 1987).

Eicher, Wolf: Transsexualismus. (Stuttgart, New York 1984).

Goffmann, Erving: Interaktionsrituale. (Frankfurt 1971).

Hagemann-White, Carol: Weiblich – Männlich? (Opladen 1984).

Hagemann-White, Carol: Wir werden nicht zweigeschlechtlich geboren. In: C. H.-W. und M. Rerrich (Hg.), FrauenMännerBilder, (Bielefeld 1984).

Holde-Ulrich, Barbara: Messer im Traum. (Tübingen 1994)

Kamprad, Barbara und **Schiffels, Waltraud (Hg.):** Im falschen Körper. Alles über Transsexualität. (Zürich 1991).

Kentler, Helmut (Hg.): Texte zur Sozio-Sexualität (Wuppertal 1973).

Laqueur, Thomas: Auf den Leib geschrieben. Die Inszenierung der Geschlechter von der Antike bis Freud. (Frankfurt, New York 1992).

Money, J. und Erhardt, A. A.: Männlich – weiblich. Die Entstehung der Geschlechtsunterschiede. (Reinbek 1975).

Pfäfflin, Friedemann und **Junge, Astrid (Hg.):** Geschlechtsumwandlung. Abhandlungen zur Transsexualität (Stuttgart 1992).

Schenk, Herrad: Geschlechtsrollenwandel und Sexismus. (Weinheim 1979).

Scheu, Ursula: Wir werden nicht als Mädchen geboren – wir werden dazu gemacht. (Frankfurt 1977).

Schiffels, Waltraud: Im Rock. (Bamberg 1990).

Schiffels, Waltraud: Frau werden. (Basel, Dortmund 1992).

Schiffels, Waltraud: Ich bin zwei. (Bamberg 1993).

Sigusch, Volkmar (Hg.): Sexualität und Medizin. (Köln 1979).

Sigusch, Volkmar: Geschlechtswechsel. (Hamburg 1992).

Trautner, H. M.: Geschlecht, Sozialisation und Identität. In: Frey, H. P., Haußer, K. (Hg.): Identität. (Stuttgart 1987).

von Marlstorff, Charlotte: Ich bin meine eigene Frau.

Wex, Marianne: »Weibliche« und »männliche« Körpersprache als Folge patriarchaler Machtverhältnisse. (Frankfurt 1980).

Wollschläger, Martin: Fetischismus, Transvestitismus, Transsexualität, Homosexualität. Überlegungen aus klinischer und sozialhistorischer Sicht. (Köln 1983).

Verwendete Informationsquellen:

Ratgeber: Eigene Erfahrungen und Selbsthilfearbeit der *»Freie Transen Stadt Hamburg«*; aufgezeichnete Interviews mit *Frau Dr. Spehr* (Urologin, Kassel) und *Herrn Richter Gelübcke* (Amtsgericht Hamburg); Informationsgespräche mit *Frau Dr. Kirsch* (plastische Chirurgien, Berlin), *Herrn Prof. Babayan* (plastischer Chirurg, Hamburg), *Herrn Prof. Westenfelder* (Urologe, Krefeld), *Maria-Sabine Augstein* (Rechtsanwältin, Tutzing); Literatur: *»Transsexualismus«* (Wolf Eicher); *»Im falschen Körper«* (Herausgeberinnen Barbara Kamprad/Waltraud Schiffels); Transsexuellengesetz vom 10. September 1980; Urteil des BVG zur 25er-Altersgrenze; ICD 10 (WHO, Weltgesundheitsorganisation); DSM R-III, OP-Muster-Berichte aus Kassel und Krefeld. **Anhang:** Selbsthilfearbeit der Gruppe *»Freie Transen Stadt Hamburg«*. Die Liste der Gruppen wurde zusammengestellt und aktualisiert von *Claudia Scholz* (Münster), *Tanja Skorsetz* (Heilbronn), *Christin-Susan Back* (Hamburg), *Birgit Bader* (Hamburg).